本书由河北省省级科技计划项目（20557624D）、河北省高等学校人文社会科学重点研究基地河北经贸大学长城文化经济带绿色发展研究中心、河北经贸大学出版基金资助

文旅融合绿色发展研究报告

程瑞芳 姚丽芬 ◎ 著

Research on
Green Development and
Integration of Culture and Tourism
(Zhangjiakou Region)

中国社会科学出版社

图书在版编目（CIP）数据

文旅融合绿色发展研究报告. 张家口篇／程瑞芳，姚丽芬著. —北京：中国社会科学出版社，2022.7
ISBN 978-7-5227-0398-5

Ⅰ.①文⋯ Ⅱ.①程⋯ ②姚⋯ Ⅲ.①地方文化—旅游业发展—研究报告—张家口 Ⅳ.①F592.722

中国版本图书馆 CIP 数据核字（2022）第 107720 号

出 版 人	赵剑英
责任编辑	戴玉龙
责任校对	杨新安
责任印制	王　超
出　　版	中国社会科学出版社
社　　址	北京鼓楼西大街甲 158 号
邮　　编	100720
网　　址	http：//www.csspw.cn
发 行 部	010-84083685
门 市 部	010-84029450
经　　销	新华书店及其他书店
印　　刷	北京明恒达印务有限公司
装　　订	廊坊市广阳区广增装订厂
版　　次	2022 年 7 月第 1 版
印　　次	2022 年 7 月第 1 次印刷
开　　本	710×1000　1/16
印　　张	16
插　　页	2
字　　数	232 千字
定　　价	98.00 元

凡购买中国社会科学出版社图书，如有质量问题请与本社营销中心联系调换
电话：010-84083683
版权所有　侵权必究

前　言

　　文化与旅游具有天然的内在关联性和价值相容性。张家口独特的地理位置，多元的地形地貌，悠久的历史文化，造就和形成了丰富的文化资源、生态资源和特色产业资源，促进文旅融合，发展旅游新业态产业集群体系具有较好的资源条件和产业基础；旅游产业具有经济、生态、文化等多元价值功能。张家口"首都两区"建设，对生态保护和绿色发展提出新要求，促进文旅融合，发展旅游产业集群是推进产业结构转型建构绿色产业体系的重要内容；旅游产业综合性强，带动性大。北京2022年冬奥会，崇礼作为滑雪项目举办地，带动张家口旅游交通和旅游市场的快速发展；旅游传承文化，创造美好生活。文旅融合，大力发展文化和旅游产业，是讲好中国故事、高质量发展的重要支撑，既是拉动内需、繁荣市场、扩大就业、畅通国内大循环的重要内容，也是促进国内国际双循环的重要桥梁和纽带。

　　本书在调查评价张家口文化资源、生态资源和特色产业资源基础上，从文旅融合发展的视角，分析了张家口长城文化旅游、坝上草原文化旅游、崇礼滑雪体育文化旅游、怀来葡萄（酒）文化旅游、蔚县年俗文化旅游等旅游新业态发展与文旅融合产业集群的形成，构建张家口文旅融合旅游产业集群绿色发展评价指标体系并进行测评，提出发展文旅融合新业态增长极、加强长城文化保护传承和旅游利用，建立生态保护绿色发展机制、发展特色产业壮大产业集群产业链体系、加强科技创新和人才培养等发展建议，推进张家口文旅融合产业集群绿色高质量发展。

　　张家口文旅融合旅游产业发展实现高度集群化。文旅融合形成旅游新业态。张家口具有丰富的多元文化资源，典型的区域特色文化资源与旅游融合发展形成长城文化旅游、草原文化旅游、滑雪体育文化旅游、葡萄（酒）文化旅游、年俗文化旅游多种类型的旅游新业态，分布于张家口中部旅游密集区和南部旅游密集区，形成空间上的规模聚集和业态上优势互补。经测评显示，张家口旅游产业发展已实现高度集群化，成为区域主导产业。

张家口区域旅游发展不平衡，存在旅游产业空间结构错位现象。经测算，张家口旅游产业与其发展环境之间的整体空间错位指数较高，旅游空间结构存在一定的不合理性。从影响因素来看，旅游产业与资源赋存、经济发展、基础设施、社会支持、生态环境、科技支撑等各影响因素之间存在着不同程度的空间错位，特别是与资源赋存空间错位明显，反映出张家口生态、文化等特色资源旅游化利用不够充分，旅游产业发展潜力巨大。

张家口文旅融合产业集群绿色发展呈现出良好发展态势。综合评价结果显示，近年来张家口文旅融合产业集群绿色发展水平呈现出快速增长的态势，特别是旅游经济发展、绿色旅游资源禀赋两大要素对张家口文旅融合产业集群绿色发展贡献显著。但是，旅游相关支撑产业、科技投入、环境治理水平三个要素相对发展滞后，成为影响和制约张家口文旅融合产业集群绿色发展的主要因素，区域旅游发展不平衡不充分问题比较突出。

全书的主要内容共分8章，第一、五、七章由程瑞芳、张美琪撰写，第二章由宋文丽撰写，第三章由王苏珊撰写，第四章由程钢海撰写，第六章由姚丽芬撰写，第八章由吴英撰写。鉴于我们项目组研究水平有限，书中难免出现错误和纰漏，希望读者批评指正。

本书的调研得到张家口市文化广电和旅游局的大力帮助，本书的出版得到河北省省级科技计划项目、河北经贸大学出版基金的资助以及中国社会科学出版社的支持。书中参考了大量学者的相关研究文献。在此一并深表感谢！

程瑞芳

2021年10月16日

目　　录

第一章　导论 ………………………………………………… 1
第一节　张家口概况 ………………………………………… 1
第二节　研究背景和研究意义 ……………………………… 4
第三节　国内外研究现状 …………………………………… 7
第四节　研究思路和主要内容 ……………………………… 13
第五节　创新点和研究方法 ………………………………… 14

第二章　张家口文化资源调查与旅游开发评价 …………… 17
第一节　张家口文化资源的分类及规模 …………………… 17
第二节　张家口文化资源的空间分布 ……………………… 24
第三节　张家口特色文化资源的挖掘与整理 ……………… 30
第四节　张家口文化资源的旅游开发评价 ………………… 65

第三章　张家口生态资源调查与旅游开发评价 …………… 70
第一节　生态资源概念界定 ………………………………… 70
第二节　张家口生态资源类型及空间分布 ………………… 74
第三节　张家口生态资源分类及特征 ……………………… 79
第四节　张家口生态资源旅游开发评价 …………………… 95

第四章　张家口特色产业资源调查与旅游开发评价 ……… 100
第一节　特色产业内涵界定 ………………………………… 100

第二节　张家口特色产业形成与发展 …………………… 103
　　第三节　张家口主要特色产业资源发展状况分析 ………… 108
　　第四节　张家口特色产业资源旅游开发评价 ……………… 122

第五章　张家口文旅融合旅游新业态发展与产业集群形成 …… 131
　　第一节　文旅融合发展模式与路径 ………………………… 131
　　第二节　张家口文旅融合发展旅游新业态类型 …………… 136
　　第三节　张家口文旅融合产业集群的形成与集群效应 …… 150

第六章　张家口旅游中心地建设及其空间结构 ………………… 160
　　第一节　旅游空间分布特征及其影响因素模型 …………… 160
　　第二节　张家口旅游空间结构及其错位分析 ……………… 165
　　第三节　张家口旅游空间开发模式及结构优化策略 ……… 171

第七章　张家口文旅融合旅游产业集群绿色发展评价 ………… 176
　　第一节　文旅融合产业集群绿色发展影响因素分析 ……… 176
　　第二节　文旅融合产业集群绿色发展评价指标体系构建 … 181
　　第三节　张家口文旅融合产业集群绿色发展评价 ………… 187

第八章　张家口文旅融合产业集群绿色发展政策建议 ………… 203
　　第一节　加强多业态特色旅游增长极培育，
　　　　　　推进绿色低碳高质量发展 ………………………… 203
　　第二节　加强文化资源保护与文旅融合发展，
　　　　　　提升文化旅游影响力 ……………………………… 205
　　第三节　加强生态资源保护与生态景观旅游利用，
　　　　　　形成绿色发展机制 ………………………………… 209
　　第四节　大力发展特色产业，壮大绿色产业链体系 ……… 213
　　第五节　加强科技创新和人才培养，推进数字化
　　　　　　智慧化发展 ………………………………………… 214

第六节　完善社会服务功能，优化发展环境 …………… 216
参考文献 …………………………………………………… 218
附录 1 ………………………………………………………… 226
附录 2　专家打分问卷 ……………………………………… 240

第一章 导论

第一节 张家口概况

一 地理位置

张家口位于河北省西北部,东经113°50′—116°30′,北纬39°30′—42°10′,地处京、冀、晋、内蒙古四省(市、自治区)交界处,沟通南北,贯通东西,区位优势显著。张家口是河北省的一个地级市,总面积3.68万平方千米,下辖6区10县,分别为桥东区、桥西区、宣化区、下花园区、崇礼区、万全区6个区,张北县、康保县、沽源县、尚义县、蔚县、阳原县、怀安县、怀来县、涿鹿县、赤城县10个县,有汉、满、回、蒙、藏、朝鲜等20个民族,张家口常住人口411.89万人[1]。

二 地形地貌

张家口地势西北高、东南低,阴山山脉横穿中部,将其分为坝上坝下两个区域。坝上地区属于内蒙古高原南缘,大多为波状草原地貌;坝下地区为内蒙古高原到华北平原的过渡地带,地形复杂多变,高程落差较大,可进一步分为坝下山间盆地和构造剥蚀山区两种地貌单元。

---

[1] 张家口市第七次全国人口普查公报,张家口市统计局网站,http://tjj.zjk.gov.cn/,2021年6月4日。

坝上地区包括尚义县、康保县、张北县和沽源县，区域面积1.25万平方千米，占张家口总面积的1/3，属内蒙古高原南缘。该地区海拔1300—1600米，地势较平坦，草原广阔，湖泊（淖）、岗梁、滩地、草坡、草滩相间分布，为典型的波状高原景观。

坝下地区包括桥西区、桥东区、宣化区、崇礼区、万全区、下花园区、怀安县、阳原县、蔚县、怀来县、涿鹿县、赤城县等6区6县，区域面积2.45万平方千米，占张家口总面积的2/3，处于华北平原和内蒙古高原的过渡带。该区域地形复杂，山峦起伏，丘陵与河谷盆地相间分布，可分为坝下山间盆地和构造剥蚀山区。坝下山间盆地主要包括张家口主城区、万全区、宣化区、怀安县、阳原县、涿鹿县、怀来县，盆地与丘陵相互交错，海拔900—1200米；构造剥蚀山区包括崇礼区、赤城县、怀来县部分区域，区域内地形起伏较大，海拔1000—1800米。该区域主要河流包括洋河、桑干河、永定河干流以及坝缘山区的清水河，永定河和清水河主要为"V"形河谷，河漫滩较不发育；洋河与桑干河河谷较宽，呈"U"形，河床较窄，河曲发育，主要以2—4级阶地为主。

三 气候特点

张家口属温带大陆季风性气候，坝上为寒温区，年平均气温2℃，夏季7月平均气温18℃；坝下为凉温区，年均气温8℃，7月平均气温23℃。一年四季分明，多年平均降水量大约330—400毫米，昼夜温差大，光照充足。春季干燥多风沙，平均气温-4℃—9℃；夏季气温凉爽降水集中，年平均气温15℃—28℃；秋季晴朗冷暖适中，平均气温11℃—22℃；冬季寒冷而漫长，平均气温-10℃—-1℃。张家口地区纬度较高，多山林、草原、湿地，夏季凉爽，空气质量好，是天然的避暑胜地；雪季一般从当年10月份持续到次年3月份，长达150天左右，特别是崇礼地区，地形坡度多在5°—35°，风速仅为2级，雪量、雪质、山地条件、风速等都比较适合滑雪项目的发展。

四　历史文化

张家口历史悠久，文化多元。张家口阳原县泥河湾遗址考古发掘，发现了200万年前古人类在此耕作生活、繁衍生息的遗迹。5000年前，中华民族的始祖黄帝战蚩尤于"涿野之郡"，相互征战、相互融合，"邑于涿鹿之阿"，开创了中华文明史。张家口地处农牧交错区，成为农耕、游牧多民族文化碰撞交融地带，是现行长城最多、时代跨度最大的地区，现存燕、赵、秦、汉、北魏、北齐、唐、金、明等各朝代修筑的长城，全长共计1467公里，烽火台1000多个，素有"长城博物馆"的美称。万里长城的重要关口——大境门，不仅有着"扼边关之锁钥"的巍然气势，更是历史上重要的陆路商埠和边境贸易市场，是蒙俄贸易的重要通道和商品集散地，在此经过的"万里茶道"被称为"草原丝绸之路"。革命战争时期，张家口是晋察冀边区首府，张家口多个县成立抗日民主政府，建立察南、平西、平北等抗日根据地，成为晋察冀抗日根据地的重要组成部分。张家口文化底蕴深厚，形成了如长城古道文化、历史遗产文化、草原文化、商贸文化、民俗文化、红色文化等典型的多元地域文化。

五　特色产业

张家口凭借独特的地理位置和自然环境，形成了冰雪经济、新型能源、数字经济、高端制造、文化旅游、健康养生、特色农牧等地域特征鲜明、内容丰富的特色产业体系。近年来，张家口紧紧抓住2022年举办冬奥会的重大契机，大力发展冰雪运动和冰雪装备制造业，在崇礼区形成了万龙、密苑云顶、富龙、翠云山等7大滑雪场，带动了冰雪装备制造业的发展，着力打造冰雪运动装备、冰雪装备检验与检测、冰雪装备研发、冰雪智能装备生产、冰雪技术培训等全产业链。张家口是华北地区风能和太阳能资源丰富的地区之一，截至2020年底，张家口市可再生能源总装机突破2000万千瓦，达到2003.19万千瓦，其中风电装机规模1380.62万千瓦，位居全国第一，形成了风机总装、塔筒制造、叶片制造完整的新能源装备制造产业链。在绿色电力直供方面，张家口把绿色能源与高耗能的大数据产业有机结合。张家口可再生能源消费量占比已达到30%以上，对能源消费结构转型和产业绿色发展起到巨大支撑作用。在特色农牧业上，张家口形成了坝上草原畜牧产业、坝上特色种植业、中东部河谷平原葡萄（酒）产业以及全域文化旅游产业。

第二节　研究背景和研究意义

一　研究背景

1. 张家口文化资源禀赋优越，推进文旅融合产业集群发展具有较好的文化资源基础

张家口历史文化积淀深厚，多元文化交融发展特色鲜明。截至2019年底，张家口市拥有不可移动文物遗存点7899处，文物藏品30000余件，全国重点文物保护单位50处，省级文物保护单位109处，国家级历史名城1座，国家级历史文化名村名镇13处，世界级非遗项目1项，国家级非物质文化遗产项目5项，省级非遗项目49项。同时，由于受地形地貌自然环境影响，还形成了坝上草原文化、崇礼冰雪体育文化、怀来葡萄（酒）文化、蔚县剪纸年俗文化、赤城地热/温泉文化等独特的自然文化资源。张家口是京津冀地区重要的旅游目的地，拥有A级以上旅游景区62家，形成草原天路、崇礼滑雪、长城文化等知名旅游品牌，文旅融合产业集聚发展具有较好的资源条件和产业基础。

2. 张家口"首都两区"建设对区域经济转型升级提出新要求，促进文旅融合产业集群发展是建构绿色产业体系的重要内容

张家口位于北京西北部，与北京属同一自然生态系统，在保障首都水资源和生态环境安全方面居于特殊的生态区位。2019年国家发改委、河北省政府联合印发《张家口首都水源涵养功能区和生态环境支撑区建设规划（2019—2035年）》，提出到2022年首都"两区"建设取得重要进展，水源涵养功能逐渐提升，生态环境质

量较大改善，高质量绿色发展体系基本形成，到 2035 年，全面建成首都水源涵养功能区和生态环境支撑区。张家口"首都两区"建设对产业发展提出新要求，既要提升水源涵养功能，强化生态环境支撑，保障首都北京水资源和生态安全，又要着力构建绿色产业体系，实现"绿水青山就是金山银山"，让人民生活更美好。促进文旅融合产业集群发展，是张家口构建绿色产业体系、推进"首都两区"建设的重要内容和发展要求。

张家口生态资源丰沛，提供了类型多样的自然风景游憩空间。除了海洋资源以外，张家口地区几乎涵盖了所有生态旅游资源，包括地质、森林、草原、湖泊、湿地、冰雪、沙漠等。截至 2020 年 12 月，张家口拥有国家森林公园 5 处，国家级湿地公园 8 处，国家级自然保护区 3 处，国家级草原自然公园 2 处，国家级沙漠公园 1 处，国家级水利风景区 2 处，生态资源种类多样，具有内蒙古高原和华北自然生态典型特征，在维护当地生态系统功能完整性、生物多样性的同时，也为公众提供了赏心悦目、风景宜人的游憩空间。刘治国等对河北省草地生态系统服务价值进行评估，评估结果显示：张家口草地生态系统服务价值达 584.62 亿元，其中土壤侵蚀控制、水源涵养、文化娱乐 3 项服务功能价值达 460.09 亿元，占总价值的 78.70%[①]。

3. 北京 2022 年冬奥会带动张家口旅游交通和旅游市场的快速发展，为文旅融合产业集群绿色发展提供了重大机遇

张家口是北京 2022 年冬奥会雪上项目的主赛场，冬奥会的举办为张家口旅游产业发展提供了重要契机，对于旅游产业发展的带动效应显著。冬奥会的申办成功和筹办，拉动张家口旅游业快速发展，2015—2019 年张家口旅游接待人次由 3848 万人次增长到 8605.06 万人次，年均增长 24.72%；旅游收入由 301.67 亿元增长到 1037 亿元，

---

① 刘治国、刘玉华、于清军等：《河北省草地生态系统服务价值评估》，《河北师范大学学报》（自然科学版）2021 年第 3 期。

年均增长48.75%,旅游经济效益显著。在2022年冬奥会项目建设带动下,张家口旅游基础设施得到全面改善升级,机场、高铁、高速公路现代交通体系的建设,为旅游业发展提供了重要的旅游交通支撑。后冬奥效应也会持续发挥作用,对张家口文旅融合产业集群形成与发展具有积极的推动作用。

4. 构建新发展格局,国内旅游消费市场仍将是扩大内需的主渠道,发展文旅融合产业集群有利于促进旅游供给侧改革

国内旅游、入境旅游和出境旅游是旅游的三大市场。"十三五"时期,我国已形成全球最大的国内旅游消费市场、世界第一大出境旅游客源国和第四大入境旅游接待国的格局。2019年我国国内旅游人数60.06亿人次,入境旅游人数14531万人次,出境旅游人数15463万人次,实现旅游总收入6.63万亿元[1]。受全球新冠肺炎疫情影响,旅游市场发展环境发生深刻变化,出境旅游和入境旅游存在极大的不确定性,"十四五"时期国内旅游仍将是旅游市场格局的主要力量。旅游消费具有很强的综合性和带动性,在国内大循环为主体、国内国际双循环相互促进的新发展格局下,强大的国内旅游市场将成为扩大内需、促进消费的主要渠道,对畅通国内大循环、促进国内国际双循环发挥着重要作用。

我国已进入高质量发展新阶段,2020年全国居民人均可支配收入达到32189元,扣除价格因素后,2011年至2020年全国居民人均可支配收入年均实际增长7.2%,十年累计实际增长100.8%,即比2010年增加了一倍[2]。随着居民收入增加和消费结构升级,旅游市场呈现出休闲度假、乡村旅游、运动康养、研学旅游等旅游消费新特点。张家口是京津冀地区重要的旅游目的地,紧邻北京、天津两大客源市场,拥有

---

[1] 中华人民共和国文化和旅游部:《中华人民共和国文化和旅游部2019年文化和旅游发展统计公报》,http://zwgk.mct.gov.cn/,2020年6月20日。

[2] 方晓丹:《全国居民收入比2010年增加一倍居民消费支出稳步恢复》,国家统计局,http://www.stats.gov.cn/ztjc/zthd/lhfw/2021/lh_sjjd/202102/t20210219_1813630.html,2021年1月19日。

2022年冬奥会国际赛事平台，加快旅游消费环境和旅游营商环境优化建设，深化旅游产业供给侧改革，推进文旅融合深入发展，提升文旅融合产业链供应链现代化水平，形成文旅融合特色产业集群和高质量绿色产业体系，打造国际高端休闲度假和体育运动旅游目的地，应成为张家口现代产业发展的重点和未来可持续发展的方向。

二 研究意义

综合运用旅游学、产业经济学、人文地理学等多学科理论，以张家口文化资源和旅游产业融合发展为研究对象，在文化资源、生态资源、特色产业资源调查基础上，探索张家口文旅融合旅游新业态空间聚集、产业集群化发展及绿色发展评价体系，是研究旅游产业创新发展的一个新视角，对丰富和发展产业组织理论、文旅融合发展理论具有积极的意义，对促进区域旅游与地域文化、生态环境融合发展、协调发展、绿色发展具有理论指导意义。

通过对张家口文旅融合产业集群、空间结构、绿色发展进行分析与评价，提出张家口文旅融合产业集群绿色低碳发展的建议，促进长城文化、草原文化、冰雪体育文化、葡萄（酒）文化、传统民俗文化与旅游深度融合，对发展张家口长城文化旅游、坝上草原旅游、崇礼滑雪旅游、怀来葡萄（酒）旅游、蔚县年俗旅游等多业态文旅融合产业集群体系，具有决策参考价值和实践指导意义。

发展张家口文旅融合产业集群，有利于推进张家口文化、生态、旅游协调发展，发挥文化价值、产业价值、生态价值等多元价值功能，对集中打造张家口文化旅游标识、促进文化保护传承、推动乡村振兴具有重要意义。

第三节 国内外研究现状

一 国外研究现状

文化和旅游产业具有天然的融合性。19世纪50年代国外就开始了有关文化旅游的研究，涉及文化旅游的内涵[①][②]、文化旅游产品开发等。Jureniene V 认为文化遗产是旅游业发展的资源基础，文旅融合发展为文化遗产保护与开发提供了背景和意义[③]，Alexandros Apostolakis 提出促进文旅产业融合的因素包括游客旅游消费的升级和文化资源本身的属性特征[④]。Jarkko Saarinen 通过分析文化产业、文化遗产吸引力与旅游模式间的关系，发现文化旅游对区域经济协调发展、社会资源公平配置、资源环境可持续发展具有明显的促进作用[⑤]。Edward Addo 研究发现欧洲遗产和当地文化对加纳旅游业可持续发展具有重要作用[⑥]。Tacgey Debes 以北塞浦路斯为例，指出文化旅游是当地旅游业发展的重要组成部分，政策制定者必须采取措施保护文化的原真性，发挥文化价值，否则文化就可能逐渐消亡[⑦]。Sara 认为旅游产业集群化发展是推动旅游产业进一步发展的重要手段[⑧]。Jackson 以澳大利亚旅游产业集群为例，研究认为旅游资源丰富的地区通过旅游产业集群可以实现比较优势向竞争优势的转化，从而提升区域旅游产业的竞争力[⑨]。

---

① Silberberg T. Cultural tourism and business opportunities for museums and heritage sites [J]. Tourism Management, 1995, 16 (5): 361-365.

② Silberberg T., Cultural tourism and business opportunities for museums and heritage sites, Tourism management , Vol. 16, No. 5, 1982, pp. 361-365.

③ Jureniene V., Interaction between cultural heritage and industries of cultural tourism in Lithuania, *transformation in business & economics*, 2011 .

④ Apostolakis A., The convergence process in heritage tourism, *Annals of Tourism Research*, Vol. 30, No. 4, 2003 , pp. 795-812.

⑤ Saarinen J., Moswete N. & Monare M. J., Cultural tourism: new opportunities for diversifying the tourism industry in Botswana, *Bulletin of geography*, Vol. 26, No. 26, 2014, pp. 7-18.

⑥ Addo E., European heritage and cultural diversity: the bricks and mortar of Ghana's tourism industry, *Journal of contemporary African studies*, Vol. 29, No. 4, 2011, pp. 405-425.

⑦ Debe? T., Cultural tourism: a neglected dimension of tourism industry, *Anatolia : an international journal of tourism and hospitality research*, Vol. 22, No. 2, 2011, pp. 234-251.

⑧ SaraNordin. Tourism Clustering&Innovation - path to Economic Growth&Development [Z]. European Tourism Research Institute. Mid-Sweden University, 2003, (14): 1-85.

⑨ JacksonJ. &MurphyP., Clustersin regional tourism An Australiancase, *Annals of Tourism Research*, Vol. 33, No. 4, 2006, pp. 1018-1035.

二 国内研究现状

文化旅游是一种特色旅游形式,它依赖于目的地的文化遗产并将它们转化成为供消费者消费的产品。2018年我国文化和旅游部组建使文旅融合成为热词,文旅融合的理论研究与实践进入新阶段,重新认识文化与旅游的关系,人民追求美好生活成为文旅融合发展的理论硬核与实践导向[1]。文化与旅游融合发展,是一个以文化带旅游、以旅游促文化的过程。树立融合理念,强化资源融合,推动技术融合,加强区域融合,实施跨界融合,最终实现文化和旅游两大产业的转型升级[2]。张朝枝等提出将文化转化成为旅游资源是文旅融合的第一层次路径,通过文化的可参观性生产提升文化的展示水平是第二层次的路径,文化旅游产品的进一步商业化与产业链延伸是第三层次路径[3]。文旅融合既能够创造经济收益,为旅游目的地带来福祉;也能够增进文化创造和旅游体验分享价值,有利于文化传承与创意产品开发。

文旅融合是多种因素作用的结果,不仅包括企业行为、旅游需求变化等产业内部因素,还受到经济发展、政府政策支持、新技术等外在环境因素的影响,因而在不同因素主导下形成了不同的融合类型和模式。杨娇提出文化创意产业与旅游产业融合的发展模式有渗透型融合、重构型融合、延伸型融合三种模式[4]。傅才武等认为应建立"文旅体用一致"的解释框架,创新文化和旅游管理体制和政策模式的实践经验,发挥文化消费连接文化事业、文化产业和旅

---

[1] 戴斌:《文旅融合时代:大数据、商业化与美好生活》,《人民论坛·学术前沿》2019年第11期。
[2] 黄永林:《文旅融合发展的文化阐释与旅游实践》,《人民论坛·学术前沿》2019年第11期。
[3] 张朝枝、朱敏敏:《文化和旅游融合:多层次关系内涵、挑战与践行路径》,《旅游学刊》2020年第3期。
[4] 杨娇:《旅游产业与文化创意产业融合发展的研究》,硕士学位论文,浙江工商大学,2008年。

游业的政策通道作用①。马勇等提出必须从区域到场域视角下重新认识文化与旅游的关系②。

文旅融合的结果是新业态的产生，不同类型的文化与旅游融合会产生不同的业态类型，学者对不同业态的文化旅游进行了广泛研究。刘杨研究了草原文化与旅游融合形成的草原文化旅游③。刘敏等以内蒙古为例，指出要提升草原旅游的文化内涵，发展草原文化旅游，从营造整体文化氛围、建设大众文化产品、开发专项文化产品、提炼精髓文化、凝练文化形象五个层次构建草原旅游文化开发的结构，促进草原文化与旅游融合④。张培荣提出上海市马陆镇通过建立葡萄主题公园将葡萄（酒）文化与旅游融合，发展葡萄（酒）文化旅游，开创了葡萄主题公园式文化旅游新业态⑤。张铁梅研究了山西清徐葡萄文化旅游发展的产业集群模式，通过构建葡萄文化旅游产业集群破解葡萄文化旅游发展瓶颈⑥。朱凌研究了新疆冰雪文化与冰雪旅游融合的理论与对策，提出依靠"外来因子"促进冰雪文化旅游的深度融合⑦。张丽梅认为冰雪旅游需要深入挖掘文化内涵，推动其与文化的融合发展，将文化贯穿于冰雪旅游进程中，从而形成特色化、差异化的冰雪文化旅游⑧。杨志亭等认为冰雪旅游文化具有地域文化的独特性、民俗文化的多样性、多元文化

---

① 傅才武、申念衢：《新时代文化和旅游融合的内涵建构与模式创新——以甘肃河西走廊为中心的考察》，《福建论坛（人文社会科学版）》2019年第8期。
② 马勇、童昀：《从区域到场域：文化和旅游关系的再认识》，《旅游学刊》2019年第4期。
③ 刘杨：《科尔沁草原文化旅游整合研究》，《农业经济》2015年第12期。
④ 刘敏、陈田、钟林生：《草原旅游文化内涵的挖掘与提升——以内蒙古自治区为例》，《干旱区地理》2006年第1期。
⑤ 张培荣：《马陆镇开发葡萄主题公园旅游产业》，《上海农村经济》2007年第6期。
⑥ 张铁梅：《基于产业集群的山西清徐葡萄文化旅游发展探究》，《太原大学学报》2013年第4期。
⑦ 朱凌：《新疆冰雪旅游与冰雪文化相融理论与对策的研究》，硕士学位论文，吉林体育学院，2015年。
⑧ 张丽梅：《旅游文化产业视域下冰雪旅游与文化融合研究》，《学术交流》2013年第10期。

的交融性、节庆文化的丰富性、运动参与的体验性等特点,冰雪旅游的开发应采取构建冰雪休闲度假旅游文化圈、创建冰雪赛事基地与滑雪度假胜地的良性互动、创建具有地方特色的冰雪节庆活动、挖掘节庆习俗的文化遗产等路径①。王亚力较早认识到长城文化资源的旅游开发价值,提出发展长城文化主题旅游,打造中国南方长城文化精品旅游②。白翠玲等对河北省长城文化旅游的供给模式和游客需求进行了系统研究,并提出相应的发展对策③。

文旅融合产业集群的构建和绿色发展是旅游产业高质量发展的路径选择。张永庆等提出旅游产业集群两个维度下的动力机制,一是产业价值链延伸扩展机制,体现在集群要素产业高端化、融合化及均衡化;二是空间价值链优化配置机制,包括竞争性优化配置及合作性优化配置④。王利伟等将旅游产业集群定义为围绕旅游核心吸引物,具有竞争和合作关系的旅游企业、旅游相关企业、部门和机构,聚集在一定的地域空间内,形成紧密联系、协同工作的旅游经济集聚体⑤。王军军认为旅游产业集群是以满足旅游者旅游需求为目的,以旅游吸引物为核心,由旅游核心吸引物、旅游要素产业及旅游辅助产业在空间上形成的地域集聚体⑥。在旅游产业集群形成与发展的影响因素方面,付佳敏将旅游产业集群形成发展的要素条件分为资源禀赋条件、市场需求状况、配套支持体系、外部发展

---

① 杨志亭、孙建华:《我国冰雪休闲度假旅游的文化特色及开发战略研究》,《沈阳体育学院学报》2013年第6期。
② 王亚力:《南方长城与"长城文化之旅"的开发》,《旅游学刊》2003年第3期。
③ 白翠玲、李开雾、牟丽君等:《河北省长城文化旅游供求研究》,《河北地质大学学报》2020年第3期。
④ 张永庆、张旭、马源春:《旅游产业集群动力机制研究——基于产业价值链与空间价值链视角》,《技术经济与管理研究》2014年第4期。
⑤ 王利伟、徐红罡、张朝枝:《武陵源遗产地旅游产业集群的特征和演变》,《经济地理》2009年第6期。
⑥ 王军军:《山西省旅游产业集群化发展研究》,博士学位论文,甘肃农业大学,2016年。

机遇、制度激励措施五类①。聂献忠等提出影响主题旅游产业集群发展的因素有追求规模经济、游客差异性偏好和要素集聚的积极推动②。文旅融合为旅游产业集群发展注入新的活力，从文化旅游产业融合、市场对接、功能释放等方面，促进文化旅游产业多元化、外延式、关联性发展，形成具有区域特色的文化旅游融合产业集群体系，促进产业结构转型升级。

唐承财等基于两山理论和绿色发展理论，以北京市爨底下村为例，构建了传统村落旅游业发展的保护性开发资源、创意化设计产品、绿色化服务供给、多渠道营销、多元化社区参与、三权分离管理六种绿色发展模式③。朱红兵等从政府、企业和消费者三个层面提出了我国旅游业绿色发展的创新路径④。邓淇中等从供给侧改革视角研究了环长株潭城市群旅游业绿色发展态势，并提出了相应对策⑤。颜文华以河南省洛阳市为例，研究了其休闲农业绿色发展的创新路径⑥。

本书从文旅融合的视角，在促进文化保护和活化利用的基础上，增添生态、旅游与产业发展新功能，研究张家口文旅融合产业集群体系构建与绿色发展评价，对张家口"首都两区建设"和美好生活发展具有积极的意义。

---

① 付佳敏：《恩施州旅游产业集群化发展研究》，硕士学位论文，湖北民族学院，2018年。
② 聂献忠、张捷、刘泽华等：《我国主题旅游集群的成长及其空间特征研究》，《人文地理》2005年第4期。
③ 唐承财、郑倩倩、王晓迪等：《基于两山理论的传统村落旅游业绿色发展模式探讨》，《干旱区资源与环境》2019年第2期。
④ 朱红兵、张静、赵蕾：《我国旅游业绿色发展的创新路径》，《北华大学学报（社会科学版）》2017年第5期。
⑤ 邓淇中、李婷婷：《供给侧结构性改革背景下环长株潭城市群旅游业绿色发展探究》，《湖北经济学院学报（人文社会科学版）》2018年第5期。
⑥ 颜文华：《休闲农业旅游绿色发展路径——以河南省洛阳市为例》，《江苏农业科学》2017年第17期。

第四节 研究思路和主要内容

一 研究思路

张家口文化资源、生态资源、特色产业资源丰富，本书坚持文化遗产及周边资源整体性保护和活化利用创新发展原则，从文化和旅游融合发展的视角，提出张家口旅游目的地空间结构开发和文旅融合产业聚集发展路径，形成"文化—生态—旅游"协调发展绿色产业集群体系，实现文化价值、产业价值、生态价值综合发展。

二 主要研究内容

主要研究内容共分五部分，具体包括：

第一，张家口地区文化资源、生态资源、特色产业资源调查与评价。调查张家口文化资源构成、内容体系、分布结构并进行旅游开发价值评价，提出文化资源保护及旅游开发建议；调查张家口生态资源的类型、品质并进行生态环境评价，提出生态保护及生态旅游发展建议；调查张家口特色产业资源及要素禀赋，提出产业发展的区位优势和特色产业发展方向。

第二，张家口文旅融合旅游新业态发展与产业集群形成。文化与旅游具有天然的内在关联性和价值相容性。从产业实践来看，发挥文化遗产和文化资源的外溢辐射效应，采取"文化+旅游""旅游+文化"模式，发展张家口长城文化旅游、张北草原文化旅游、崇礼滑雪体育文化旅游、怀来葡萄（酒）文化旅游、蔚县年俗文化旅游等文旅融合新业态，辐射带动腹地资源整合及区域要素适宜度提升与聚集外部性，促进产业分工与产业链合作，形成文旅融合绿色发展文化旅游产业集群，带动张家口区域经济社会发展。

第三，建构张家口旅游目的地空间模式开发类型。依据张家口文化资源、区域要素禀赋空间分布特征及交通体系格局，利用中心地理论构建旅游中心地概念及不同等级旅游中心地序列，形成张家口基地辐射型旅游模式，以区域中心城市张家口市为高等级旅游中心地，通过发挥旅游集散、旅游服务、产业组织与协调等功能，辐射更广阔的市场腹地范围，带动区域内的次等级旅游中心地发展，如带动区域内长城文化、张北草原、崇礼滑雪、怀来葡萄（酒）、蔚县年俗文化等特色鲜明的多元旅游中心地发展序列，形成基地辐射型旅游目的地空间模式开发类型，支撑文旅融合多业态旅游体系发展。

第四，构建文旅融合绿色发展评价体系。坚持可持续性准则和效率准则相结合，运用"文旅融合产业集群＝F（文化，生态，旅游，社区）"系统方法，从旅游经济发展、旅游相关支撑产业、绿色旅游资源禀赋、居民消费结构、科技投入、环境治理等方面筛选评价因子，构建绿色发展评价指标体系和评价模型，对文旅融合产业集群绿色发展进行评价，统筹区域文化资源、生态资源、产业资源的整体性保护与旅游开发利用，实现文旅融合产业集群化发展多元价值功能。

第五，提出文旅融合绿色发展政策建议。加强多业态特色旅游增长极培育、文化和生态资源保护利用、特色产业链壮大、科技创新和人才培养，推进张家口文旅融合产业集群低碳绿色高质量发展。

第五节　创新点和研究方法

一　创新点

1. 研究视角和研究框架创新

本书综合运用旅游学、产业经济学、人文地理学、生态学等学科理论，从文旅融合发展的视角，以文旅融合产业集聚绿色发展为主线，系统分析张家口文化资源、生态资源、特色产业资源的整体性保护和创新性转化利用问题，构建"张家口文旅融合旅游新业态集群化发展—旅游中心地及其空间结构—绿色发展评价与治理"分析框架，体系新颖。

2. 研究内容创新

根据张家口文化资源分布特征和交通体系格局，提出基地型旅游中心地空间模式开发类型；坚持可持续性原则，树立文化、生态与旅游协调发展理念，形成文旅融合多业态产业集群体系，提出绿色发展评价体系及绿色发展建议，推动文化价值、产业价值、生态价值综合发展，实现文旅融合多元价值功能。

3. 学术观点的可能创新

文旅融合新业态发展和旅游产业集群体系的形成，具有文化、生态、经济、社会等多元价值功能，是对区域文化资源及资源禀赋进行整体性保护和创新性转化利用的一种产业组织安排，是通过提供资源配置效率促进文化传承和生态改善的一种制度创新，具有积极的产业政策意义和一定的实践应用价值。

二　研究方法

1. 综合借鉴多学科的研究方法

综合运用旅游学、产业经济学、区域经济、人文地理学等学科方法，对张家口文化资源、生态资源、特色产业资源进行调查与评价，提出区域资源禀赋保护利用和创造性转化发展方向，建构旅游目的地空间模式及文旅融合绿色发展产业集群体系。

2. 理论分析和实地调研相结合

张家口的文化资源、生态资源以及特色产业资源保护利用情况如何，现实发展中存在哪些问题，如何设计可行有效的解决方案等，这些问题既需要理论层面的分析，也需要深入的实践调研。本书对张家口区域资源、文旅融合产业发展等状况开展实地调研和问卷调查，掌握第一手资料，提出文旅融合绿色发展思路，理论研究与实践相互印证，使本书的应用性研究更加符合实际、科学可行。

3. 定量分析的研究方法

采用有关统计分析软件，建立相应评价指标体系，对张家口文旅融合产业集群、旅游产业空间结构进行测度；统筹文化、生态、旅游协调发展关系，构建文旅融合绿色发展产业评价指标体系，综合利用层次分析法，进行定量评价，为促进文旅融合产业绿色发展与管理提供数据参考。

第二章　张家口文化资源调查与旅游开发评价

张家口历史文化源远流长，资源丰富多彩。本书根据《中华人民共和国文物保护法》《中华人民共和国非物质文化遗产法》以及国务院办公厅印发的《关于实施中华优秀传统文化传承发展工程的意见》等国家法律和相关文件[①][②][③]，借鉴相关研究成果[④][⑤][⑥][⑦]，将文化资源分为：物质文化遗产资源、非物质文化遗产资源、自然文化资源、文化设施资源等类型，对张家口文化资源进行调查与旅游开发评价。

第一节　张家口文化资源的分类及规模

一　物质文化遗产资源

物质文化遗产主要是指具有历史、艺术和科学价值的文物，包括

---

① 全国人民代表大会常务委员会：中华人民共和国文物保护法（2017年修正本），http：//www.ncha.gov.cn/art/2017/11/28/art_2301_42898.html.，2017年11月4日。
② 全国人民代表大会常务委员会：《中华人民共和国非物质文化遗产法》，http：//www.gov.cn/flfg/2011-02/25/content_1857449.htm，2011年2月25日。
③ 中共中央办公厅，国务院办公厅：《关于实施中华优秀传统文化传承发展工程的意见》，http：//www.gov.cn/gongbao/content/2017/content_5171322.htm，2011年1月25日。
④ 姚伟钧：《文化资源学》，清华大学出版社2015年版。
⑤ 薛国屏：《中国地名沿革对照表》，上海辞书出版社2017年版。
⑥ 牛淑萍：《文化资源学》，福建人民出版社2012年版。
⑦ 喻学才、王健民：《世界文化遗产定义的新界定》，《华中建筑》2008年第1期。

可移动文物和不可移动文物。本书重点针对张家口的不可移动文物进行调查分析。《中华人民共和国文物保护法》第三条指出：根据不可移动文物的历史、艺术、科学价值，可以分别确定为全国重点文物保护单位，省级文物保护单位，市、县级文物保护单位；第十四条指出，保存文物特别丰富并且具有重大历史价值或者革命纪念意义的城市，由国务院核定公布为历史文化名城；保存文物特别丰富并且具有重大历史价值或者革命纪念意义的城镇、街道、村庄，由省、自治区、直辖市人民政府核定公布为历史文化街区、村镇，并报国务院备案[①]。基于此，本书关于物质文化遗产资源的调查仅包括省级及以上文物保护单位和历史文化名城名镇名村。

张家口文物古迹分布广、遗存数量多。截至2019年底，张家口不可移动文物遗存点7899处，其中，全国重点文物保护单位50处、省级文物保护单位109处，国家历史文化名城1座、国家级历史文化名镇2处、国家级历史文化名村11处，省级历史文化名城1处、省级历史文化名镇2处、省级历史文化名村7处，无论是在数量上还是在历史、艺术、科学价值等方面，都占有显著优势（见表2-1）。特别是张家口堡、大境门、宣化古城、鸡鸣驿城、察哈尔都统署旧址5处全国重点文物保护单位已列入2019年《中国世界文化遗产预备名单》"万里茶道"项目。

表2-1　　　　张家口省级及以上物质文化遗产统计

序号	物质文化遗产级别	物质文化遗产数量（处）		张家口占河北省比重（%）
		张家口	河北省	
1	全国重点文物保护单位	50	286	17.483
2	国家历史文化名城	1	6	16.667
3	中国历史文化名镇	2	8	25.000
4	中国历史文化名村	11	32	34.375

---

① 全国人民代表大会常务委员会：中华人民共和国文物保护法（2017年修正本），http://www.ncha.gov.cn/art/2017/11/28/art_2301_42898.html.，2017年11月4日。

续表

序号	物质文化遗产级别	物质文化遗产数量（处） 张家口	物质文化遗产数量（处） 河北省	张家口占河北省比重（%）
5	省级文物保护单位	109	984	11.077
6	省级历史文化名城	1	6	16.667
7	省级历史文化名镇	2	12	16.667
8	省级历史文化名村	7	38	18.421
	合计	183	1372	13.338

注：根据河北博物院官网相关信息以及国务院公布的第八批全国重点文物保护单位信息整理计算而成。

张家口 50 处全国重点文物保护单位，涉及古建筑、古遗址、古墓葬、近现代重要史迹及代表性建筑 4 类，其中古建筑类占比最高，达 58%（见图 2-1）。国家级历史文化名城名镇名村 14 处，反映出张家口不仅文物资源丰富，而且地面遗存资源数量大、级别高、集聚性强，有利于文物资源的整体性保护与开发利用。

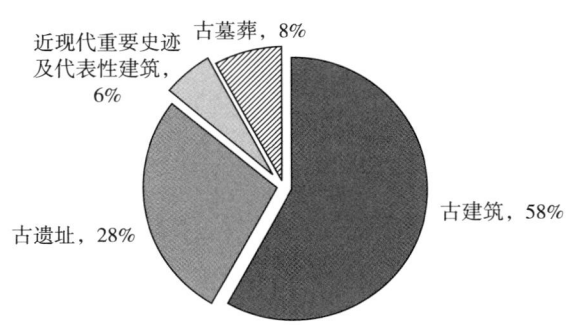

图 2-1　张家口全国重点文物保护单位类型占比分布

二　非物质文化遗产资源

《中华人民共和国非物质文化遗产法》第二条指出：非物质文化遗产是指各族人民世代相传并视为其文化遗产组成部分的各种传统文化表现形式，以及与传统文化表现形式相关的实物和场所。第十八条指出："国务院建立国家级非物质文化遗产代表性项目名录，将体现中华民族优秀传统文化，具有重大历史、文学、艺术、科学价值的非物质文化遗产项目列入名录予以保护。省、自治区、直辖市人民政府建立地方非物质文化遗产代表性项目名录，将本行政区域内体现中华民族优秀传统文化，具有历史、文学、艺术、科学价值的非物质文化遗产项目列入名录予以保护"（以下非物质文化遗产简称非遗）①。目前，我国已形成"国家+省+市+县"四级非遗保护体系。在具体的非遗保护实践中，非遗被划分为民间文学、传统音乐、传统舞蹈、传统戏剧、曲艺、传统美术、传统技艺、传统医药、民俗和传统体育、游艺与杂技10个类型。国家鼓励和支持认定不同级别非遗项目传承人，这些传承人通过开展非遗项目的传承、传播活动，推动中华优秀传统文化创造性转化和创新性发展。基于此，本研究关于非遗的调查包括市级及以上非遗项目和非遗传承人。张家口非物质文化遗产丰富。截至2021年1月，张家口有世界级非遗项目1项，国家级非遗项目5项，省级非遗项目49项和市级非遗项目229项（见表2-2）。世界级非遗1项是蔚县剪纸；国家级非遗项目5项，分别是蔚县秧歌、拜灯山、口梆子、打树花、康保二人台；省级非遗项目49项，包括沙城老窖酒酿造技艺、王河湾挎鼓、三祖文化、张北大鼓等。市级非遗项目229项，包括葫芦丝制作技艺、埙制作技艺、炕围画制作技艺、泥雕技艺等。国家级非遗项目传承人9人，其中3人为蔚县剪纸项目的传承人，2人为康保二人台项目的传承人，2人为口梆子（晋剧）项目的传承人，蔚县秧歌和拜灯山习俗项目的传承人各1人；省级非遗项目传承人40人，市级非遗项目传承人237人。

---

① 全国人民代表大会常务委员会：《中华人民共和国非物质文化遗产法》，http://www.gov.cn/flfg/2011-02/25/content_1857449.htm，2011年2月25日。

第二章 张家口文化资源调查与旅游开发评价

表2-2　　　　　张家口市非遗项目及非遗传承人统计

序号	非遗项目/非遗传承人	非遗项目/非遗传承人数量 张家口	非遗项目/非遗传承人数量 河北省	张家口占河北省比重（%）
1	世界级非遗项目（项）	1	6	16.667
2	国家级非遗项目（项）	5	164	3.049
3	省级非遗项目（项）	49	990	4.949
4	市级非遗项目（项）	229	—	—
5	国家级非遗项目传承人（人）	9	149	6.040
6	省级非遗项目传承人（人）	40	877	4.561
7	市级非遗项目传承人（人）	237	—	—

注：根据张家口2019年国民经济和社会发展统计公报和河北省非遗网络资料整理计算而成。

张家口省级及以上非遗项目55项，涉及传统美术、传统戏剧、民俗、传统技艺、曲艺、传统舞蹈、传统音乐、传统医药、传统体育、游艺与杂技9个类型（见图2-2），其中传统戏剧占比最高，达27%，如蔚县秧歌、口梆子（晋剧）、二人台、皮影戏等；其次是民俗和传统技艺，各占18%，民俗类如拜灯山、打树花、三祖文化、赛羊节等民俗，传统技艺类如莜面制作、柴沟堡熏肉制作、酱制糟牛肉技艺、沙城老窖酿酒技艺等饮食加工技艺以及碎皮加工技艺等，诸如此类的非遗项目在旅游开发方面具有独特优势，对改善当

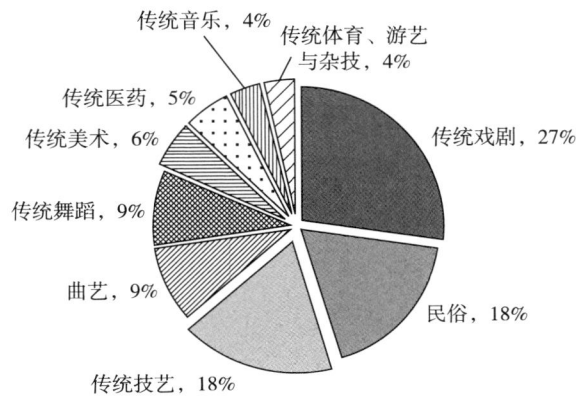

图2-2　张家口省级及以上非遗项目类型占比分布

地旅游产品结构、丰富旅游者体验具有重要意义和价值。

三 自然文化资源

关于自然文化资源的界定，目前学界有多种观点。姚伟钧认为自然文化资源是指富有特色的自然生态景观，如植被、湖泊、名山大川、园林、地质公园等[①]。牛淑萍认为自然文化资源是指自然界存在的，可作为文化生产的原材料和物质文化生产所必需的环境条件，如雕刻用的石头、玉、木头和竹子等[②]。喻学才等在对文化资源进行界定时，认为"自然生态环境资源与人类脑力或体力劳动相结合所创造的"是判定一种资源是否是文化资源的四大要素之一[③]。也有学者提出世界遗产中的自然遗产应当纳入文化资源的范畴，因为自然遗产本身凝结了人类对自然资源进行保护与科学利用的智慧。本研究调查的自然文化资源是指受独特的自然地理环境影响或者以当地独特的自然资源为依托而产生的各种文化事象。

张家口自然文化资源独特，主要包括草原文化、冰雪运动文化、葡萄（酒）文化、温泉文化等（见表2-3）。其中，宣化城市传统葡萄园为全球重要农业文化遗产，是世界上唯一发源于城市之中，由城市中心向城郊发展的传统农业系统，其景观的独特性是宣化独有的特色，是重要的旅游吸引物[④]。

四 文化设施资源

文化设施资源主要指图书馆、博物馆、体育场馆、电影院及其他各种公共娱乐文化设施设备，是公共文化服务和某个地区全域旅游发展的重要资源基础。文化设施资源丰裕程度和公共文化服务水平体现着一个国家、一个地区文化事业的发展程度，关乎居民生活的幸福指数。

---

① 姚伟钧：《文化资源学》，清华大学出版社2015年版。
② 牛淑萍：《文化资源学》，福建人民出版社2012年版。
③ 喻学才、王健民：《世界文化遗产定义的新界定》，《华中建筑》2008年第1期。
④ 张灿强、吴良：《中国重要农业文化遗产：内涵再识、保护进展与难点突破》，《华中农业大学学报（社会科学版）》2021年第1期。

表 2-3　　　　张家口主要自然文化资源类型构成及分布

类型	构成	分布
草原文化	坝上草原自然景观	坝上地区（张北县、康保县、尚义县、沽源县）
	坝上草原历史文化	
	坝上草原民俗文化	
冰雪运动文化	冰雪景观文化	崇礼区
	冰雪运动民俗文化	
	冰雪运动竞技文化	
	冬奥文化	
葡萄（酒）文化	葡萄种植历史文化	宣化区、怀来县和涿鹿县
	葡萄种植的民俗文化	
	葡萄酒酿制技艺	
	葡萄酒品鉴文化	
温泉文化	地热科普文化	赤城县、怀来县和阳原县
	温泉养生文化	
	温泉利用历史文化	

博物馆是可移动文物（馆藏文物）的主要保护单位，作为征集、典藏、陈列和研究代表自然和人类文化遗产实物的场所，承担着公共文化传播与社会教育功能。博物馆数量的多寡以及等级的高低直接反映着一个国家或地区对自然和文化遗产的发掘与保护、利用程度，以及为公众开展文化服务的水平高低，是衡量一个国家或地区文化繁荣程度的重要参照指标。目前，张家口主要有 4 家国家级博物馆，其中 3 家为二级、1 家为三级①（见表 2-4）。张家口现有 30000 多件文物藏品，其中珍贵馆藏文物 19637 件，国家一级文物 32 件、二级文物 276 件、三级文物 1331 件、待定级及一般文物 17998 件②。

---

① 国家文物局：《博物馆定级评估办法》，http：//www.gov.cn/zhengce/zhengceku/2020-03/26/content_5495770.htm，2020 年 1 月 8 日。

② 张家口资讯网：《张家口市文物古迹保护现状探寻》，http：//www.zjk169.net/news/5393.html，2013 年 12 月 17 日。

表 2-4　　　　　　　张家口国家级博物馆统计表

序号	名称	级别	特点
1	张家口博物馆	国家二级	综合性地志博物馆；藏有各个历史时期珍贵文物 180 多件（套）①
2	泥河湾博物馆	国家三级	河北省唯一集中保护、收藏展示旧石器时代遗址群风貌以及大量化石、石器文物的专题博物馆；馆内陈列有 5 万余件泥河湾出土文物，为世界考古科研基地②
3	元中都博物馆	国家二级	我国第一个蒙元历史专题性博物馆；全国第一个以单一朝代为主题的博物馆
4	蔚州博物馆	国家二级	河北省建筑面积最大，展览面积最大的县级博物馆；馆藏文物数量多，可移动文物 11194 件，其中，一级文物 10 件、二级文物 54 件、三级文物 253 件、一般文物 5654 件③

第二节　张家口文化资源的空间分布

文化资源是区域旅游发展的重要基础。文化资源的空间分布、质量、数量及其组合关系对当地旅游开发具有重要影响。本书选取张家口各县（区）省级及以上物质文化遗产资源和非物质文化遗产资源（统称遗产类文化资源）进行空间分析。

一　张家口各县（区）遗产类文化资源分布状况

张家口遗产类文化资源丰富，省级及以上遗产类文化资源共计 239 项，世界遗产、国家重点文物保护单位、国家级非物质文化遗产、国家级历史文化名城名镇名村共 71 项，占比 29.7%，高等级文化遗产资源具备规模优势，且集中分布在张家口的蔚县和宣化区（见表 2-5）。张家口拥有世界遗产 2 项，分别是宣化城市传统葡萄园（全球重要农业文化遗产）和蔚县剪纸（世界非物质文化遗产）。

---

① 闫玉光等：《张家口市博物馆馆藏文物精华》，科学出版社 2011 年版，第 20 页。
② 郭红：《快收藏！河北这十大不得不访的精品博物馆，你去过哪个？》，http://report.hebei.com.cn/system/2019/01/24/019410292.shtml，2019 年 1 月 24 日。
③ 河北新闻网：河北蔚县博物馆荣评国家二级博物馆，http://hebei.hebnews.cn/2020-12/23/content_8272632.htm，2020 年 12 月 23 日。

该市拥有全国重点文物保护单位50项，其中22项分布在蔚县，6项分布在宣化区，占张家口全境总数的56%；该市共有国家级非物质文化遗产5项，其中3项分布在蔚县；国家级历史文化名城名镇名村总量达14项，其中11项分布在蔚县。

表2-5　　张家口省级及以上遗产类文化资源分布状况

资源类型及等级 区县	合计	世界遗产	国家重点文物保护单位	国家级非物质文化遗产	国家级历史文化名城名镇名村	省级文物保护单位	省级非物质文化遗产	省级历史文化名城名镇名村
张家口全境	239	2	50	5	14	109	49	10
桥西区	10	0	3	1（三区共有）	0	4	2	0
桥东区	6	0	1		0	2+1（共有）	1	0
下花园区	4	0	0		0	2+1（共有）	0	0
崇礼区	6	0	1	0	0	1+3（共有）	1	0
宣化区	22	1	6	0	0	11+1（共有）	2	1
万全区	10	0	3	0	0	2	4	1
蔚县	78	1	22	3	11	26	7	8
阳原县	14	0	3	0	1	5	5	0
涿鹿县	18	0	1	0	0	13	4	0
怀来县	12	0	2	0	2	5	3	0
怀安县	17	0	1	0	0	9+1（共有）	6	0
赤城县	18	0	1	0	0	15	2	0
张北县	12	0	1	0	0	4+1（共有）	6	0
沽源县	6	0	3	0	0	3	0	0
康保县	7	0	1	1	0	2	3	0
尚义县	7	0	1	0	0	3	3	0

说明：①因国家级非物质文化遗产口梆子（晋剧）一项在区县归属中为张家口市，考虑到是在2008年入选的第二批国家级非遗，故将其划分为行政区划调整前的桥西区、桥东区和下花园区三区共有；②省级文物保护单位一列中，个别格子中带"+"的后面数字为共有项目的遗存点数。因省级文物保护单位中万里茶道遗存点和京张铁路——张家口段文物遗存这两处均为多区县共有项目，对涉及的区县均按涉及区县实际遗存点数计数叠加，并以"共有"标注；其中万里茶道遗存点共有5个点，分别是崇礼区3个、张北县1个、怀安县1个；京张铁路——张家口段文物遗存涉及桥东区的张家口火车站（北站）、下花园区的下花园车站和宣化府火车站。

注：表中数据根据前文统计的具体项目以及附录表1-4的内容整理计算而得。

二 张家口遗产类文化资源空间分布特征

张家口遗产类文化资源在空间分布上具有不均衡性，蔚县和宣化区是遗产类文化资源分布密集区，蔚县尤为突出。蔚县有省级以上遗产类文化资源78项，类型齐全，等级高，数量多，占张家口全境总数的32.6%；宣化区有省级以上遗产类文化资源22项，占张家口全境总数的9.2%。涿鹿县、赤城县、怀安县省级以上遗产类文化资源具有一定的规模优势，有18项或17项，占比均超过7%；阳原县、怀来县、张北县、万全区、桥西区省级以上遗产类文化资源相对丰富，都在10项以上，占比达到4%；康保县、尚义县、崇礼县、沽源县、桥东区、下花园区省级以上遗产类文化资源项目相对偏少，占比在3%以下（见表2-6）。

表2-6 张家口各县（区）省级及以上遗产类文化资源分布

名次	区县	数量（处）	占比（%）
1	蔚县	78	32.64
2	宣化区	22	9.21
3	涿鹿县	18	7.53
4	赤城县	18	7.53
5	怀安县	17	7.11
6	阳原县	14	5.86
7	张北县	12	5.02
8	怀来县	12	5.02
9	万全区	10	4.18
10	桥西区	10	4.18
11	康保县	7	2.93
12	尚义县	7	2.93
13	崇礼区	6	2.51
14	沽源县	6	2.51
15	桥东区	6	2.51
16	下花园区	4	1.67

注：根据表2-5的数据整理计算而得。

根据各县（区）省级及以上遗产类文化资源的规模数量、质量等级的空间分布及结构组合状况，按张家口区县行政区划，将遗产类文化资源空间分布特征概括为四种类型：优质资源密集区、资源规模优势区、资源相对丰富区和资源存量偏低区（见表2-7）。

表2-7　　　　张家口遗产类文化资源空间分布特征

资源组合状态	分布区县	资源结构特征
优质资源密集区	蔚县	规模数量占据绝对优势，占张家口总量的32.6%；世界-国家-省级三级资源齐备，其中世界级和国家级占自身总量的47.4%；物质文化遗产和非物质文化遗产组合好
	宣化区	数量位居张家口第二，占张家口总量的9.2%；世界-国家-省级三级资源齐备，其中世界级和国家级占自身总量的31.8%，省级资源数量居多
资源规模优势区	涿鹿县、赤城县、怀安县	资源总量相对丰富，涿鹿县、赤城县各18项，怀安县17项，分别占张家口总量的7%强；但三县均没有世界级遗产，国家级文物保护单位各有1项，省级遗产数量占自身总量的94%以上，高等级资源缺乏
资源相对丰富区	阳原县、怀来县、张北县、万全区、桥西区	各县（区）资源总量都在10项以上，占张家口总量的比重在4%-6%之间；均没有世界级遗产，国家级遗产资源占自身总量比重相对较高，占比在30%左右；其中，桥西区占比为40%，怀来县为33.3%，万全区为30%，阳原县为28.6%；唯有张北县比较特殊，其资源总量相对较大（12项），但只有1项国保，国家级文化遗产资源占自身总量比重仅为8.3%
资源存量偏低区	康保县、尚义县、崇礼县、沽源县、桥东区、下花园区	各县（区）资源总量均不足10项，占张家口总量的比重均低于3%；均没有世界级遗产，国家级遗产资源占自身总量的比重高低不等，差别较大；其中，沽源县占比最高，达50%；其他依次为桥东区（33.3%）、康保县（28.6%）、崇礼县（16.7%）、尚义县（14.3%）；下花园区比较特殊，总量最少（4项），仅占张家口总量的1.7%，共有项目占2项，分别是张家口市区共有的国家级非遗项目口梆子和京张铁路——张家口段文物遗存省级文物保护单位，其他2项为省级文物保护单位

三 张家口自然文化资源空间分布特征

受地形地貌及气候条件影响,张家口自然文化资源空间分布区域特征鲜明(见表2-8)。

表2-8　　　　　　　　张家口自然文化资源空间分布

类型	区域分布
草原文化	主要分布在坝上草原地带,位于张北县、沽源县、尚义县和康保县
冰雪运动文化	主要分布在崇礼山地地带,位于崇礼区
葡萄(酒)文化	主要分布在怀涿盆地、宣化盆地,位于怀来县、涿鹿县和宣化区
温泉文化	主要分布在冀北地下热水区、冀西北山间盆地地热区,位于赤城县、怀来县、阳原县和宣化区

草原文化主要分布在张家口坝上四县,分别是张北县、沽源县、尚义县和康保县。这四县与内蒙古的锡林郭勒盟和乌兰察布市相连,自然景观以草甸式草原为主,是农耕文化与畜牧文化的交融之地。本区内的遗存以辽金元三个时期的古遗址最为突出,如康保的西土城遗址、张北的元中都遗址、沽源的九连城遗址、小宏城遗址以及元梳妆楼等,保存完好,承载着厚重的草原民族历史与民俗文化。

冰雪运动文化主要分布于崇礼区,这得益于崇礼山峦起伏、沟壑纵横的地形地貌特点以及寒冷的气候条件。崇礼被誉为"华北地区最理想的天然滑雪区域",与其优越的区位优势叠加成为2022年京张冬奥会雪上项目的主要举办地。目前,崇礼区拥有万龙滑雪场、密苑·云顶乐园滑雪场、多乐美的滑雪度假山庄、长城岭滑雪场等7大雪场;建设了2022冬奥会张家口赛区场馆及配套设施等;与群众生活相结合,开发了一系列民间冰雪娱乐项目,崇礼成为集冰雪景观、冰雪运动、冰雪竞技、冬奥文化于一体的奥运名城。

葡萄(酒)文化主要分布在怀涿盆地和宣化盆地。桑干河和洋河流经张家口中部地区,形成了坝下河谷盆地,地势较低。主要包括宣化区、怀来县和涿鹿县。这三地北依燕山,南靠太行,光照资源比较丰富、昼夜温差大、无霜期较长、≥10℃积温较大(热量充足)、雨热同季，为葡萄的生长提供了独特的气象条件。另外，这里的土质多为沙土或沙壤土，也非常适宜葡萄生长。特殊的气候条件及土质，使这里生产的葡萄个大、粒饱，含糖量高达16度以上，是理想的酿酒佳品。经权威专家认定，涿怀盆地和法国的波尔多、美国的加州并称世界葡萄种植三大黄金地带。目前，在桑、洋河谷已建成华北最大的优质葡萄种植基地。尤其是怀来县，不仅具有悠久的葡萄种植历史，1976年被定位为国家葡萄酒原料基地，而且具有良好的葡萄酒酿造基础，国内第一支干白葡萄酒1979年在沙城诞生，并获得了国家质量金奖。目前，怀来的葡萄酒产业发展已经进入了葡萄酒庄园化时代。

温泉文化主要分布在赤城县、怀来县、阳原县和宣化区。张家口温泉资源分布分别属于冀北山地区地下热水区和冀西北山间盆地这两大区[①]。其中，赤城温泉属于冀北山地区地下热水区，地处板块边缘地形拼贴带及燕山褶皱带的北部，分布于尚义—赤城断裂以北，水温高于60℃，赤城汤泉有总泉、胃泉、眼泉、平泉、气管炎泉和冷泉六个泉眼，各种泉的流量、温度、成分各不相同，最高温度68℃，属于医疗型硅酸锶氟泉。阳原县、宣化区和怀来县的温泉分布属于冀西北山间盆地地热区，分别属于蔚县—阳原山间盆地、赵川山间盆地、怀来山间盆地，该区在大地构造上它们同处板内区块体北部的燕山断褶带上。由于此区地质构造复杂，地层破碎，因断裂切割而形成了一系列的盆地，其中部分断裂为深循环的地下热水提供了良好通道并使其得以保存。张家口温泉资源不仅分布广，而且有悠久的开发利用历史，留有古代人们温泉洗浴的名胜古迹，其中尤以赤城温泉著名。

四 张家口文化资源的空间分布总体特征

综上所述，张家口文化资源空间分布特征如下：

第一，张家口遗产类文化资源在空间分布上具有很大的不均衡性，蔚县无论在数量还是质量方面都具有绝对优势，年俗文化独具

---

① 张国斌：《河北省地热资源分布特征、开发利用现状、存在问题与建议》，《中国煤田地质》2006年第S1期。

特色；长城文化遗产涉及年代久、分布广，以张家口市桥西区、宣化区、崇礼区、万全区、赤城县、怀来县最为典型；阳原、涿鹿以根脉文化为特色；坝上四县的古遗址如康保的西土城遗址、张北的元中都遗址、沽源的九连城遗址、小宏城遗址以及元梳妆楼等，保存完好，反映了辽金元时期草原民族的历史与民俗文化。

第二，张家口自然文化资源的地域特征明显，主要表现为坝上四县的草原文化、崇礼山地区的冰雪运动文化、宣化盆地和怀涿盆地的葡萄（酒）文化、赤城断裂带和蔚县—阳原山间盆地、赵川山间盆地、怀来山间盆地的地热/温泉文化。

第三，张家口文化资源分布的集聚性强、类型以及空间组合状况好。综合来看，各县（区）文化特色鲜明，由北向南主要表现为：坝上四县以草原民俗文化而闻名，中部以长城文化、冰雪以及山地户外运动文化为特色，中东部宣化、怀涿盆地以葡萄（酒）文化而享有盛誉，南部的蔚县以年俗文化而独树一帜，阳原和涿鹿则以根脉文化而著称。各县（区）文化资源的独具特色与相对集聚，有利于张家口旅游资源的整合开发与差异化发展。

第三节　张家口特色文化资源的挖掘与整理

张家口悠久的历史、特殊的地理位置以及独特的自然地理环境孕育了丰富多彩的文化资源。本节将以历史为经，以地理为纬，对张家口的七大特色主题文化资源进行归纳整理。

一　根脉文化

俗话说"树有根，水有源，人有祖，知源源"，追本溯源、寻根问祖是中华民族的传统美德。"东方人类起燕赵，涿鹿文明开先河"是对张家口根脉文化的精辟概括。当然，"大河文明"告诉我们"江河是人类文明的摇篮"，张家口根脉文化的发展自然也离不开河流的滋养和孕育。考古研究发现，地处晋冀交界的桑干河流域孕育了中国最早的古人类和最早的中华文明，即以张家口阳原县的泥河湾文化和涿鹿的三祖文化为代表的古代文明，因此有学者提出"桑干河也是中华民族与中华文明的母亲河之一"的观点①。张家口的阳原县和涿鹿县也因此而分别享有了"东方人类故乡"和"中华文明发源地"的称号。

1. 泥河湾文化

泥河湾文化是对位于河北省张家口市阳原县桑干河畔的诸多古文化的总称。泥河湾遗址群包括距今200万年至数千年间的整个石器时代的文化。该遗址群东西长82公里、南北宽27公里。经过中外专家近百年的考古发掘和研究，发现了含有早期人类文化遗存的遗址80多处，出土了数万件古人类化石、动物化石和各种石器，几乎记录了人类从旧石器时代至新石器时代发展演变的全部过程。在我国目前已经发现的25处距今100万年以上的早期人类文化遗存中，泥河湾遗址群就占了21处②。泥河湾遗址群为全国重点文物保护单位，其中马圈沟、小长梁、东谷坨、侯家窑—许家窑、虎头梁等遗址最为国内外学术界所关注。其中的小长梁遗址，因发现较早被刻在新千年建成的北京中华世纪坛青铜甬道的第一块铜板上，将万世流芳。2001年马圈沟遗址的发掘，首次发现了距今约200万年前人类进餐的遗迹，这是迄今为止我国发现得最早的人类起源地。

泥河湾遗址群承载着200万年前人类与自然抗争的历史痕迹，开创了东方人类从这里走向文明的先河。本遗址群遗址数量之多、密度之高，世界罕见，受到国内外地质、古生物、古人类及史前考古专家的极大关注，被誉为"旧石器时代考古的圣地"。泥河湾被称为是世界人类的起源地之一，因此有了"东方人类从这里走来""东方人类起燕赵"之说。

---

① 韩祥瑞：《张家口悠久的历史》，党建读物出版社2006年版。
② 韩祥瑞：《张家口悠久的历史》，党建读物出版社2006年版。

表 2-9　　　　　　　　　　　泥河湾遗址群主要遗址

遗址群主要构成	年代	特点
马圈沟遗址	距今200万年	迄今为泥河湾盆地发现年代最早的旧石器遗址； 该遗址发现了大量的石制品、动物化石等遗物； 更为重要的是发现并清理出了古人肢解动物的遗迹和大象的脚印。
小长梁遗址	距今约136万年	遗址群中年代较早的（晚于马圈沟下层）旧石器文化遗存； 出土遗物以石器为主，包括石核、石片等800余件； 石器以刮削器为主，此外还有骨片，哺乳动物化石有鬣狗、三趾马、三门马、腔齿犀、古菱齿象、羚羊等
东谷坨遗址	距今100万年	出土石器1183件，石器有砍斫器、刮削器、砾石石器，石制品有石核、石片； 哺乳动物牙齿化石有中华鼢鼠、狼、熊、古菱齿象、三门马、披毛犀、野牛、羚羊等
侯家窑遗址	10万年	规模宏大，出土的石器和动物化石极其丰富； 石器类型复杂，有刮削器、尖状器、雕刻器、石钻和数量较多的石球，石器中的许多类型在周口店北京猿人遗址中可以见到； 动物化石有鸵鸟、鼠兔、虎、野马、野驴、披毛犀、赤鹿、河套大角鹿、扭角羊、野猪等，其中以野马、披毛犀和羚羊化石数量最多； 发现了距今10万年的人骨化石； 属旧石器时代中期的一处重要遗址，为研究原始社会人类发展提供了重要资料
虎头梁遗址	距今约1.05万年	旧石器时代晚期遗址，出土的石器有盘状石核、楔状石核、石叶、柱状石核、尖状器、砍砸器、刮削器等； 发现早，影响大，对研究旧石器向新石器的过渡、陶器和农业的起源都有非常重要的意义

2. 三祖文化

三祖文化是指历史上黄帝、炎帝、蚩尤带领各自的部落相互征战，相互融合所形成的文化，是中华民族文化的起源。"千古文明开涿鹿"是《中国上古史演义》中第二回的标题句，这一名句已得

第二章 张家口文化资源调查与旅游开发评价

到我国著名的历史学家顾颉刚的肯定。因此,有人提出"涿鹿是中华文化与中华文明的发源地之一"的观点①。

涿鹿是中国历史上著名的文明古地。据史籍记载,中华民族的文明始祖黄帝、炎帝、蚩尤在涿鹿进行了我国上古时期最具影响的"阪泉之战"和"涿鹿之战","合符釜山而邑于涿鹿之阿",形成了以涿鹿桑干河流域为中心点,以中华民族共认图腾——龙为象征,以民族大融合、大统一、大团结为核心的涿鹿三祖文化。

"三祖文化"是1993年由任昌华先生提出的,这是历史上首次将蚩尤作为中华民族的人文始祖,与黄帝、炎帝并排在一起,打破了传统上的胜者王、败者寇之说,确立了中华民族同祖同源的观点,明确了三祖文化是爱国主义的精髓和民族团结的基石②。虽然关于三祖之间两次战役的时间以及交战的细节描述等有多个版本,但是关于战役的结果蚩尤战败以及黄帝在涿鹿的山脚下建造都城是不争的事实,在《史记》《魏土地记》《晋书》《括地志》等史籍中都有记载,因此,涿鹿是黄帝所建中华第一都城的所在地。中华民族的人文三祖黄帝、炎帝、蚩尤共同生息战斗在张家口的涿鹿大地,逐步形成并最终确立了中华文明"和谐、统一、团结"的核心价值。2000年建成的北京中华世纪坛,把"三祖两战"作为千古纪念已载入青铜甬道。三祖文化也以民俗类型于2013年入选河北省第一批非物质文化遗产名录。

除了上述的史料描述之外,关于"千古文明开涿鹿"之说还有发掘出的涿鹿故城(黄帝城)址、蚩尤寨遗址古遗址为证。这两处遗址均为河北省重点文物保护单位。其中,涿鹿故城(黄帝城)址位于涿鹿县矾山镇三堡村,为不规则方形,北宽南窄,面积约300亩。东、西、北城墙保存较完整,东南角坍塌于轩辕湖中。建筑遗迹除原有的残城墙基址外,又在城内中部塌陷处发现了版筑墙、板

---

① 韩祥瑞:《张家口悠久的历史》,党建读物出版社2006年版。
② 任昌华:《简谈"三祖文化"》,《民主》1997年第11期。

瓦、桶瓦和带鹿形半瓦当。考古专家对黄帝城多次发掘考察，出土了许多文物。1957年首次发掘出大量石器及蚌器、陶纺轮等生产工具；陶豆、陶鬲、陶盆、陶甑等生活用具和龟钮、蛙钮、铜印和各种古代钱币。1998年考古推测，此城是战国时期、汉代的建筑，但城址下叠压有新石器时代晚期文化遗存。考古专家据此分析，涿鹿故城一带早在4700多年前已有非常发达的华夏文明存在，其时代与史书中有关黄帝在此活动的记载正相吻合。蚩尤寨遗址位于涿鹿县矾山镇龙王堂村西黄土高台之上，东边紧靠断崖，其余三面为农田。该遗址共有三寨，南北向排列。传说为黄帝攻打蚩尤时，蚩尤屯兵之所。蚩尤寨遗址出土的文物有陶器和石器等，陶器以夹砂灰褐陶和夹砂红陶为主，纹饰有粗绳纹、范点纹、压印方格纹等。陶器有鬲、釜、罐、盆等。石器有尖状器、刮削器、石镞、石斧等。从寨内出土的遗物分析，夹砂灰褐陶绳纹鬲应为商代晚期遗物、夹砂红陶釜等应属战国、汉代遗物。

涿鹿故城（黄帝城）址、蚩尤寨遗址是上古时期中华民族史上的第一次大融合的见证，孕育了灿烂的三祖文化。涿鹿的三祖文化向人们昭示"中华文明从这里走来"。大一统、大融合、大团结、大发展是三祖文化的精髓，它展现了数千年前中国社会发展的时代精神。弘扬三祖文化对增强华夏儿女的民族认同感和归属感、凝聚中国力量、实现中华民族伟大复兴的中国梦具有重要意义[1]。

3. "三岔口"文化

"三岔口"一说是由中国考古学界的泰斗苏秉琦先生提出的，他认为桑干河上游是中原、辽西和内蒙古河套这三个地区文化汇合的"三岔口"，意即张家口历史上是仰韶文化、龙山文化和红山文化交汇的"三岔口"[2]。

---

[1] 周瑞峰、徐秀娟、张亮亮：《弘扬"三祖文化"，凝聚中国力量实现中华民族伟大复兴》，《河北省社会主义学院学报》2017年第1期。

[2] 郭大顺：《从"三岔口"到"Y"形文化带——重温苏秉琦先生关于中华文化与文明起源的一段论述》，《内蒙古文物考古》2006年第2期。

在对黄帝城遗址的历次考古中，专家们还采集到大量新石器时代仰韶文化及龙山文化的石斧、石锛、石刀、石磨盘、石磨棒、细石器、蚌器以及彩陶器等，说明这里从新石器时代起就曾是先民集居的地方。另外，在桑干河流域发掘的蔚县三关、筛子绫罗、庄窠等新石器时代遗址，出土的文物达数万件，其中不仅有反映仰韶文化的玫瑰图案彩陶盆，还有代表红山文化的龙鳞纹彩陶罐。专家们认为上述遗址中出土的文物是"三岔口"文化遗存的重要呈现。"三岔口"文化遗存在张家口地区的发现，再次论证了从史前文明开始，张家口地区就是各种中华文明交汇融合的重要场所。

综上所述，张家口不仅是世界人类的发源地之一，也是中华文明的发源地之一，可谓根脉文化源远流长，不断融合发展。

二 长城文化

长城是我国劳动人民创造的一项极其伟大的建筑工程，是世界建筑史上少有的一大奇迹，它以其浩大的工程和悠久的历史而著称于世。1987年12月，长城被联合国教科文组织列入《世界遗产名录》，成为中国第一批被列为世界文化遗产的项目。长城作为物质文化遗产，具有古老、伟大、壮丽、坚固等特质，两千多来年历经风雨沧桑，与中华民族共同经历了艰苦卓绝而又生生不息的发展历程，早已从单纯的"物质的长城"升华为"文化的长城""精神的长城"，它与现代中国及中华民族的性格高度契合[1]，成为中华民族的重要象征。

1. 长城精神

长城是中国在世界范围内识别程度最高的标志性文化符号之一，广泛地出现在与中国国家意义相关的文字、音像和标志中，在很大程度上成为中国的国家象征。长城作为国家与民族象征意义的形成经历了一个循序渐进的过程，尤其是近代以来中国在实现民族独立、人民解放和国家富强的过程中，长城的精神文化内涵和象征意

---

[1] 王雁：《论长城国家象征意义的形成》，《理论学刊》2020年第1期。

义越来越丰富。长城最突出、最核心的价值在于它所承载的三大精神，包括团结统一、众志成城的爱国精神；坚韧不屈、自强不息的民族精神；守望和平、开放包容的时代精神[1]。它所积淀和承载的三大精神，已经深深地融入中华民族的血脉之中，成为实现中华民族伟大复兴中国梦的强大的精神动力。

2. 长城遗址

张家口享有"历代长城博物馆"的美誉。因境内现存有战国（燕、赵）、秦、汉、北魏、北齐、唐、金、明8个朝代，历时2000多年修筑的总长度达1470多公里的长城而获此殊荣。张家口境内的长城为河北省长城总长度的2/3，占全国长城总长度的1/6。境内现存明长城遗迹最多，占河北省明长城总长度的53.8%。其中包括敌台、烽火台、马面、关堡及相关遗存3400余处，涉及6区10县（桥西区、桥东区、下花园区、宣化区、万全区、崇礼区、怀来县、怀安县、赤城县、沽源县、张北县、蔚县、阳原县、涿鹿县、康保县、尚义县）[2][3]。其中，大境门、张家口堡、宣化古城、鸡鸣驿城、万全右卫城、洗马林城墙、长城马水口段、样边段均为全国重点文物保护单位。明长城青边口段和明长城独石口段虽为省级文物保护单位，但是在2020年11月27日，均与明长城大境门段同列国家文物局公布的第一批国家级长城重要点段名单（见表2-10）。

表2-10　　　　　　　　张家口主要长城遗址统计

序号	所属区县	长城遗址名称（时期）
1	桥西区	大境门、张家口堡、宁远堡、永丰堡、来远堡、三道沟长城、伍敦长城、菜市长城、土井子长城（明）
2	桥东区	威远台（明）

---

[1] 国务院新闻办公室网站：《长城"三大精神"成为实现中华民族伟大复兴强大精神力量》，http://www.scio.gov.cn/xwfbh/xwbfbh/wqfbh/39595/39741/zy39745/Document/1646229/1646229.htm，2019年1月24日。

[2] 张依萌：《2022年北京冬奥场馆周边长城考古工作述评》，《中国文化遗产》2019年第06期。

[3] 王晓轩：《张家口现存的古长城》，党建读物出版社2006年版。

续表

序号	所属区县	长城遗址名称（时期）
3	下花园区	下花园区01烽火台（春秋明）
4	宣化区	宣府镇城、羊房堡、葛峪堡、青边口堡、常峪口堡、小白杨堡、大白杨堡、赵川堡、滹沱店堡、深井堡、整盘台长城、大白杨长城、胡家洼长城、常峪口长城、四台沟长城、青边口长城、羊房堡长城、人头山长城、东窑长城、整盘台长城、后坝口长城、小西山长城、锁阳关长城（明）青边口关、二道岭长城、白阳长城、青边口长城、东疃长城、磐石台长城、后坝口长城（时代不明）
5	赤城县	龙虎沟长城、深沟洼山险、深沟洼长城（战国燕）里口壕、化岭长城、大边长城、东栅子长城、西栅子长城、葵花长城、砖楼长城、三盘山险、北栅子长城、里口长城（汉）头道梁长城、王庄子长城、红沙梁长城、大庄科长城、庙湾长城、镇安堡长城、红山咀长城、红山咀山险、缸房窑长城、缸房窑山险（北齐）后城长城、上虎长城、三岔口长城、八里庄长城、周村长城、前所长城（唐）下堡城堡、常胜庄城堡、后城城堡、青罗口城堡、上堡城堡、长伸的城堡、龙门所城堡、牧马堡城堡、蒋家堡城堡、样田城堡、兴仁堡城堡、镇宁堡城堡、中所城堡、小堡子营城、刘庄营城、双山寨营城、头堡子营城、镇宁堡营城、正阳墩营城、西栅子营城、独石口卫城、半壁店堡、猫峪堡、三山堡城、旧站堡、云州堡、青泉堡堡、镇安堡、君子堡堡、卞家堡堡、马营堡堡、松树堡堡、羊坊堡堡、仓上堡堡、吕和堡堡、黄土岭堡、夏家村堡、中堡、三岔口堡、龙关堡、玉泉堡、周村堡、金家庄堡、东山庙堡、赤城堡、里口村堡、大岭堡、南仓堡、郭庄堡、雕鄂堡、小营堡、屯军堡、破楼堡、仕英西堡、仕英东堡、小营东堡、王良堡、水碾堡、镇川堡、姜家寨西山堡、北栅子堡、后城金鸡梁长城、琵琶山险、后城南尹家沟长城、后城拦马道长城、后城水泉沟长城、后城大庄科长城、龙门所赵家庄长城、龙门所郭家窑长城、龙门所青平楼长城、红沙琅附线长城、胡家窑长城1段、菜树梁长城、巴图营长城、万水泉长城、寺沟长城、大地长城、名旺庄长城、青平楼长城、里东沟长城、北禹山长城、张鹿角沟长城、青虎沟长城、红房窑长城、长梁长城、北沟长城、冰山梁长城、栅子口长城、庞家窑长城、北栅子长城、三棵树长城、明岔长城、马连口长城、张家窑长城、马连顶长城、海家窑长城、刷子沟长城、里界墙长城、大边梁北侧长城、大边梁南侧长城、镇宁堡岔沟梁长城、松林背长城、小口梁东北侧长城、小口梁西南侧长城、夭湾长城、马驹沟长城、里口村长城、北栅子村长城、老王沟村长城、黄家沟长城、孙庄长城、东新堡长城、黎家堡长城、东窑长城、雕鄂堡北侧长城、雕鄂堡西侧长城、康庄东侧长城、下虎村长城、上虎村长城、三岔口长城、八里庄长城、周村长城、前所长城、二架山长城、白塔沟长城、转山长城、大尖山长城、长梁东山长城、炭窑长城（明）康庄堡、里口关、马连口长城、大龙王堂长城（时代不明）

续表

序号	所属区县	长城遗址名称（时期）
6	崇礼区	东红旗营城堡、南山窑城堡、东毛克岭长城、半坝长城、东纳岭长城、柳条沟长城、杨树沟长城、白旗坝长城、瓦房沟长城、韭菜梁沟长城、沟掌山险、沟掌长城、二十里营长城、马凤祥沟长城、小坝沟长城、上两间房长城、上两间房山险、炭窑沟长城、马丈子长城、西坪长城、东坪长城、行人马沟长城、茂谷天营长城、老里湾长城、沟门长城（汉）韩家窑长城、清三营长城、沙岭长城、青虎沟长城、四东沟长城、野鸡山长城、边墙底长城、营岔长城、常沟子长城、棋盘梁长城（北齐）水泉洼长城、清五营长城、沙岭长城、青虎沟长城、青虎沟马场长城墙体、棋盘垠长城墙体、桦林东长城墙体、小南洼长城、庄科长城、清五营长城（明）
7	怀来县	陈家堡、大营盘、鸡鸣驿城、镇边路城、怀来横岭堡、怀来板达峪堡、怀来大山口堡、怀来堡、怀来羊儿岭堡、怀来长安岭堡、怀来新保安堡、怀来东八里堡、怀来土木城堡、怀来元城子堡、怀来水石堡、怀来水土堡、怀来淘堡、怀来龙堡、怀来庙堡（明）
8	万全区	榆林沟长城、黄土梁长城（北魏） 狼窝沟口、新河口堡、新开口、洗马林堡、万全右卫城（万全镇）、万全新开口堡、万全宣平堡、万全王安堡、万全膳房堡、周坝长城、黄花坪长城、大水泉长城、镇虎台长城、大东沟长城、辛窑长城、黄土梁长城、席窑长城、柳沟长城、牛家窑长城、羊窑沟长城、万全长城（明）
9	怀安县	东洋河长城、赵家窑长城、盘道门长城、总镇台长城、桃沟长城（战国）怀安西洋河堡、怀安渡口堡、怀安卫城、怀安左卫城、怀安旧怀安堡、怀安李信屯堡、怀安团山堡、怀安旧堡、怀安枳儿岭堡、东洋河长城、赵家窑长城、盘道门长城、总镇台长城、桃沟长城（明）
10	涿鹿县	马水口关、马水口城、后沟土堡、岔道土堡、矾山堡、保安州城（明）
11	蔚县	南柳河口关、九辛庄关、大探口关、浮图关、西庄头关、西金河口长城、张家窑长城、张家窑山险、张家窑长城、松枝口东山险、松枝口西山险、松枝口西长城、马驼长城、崖头寺长城、苇子水长城、马头山长城、九辛庄长城、九宫口山险、南柳河口长城、南柳河口山险、南梁庄山险、东大云瞳山险、水峪山险、上苏庄山险、郑家庄山险、北口东山险、北口东长城、北口长城、大探口长城、东岭长城、浮图峪长城、南马庄长城、西庄头长城（北齐） 蔚州城、黑石岭堡（明）

续表

序号	所属区县	长城遗址名称（时期）
12	阳原县	西东红寺1—4号烽火台、黑沟1号烽火台、赵家坪1、2号烽火台、南口1、2号烽火台、沙帽台1号烽火台、二台子1号烽火台、下沙沟1号烽火台、太师梁1号烽火台、化稍营1号烽火台、二马坊1号烽火台、五马坊1号烽火台、千家营1号烽火台、鳌鱼口1号烽火台、西水地1号烽火台、七马坊1号烽火台、石盆1号烽火台、榆林关1号烽火台、窖子沟1号烽火台、香草沟1号烽火台、井儿洼1号烽火台、九马坊1号烽火台、小西沟1号烽火台、六马坊1、2号烽火台、牛坊沟烽火台、东窑新1号烽火台、西窑1号烽火台、祁红庄1号烽火台、石宝庄1号烽火台、红寺1、2号烽火台、瓦窑1号烽火台、西沟堰1号烽火台、南洼1号烽火台、下兹铺1号烽火台、起风坡1号烽火台、西白家泉1号烽火台、毛道沟1号烽火台、柳树皂1、2号烽火台、上大柳树1号烽火台（明）
13	张北县	水泉滩长城、黑脑包长城、西滩长城、上白花洼长城、后柳条坝长城、前柳条坝长城、边墙外长城、杨家营长城、小南洼长城墙体、席家长城墙体、二道边长城墙体、二道边长城分支墙体、苗菜梁长城分支墙体（汉） 老虎沟长城、老虎沟长城复线、水泉洼里营长城、西圪塔长城、西圪塔内线长城、黄花坪长城、苗菜梁长城、小水泉长城、大崖湾长城、黄土囵囵长城、春垦长城、正边台长城、治儿山长城、大东沟长城、正边台长城、治儿山长城、大东沟长城（时代不明）
14	沽源县	平头梁长城、小梁底长城、毡房营长城、南场长城第一段墙体、南场长城第二段墙体、南场长城第三段墙体、南场长城第四段墙体、小西沟长城、五道沟长城、车道洼长城、水泉沟长城、西湾长城、长胜沟里长城、东碾盘沟长城、一座窑长城、大石门长城、南场山险（汉） 牧场三队界壕、四人沟界壕、东糜地沟界壕（金） 南厂长城、黄花梁长城、李家营南山长城、西沟长城、阳坡长城、椴木梁长城、椴木梁长城支线、西湾长城、东碾盘沟长城、大石门长城、大石门西沟长城、鸡冠山长城、八塔沟长城、刀楞山长城（明）
15	康保县	大土城城址、小兰城城址、二喇嘛界壕、阎油坊界壕、贺旺界壕、陈小铺界壕、康家洼界壕、郭油坊界壕、梁家界壕、兰家子界壕、赵家界壕、兴隆界壕、满义界壕、三老汉营子界壕、兰家界壕、处长地界壕、边墙区子界壕、康家地界壕、后二马坊界壕、三进沟界壕、林泉界壕、毛胡庆界壕（金）
16	尚义县	桃坪长城（明）

注：根据《河北省长城认定表》① 及相关学术文献②③整理而成。

① 文物保护与考古司：《关于河北省长城认定的批复》，http：//www.ncha.gov.cn/art/2012/6/18/art_2237_23500.html，2012年6月18日。

② 张依萌：《2022年北京冬奥场馆周边长城考古工作述评》，《中国文化遗产》2019年第6期。

③ 裴蕾：《河北张家口市桥东区东榆林村威远台调查报告》，《文物春秋》2016年第Z1期。

(1) 大境门

作为扼守京都的关喉要塞，大境门是万里长城中唯一以"门"命名的关口，是居庸关外京西第一座较大的长城关口，是游牧民族与农耕民族之间交错复杂的冲突焦点，是一座条石基础的砖筑拱门，是万里长城的主要组成部分；大境门也是清朝时期中国北方重要的商品贸易集散地，对推动张库大道的兴盛、发展蒙汉两族人民的友好关系、沟通内地与边塞贸易发挥了重要作用。1909 年京张铁路、1918 年张库公路的相继开通，张家口对库伦及俄罗斯的贸易发展至顶峰，张家口由此成为驰名中外的"陆路商埠"，并被冠以"旱码头"的称号。大境门历尽沧桑，现已成为张家口的象征。大境门作为长城众多关隘中一个特殊而重要的关口，其建筑造型朴实厚重，所体现的粗犷苍劲、限而不拘的气势，在整个长城文化中是绝无仅有的。

(2) 张家口堡

张家口堡是张家口市区最早的城堡，有近 600 年的历史，现存文物古迹达 700 余处，其中极具价值的重点院落 93 处，是全国大中城市中保存最为完整的明清建筑城堡之一，堪称"明清建筑博物馆"。张家口堡也是张家口市区的"原点"和"根"，是张垣大地历经近 600 年历史沧桑岁月，逐步成长繁荣的历史见证。

(3) 宣化古城

宣化古城有"京西第一府"之誉，是中国北方现存古城中规模较大、等级较高、保存较好的一座城池。宣化明称宣府，是明代北方九处边防要镇之一。明朝常备军 100 万，"长城九镇"陈兵 70 万，宣府镇守军达 15 万，占 1/5 还多，有"九边要冲数宣府"之说。清远楼、镇朔楼分别是宣化古城的钟楼和鼓楼。清远楼位于古城正中，是一座气势雄伟、结构精巧的高大古楼。始建于明成化年间，是一座重檐多角十字脊歇山顶的高大建筑。镇朔楼与清远楼同在一条街上，两座楼相距仅 200 米左右，呈南北呼应之势。镇朔楼始建于明正统年间，为重檐歇山顶，两层通高 15 米，十分雄伟壮观，以明代宣府镇总兵例佩"镇朔将军印"而得名，是宣府军事要冲之地的标志。

（4）长城青边口段

长城青边口段位于桥东区东望山乡青边口村，西邻大境门15公里，是明代宣府镇长城的一个重要隘口。因山势险峻，关口段开阔平坦，设防困难，在此建三道边墙，两条壕沟和三座长城，形成严密的军事防御体系，这种长城的建筑格局独树一帜。清乾隆八年编写的《宣化府志》记载："青边实内外戒严之地，且逼近镇城"，可见其战略地位之重要。长城青边口段为明长城保存较完整的段落，属明代宣府镇中路外长城。青边口，不但是著名的古战场，也是中国人民抗日战争和解放战争时期的重要战场。目前，当地仍留有抗战时期的遗迹；另外，1948年冬到平津战役解放张家口，段苏权将军的前线指挥部就设在青边口，如今指挥部旧址尚完好。

（5）独石口长城

独石口长城位于河北赤城县北，是明长城九边重镇宣府镇上的一座重要关口，为外长城南北的交通要口，形势险要，因南卧孤根"独石"，北通险绝"隘口"合而得名，有"上谷之咽喉，京师之右臂"之称。

（6）崇礼区的长城

由表2-10可知，崇礼区境内主要分布着汉、北齐和明代三个时代的长城。崇礼境内长城全长206千米，位居张家口市第二位。其中尤以明长城遗址最为典型，长城考古专家称其为"中路外长城"。从上北路长城的马连口到松林墩段，长城是崇礼与赤城县的交界线，但从松林墩到桦林东段长城，则都在崇礼境内，称长城岭。长城岭主要为毛石插筑，烽火台、瞭望台为方形实心高台式砖石结构[①]。崇礼长城以朝代多、建筑形制多、分布广而被称为"张家口长城博物馆最大的陈列室"。

---

① 王晓轩：《张家口现存的古长城》，党建读物出版社2006年版。

(7) 万全右卫城和洗马林城墙

万全右卫城位于张家口市万全区万全镇，该城始建于明洪武二十六年（1393年），已有600多年的历史，是明代长城防御体系的重要组成部分，也是目前河北乃至华北地区保存最为完好的明代军堡卫所之一，有"京西第一卫"和明代卫所城堡"活化石"之称①。

洗马林城墙为洗马林堡的一部分，位于万全区西部的洗马林镇洗马林村。洗马林堡是万全右卫城所辖的五座军事城堡之一，2013年3月被国务院公布为第七批全国重点文物保护单位。根据全国文保单位碑刻关于洗马林城墙的介绍可知，洗马林建城筑堡始于明宣德十年（1435年），隆庆五年（1571年）增修砖包，清中期至民国年间曾有不同程度的修缮。洗马林堡是张家口保存较好的明代城堡，除东城墙残失外，南、北和西侧的城墙都基本保存下来了。目前西门的城墙保存最好。

(8) 鸡鸣驿城

鸡鸣驿城位于怀来县城西北，是我国迄今为止发现的保存最完整、建筑规模最大、功能最齐全、最富有特色的邮驿建筑群，是邮政考古和机要考古的活化石，被誉为"中国邮政博物馆"，2001年被列为第五批全国重点文物保护单位。2006年，鸡鸣驿村入选中国历史文化名村。历史上，鸡鸣驿的设置是明代宣府镇（"九边"重镇之一）建立的长城与堡塞相结合的军事防御体系中的重要一环。明代隆庆、万历以后，随着蒙汉关系的缓和与宣府等地"茶马互市"的建立，蒙汉双方的贸易往来日渐增多，鸡鸣驿的军事驿递、堡垒功能也随之削弱，转向以承担官方转运贸易的接待任务为主。清康熙三十二年（1693年），鸡鸣驿驿丞管理的设置标志着其由军驿正式转为官办民驿。伴随着张库大道的日渐隆盛，经由鸡鸣驿往来住宿的驿吏、官员、商旅络绎不绝，促进了鸡鸣驿的商业繁华，并在乾隆时期达到了鼎盛。鸦片战争以后，鸡鸣驿又随着张库商道

---

① 刘徙：《张家口厚重的古城堡》，党建读物出版社2006年版。

的衰落而趋于萧条。20世纪初，宣化县开办邮政局，驿邮事务改由邮政部门管理；1909年，京张铁路正式通车，驿运停废①。

三 草原文化

草原文化是在草原环境下形成的文化以及有关草原的文化，是世代居住在草原地区的部落和民族相继创立的与草原生态相适应的一种文化②。张家口坝上地区为内蒙古高原的南缘，地域辽阔，水草丰美，历史上曾是多民族融合之地，草原民族民俗丰富多彩，现有全国重点文物保护单位6项，国家级非遗1项，省级文物保护单位10项，省级非遗6项。

1. 草原自然景观文化

张家口坝上四县总面积为13217平方千米，占张家口全域面积的近11%；坝上地形呈西北低、东南高的特点，主要地貌为丘陵、平原；气候属温带大陆性草原气候，坝上地区河网密布，水淖丰富，自西向东分布着察汗淖尔草原、康巴诺尔草原和张北草原、金莲川草原和闪电河湿地等，草原与湿地景观辽阔壮美（见表2-11）。

表2-11　　　　　坝上地区主要草原与湿地景观概况

草原名称	所属县域	特点
察汗淖尔草原	尚义县	自古就是优良牧场，在清代就有"天闲刍牧之场"的美称；这里水草丰盛、牛羊肥壮、万顷绿浪一望无际，是河北省最大的天然牧场；坐落在草原上的五台蒙古营是河北省唯一保持蒙古族生产、生活、语言文字、风俗习惯的蒙古族聚居村，察汗淖尔草原又称五台草原
康巴诺尔草原	康保县	位于康保县的北部，西、北、东三面与内蒙古相邻，是真正的汉蒙接合部；草原上种有加拿大冰草、草木樨、紫花苜蓿等优质草种，是华北最大的优质人工草场

---

① 孙志虹、李爱军：《河北张家口鸡鸣驿村》，《文物》2015年第1期。
② 王景峰、王刚：《坚定文化自信弘扬草原文化》，《实践（思想理论版）》2019年第1期。

续表

草原名称	所属县域	特点
张北草原	张北县	由中都和安固里两大草原组成，是内蒙古锡林郭勒大草原的精华组成部分；中都草原因草原上有元中都遗址而得名，这里夏季温凉无暑、天高地阔、草高数尺、百鸟齐鸣，繁花遍地；安固里草原水草丰美，水域面积达10万亩，是华北最大的高原内陆湖，动植物资源丰富
金莲川草原	沽源县	因草原上遍地开满黄色的金莲花而得名，这里水草丰美、风景秀丽、气候凉爽，历史上曾是北魏御夷镇，辽、金、元历代帝王游猎避暑的圣地，曾被康熙大帝御赞为"八百里金莲川百花争艳"的精品部落；五花草甸是金莲川草原的核心部分，以夏秋季节盛开的五种颜色鲜花而得名，总面积4000亩，野生植物有金莲花、山丹花、柳兰、翠菊、华北蓝盆花等600余种，每年5-10月各种野花错季开放，景色迷人；是迄今为止河北省保存最完好、植被覆盖率最高、最具观赏性的天然草甸
闪电河湿地	沽源县	是由河流、湖泊、滩涂、沼泽和沼泽化草甸以及人工库塘组成的复合型内陆湿地，动植物资源丰富，生态系统优良；闪电河蜿蜒曲折，大自然鬼斧神工造就了"九曲十八弯"的壮美景观

2. 草原历史文化

张家口坝上四县自古为众多游牧民族的活动地。秦汉以后，有匈奴、鲜卑、敕勒、突厥、契丹、蒙古等各族人民在这片土地上繁衍生息，创造了悠久的历史文化，留下了珍贵的遗址遗迹。

沽源县历史上曾是辽、金、元历代帝王的避暑游猎之地，境内有小宏城遗址、九连城城址、梳妆楼元墓、张库古商道、历代长城等多处历史文化古迹，还有金莲川、萧太后等美丽的传说。康保县以"金长城""西土城"遗址为代表的辽金文化；尚义县历史上曾经是匈奴（东汉）、鲜卑族（东汉、三国魏、晋）、突厥（唐）、契丹（唐）多个民族的游牧地。北魏为柔玄镇（治今兴和县西壕堑一带）地，土城子遗址即为北魏柔玄镇遗址，是北魏沿长城一线拱卫首都平城、防御柔然侵扰的军事重镇；张北县则以元中都遗址为代表。元代是我国历史上疆域最大的朝代，元代时今张家口一带不再是边境地区，而是属于朝廷中书省的直属辖地，也是大都（北京）与上都（内蒙古自治区锡林郭勒盟正蓝旗）之间的重要通道。元中都即元武宗于元大德十一年（1307年）在今张北境内建立的行宫，考古发现，都城与宫阙仿大都（北京）而建，并与元大都、元上都、和林并称为蒙元帝国的四大都城。元中都是张家口地区除涿鹿黄帝城、蔚县代王城之外的又一处帝王都城。元中都遗址出土了大量的元代文物，2017年12月成功入选第三批国家考古遗址公园名单，是河北省首个国家考古遗址公园（见表2-12）。

表2-12　　　　　　　坝上四县全国重点文物保护单位概况

名称	所属区县	概况
元中都遗址	张北县	元世祖忽必烈的曾孙元武宗所建，从内到外由宫城、皇城、廓城"回"字相套组成；在这里出土的汉白玉螭首，雕刻精美，堪称元代石刻中的精品；元中都遗址的挖掘工作为研究中国元代都城形制提供了新的实例，对探讨元中都的兴废与蒙元四都的比较研究都具有重大学术价值
梳妆楼元墓	沽源县	为元代蒙古贵族元世祖忽必烈的外孙阔里吉思之墓。墓葬形制独特，上楼下墓且以树为棺，这种墓葬形制全国罕见、河北唯一，与蒙元时期皇亲国戚大多实行秘葬的情况吻合；"梳妆楼"曾被误传为辽太后的梳妆之楼，推测是"树葬楼"被汉人误听为"梳妆楼"；"梳妆楼"古墓群的发掘为研究元代葬俗、礼制、服饰以及建筑等提供了极其重要的资料，对充实完善元代文物和历史研究具有极其重要的历史意义
九连城遗址	沽源县	建于金代，因城垣四周及城角共有角楼和城台残墩28个，每隔百米左右有1个，从每个角度看都有9个，故名为"九连城"；是金代塞外三重镇之一，也是元代两条巡行驿道上的重要驿站；保存较为完整，为研究金、元时期州城建筑规模、形制、风格以及城内建筑布局提供了宝贵的实物资料
小宏城遗址	沽源县	元初为"金莲川幕府"，后在此基础上建为察罕脑儿行宫，又称西凉亭；是元朝历代皇帝驻夏消暑、行围狩猎、宴请宗王、祭祀祖先等活动的重要场所，是元朝政治生活中一个重要的组成部分；遗址保存基本完整，涵盖内容丰富，集中反映了元代行宫、民居、士兵营房廨舍的建筑风格和水平，记录了元朝从兴旺到衰亡的历史过程，是研究元史以及元代四都文化的重要补充，具有十分重要的保护价值和研究价值

续表

名称	所属区县	概况
土城子遗址	尚义县	北魏柔玄镇遗址，是北魏沿长城一线拱卫首都平城、防御柔然侵扰的军事重镇；遗址规模宏大，保存完整
西土城遗址	康保县	为金代中后期的一座大型边贸城市，在北方草原地区比较罕见；遗址保存完好，城墙大多清晰可见，城址平面大致呈长方形

3. 草原民俗文化

坝上在明清前受草原民族影响，盛行歌舞、羌姆舞、摔跤、射箭、赛马。后来由于汉人大量迁入，坝上逐渐盛行"二人台"，这种由晋北、河套地区传来的剧种，在坝上演变成"东路"二人台，主要流传于康保、尚义、张北、沽源一带。其中，康保二人台为国家级非遗项目，康保县被誉为"中国民间文化艺术之乡""中国二人台艺术之乡"；尚义和张北的二人台均为省级非遗项目。

由前面的分析可知，坝上草原的蒙元文化遗址遗迹较多，再加上地域上紧邻内蒙古自治区，蒙古族的风情在坝上地区更为浓郁。坐落在尚义县察汗淖尔草原上的五台蒙古营，虽然不大，但却是河北省唯一保持蒙古民族生产、生活、语言文字、风俗习惯的蒙古族聚居村。察汗淖尔，蒙古语意为"白色之湖"。五台蒙古营建置于清康熙四十五年（1706），清政府设立张家口至库伦（今蒙古首都乌兰巴托）的驿道台站，五台由第五台站而得名。五台牧民仍保留了蒙古民族的语言、文字、风俗习惯和生产、生活方面的固有特点。牧民们至今仍保持着传统的蒙古民族饮食习惯。其中，奶茶为一日三餐必备之品，当地牧民有"一日无茶，饮食不香，夜不能寐；三日无茶，心虚目晕，怠惰无神"之说。同时，奶茶被牧民称之为"灵丹妙药"，因为夏饮奶茶可以解暑降温、冬喝奶茶可以抗寒御冷，此外，奶茶还有解酒养胃、催眠安神之功效。牧民们的食品主要有白食和荤食两大类。白食，蒙语为"查干伊得"，意为白色食品，主要包括奶豆腐、奶酪、奶酥、奶皮子、黄油、白油、油渣子、奶渣子等，鲜奶、酸奶、奶酒、回锅酒等饮料也在白食之列。荤食，蒙语为"乌兰伊得"，主要是牛羊肉。

饮食习俗与地理、气候有关。因张家口地处塞外，较为寒冷，食物多以温热多汤为尚。自古以来，张家口居住过许多少数民族，留下了不同的饮食习惯。有蒙古人的手把肉、涮羊肉、烤全羊、喝奶茶、吃炒米、嚼奶皮的传统食俗；有回族的炸、烙、煎、烤、蒸以及咸、甜、脆、软的手艺和爆肚小吃；还有当地人烹调口蘑、蕨菜等山珍野菜的食俗。坝上现有人口以汉族为主，其次为蒙、满族等。汉族习惯以莜面、土豆为大宗，四季三餐吃法不同，各有风味。俗话说"张家口有三宝，莜面山药大皮袄"，其中两件是食物。张家口坝上地区地广天寒，莜麦是高寒作物，适应在寒冷的气候条件下生长，具有抗寒、抗旱、耐瘠能力。在较少的水肥条件下，可以制造出较多的营养物质，含有蛋白质、脂肪、钙、磷等多种营养成分。莜面不仅好吃而且养人耐饿。民间有句顺口溜"三十里莜面四十里糕，十里荞面饿断腰"。蒙、满少数民族则以奶食、肉类为主。特色饮食有烤全羊、烤羊腿、手把肉、奶酪、奶豆腐等。蒙古族用羊肉待客时有一定的规矩，最高礼节是用全羊招待，其次是羊背子和手把肉。

一年一度的"庙会"则是草原佛教盛行时留下来的。因为举行大规模祭祀往往伴随物资交流，尤其是马牛羊买卖，所以到了现代，还有牲畜交易大会，百姓俗称"庙会"。每年7—8月份，张北草原音乐节、尚义的赛羊会为坝上的特色民俗活动。

独特的生态环境孕育了草原民族独特的价值判断、价值标准和价值理念。几千年以来，草原民族传统的"逐水草而居"的生存生活方式，使人、牲畜和自然天然地形成一个生态系统。人作为生态系统的调节者，使得草原民族更加敬畏自然、爱护自然，并由此孕育了保护生态、重视再生、注重人与自然和谐的价值观；作为马背上的民族，草原民族还具有自强不息、开拓进取、豪迈刚健、崇礼尚义、英勇乐观等精神品质。因此，保护生态、崇尚英雄、恪守信义、勤劳勇敢、乐观开放是草原民族最宝贵的精神财富和力量源泉，集中反映了草原文化的本质特征和精神特质，体现了草原民族智慧和精神的最高境界。这与我国文化建设要求的价值取向高度契合，是中华民族优秀的文化遗产。这种精神也在以地名等多种载体与方式一代一代传承下去。

四 冰雪运动文化

冰雪运动文化是随着寒冷地区人们生产生活活动的发展演进而来的，它源于自然、存在于生活、发展于社会、并走向奥运[1]，成为世界上一种独特的体育文化现象。

1. 国内外冰雪运动发展概况

冰雪资源是开展冰雪运动、形成冰雪文化重要的物质和环境基础。我国的冰雪资源主要集中在西北、东北和华北，尤其是新疆、内蒙古、东北地区冬季漫长，冰雪资源得天独厚，传统的冰雪民俗丰富多彩。滑雪滑冰、马拉爬犁、狗拉雪橇、冰上骑马、冰钓、冰雕等是这些地区的人在冰雪环境中进行狩猎、渔猎活动而逐渐形成的传统冰雪民俗活动。这些冰雪民俗活动具有悠久的发展历史，最早可以追溯到1.2万年前，这在新疆敦德布拉克岩棚岩画中得到证实，反映的是以滑雪板作为交通工具捕猎的经历。2015年，中国、挪威、瑞典、芬兰等18个国家和地区的30余位滑雪历史研究专家联名发表了《阿勒泰宣言》，阿勒泰作为人类滑雪发源地这一观点再次广泛得到国际认可。

现代冰雪运动起源于欧洲，北欧的挪威和瑞典被称为"滑雪运动"的真正起源地。除了北欧的挪威、瑞典和芬兰，在世界滑雪运动中居领先地位的国家还有阿尔卑斯山脉周围的法国、意大利、奥地利、德国和瑞士，以及美国、俄罗斯等国家。一般说来，北欧国家在越野滑雪项目上占优势，阿尔卑斯山脉的西欧国家在高山滑雪

---

[1] 李波、张笑昆、王麟等：《现代冰雪运动文化的形成、发展与传播》，《冰雪运动》2019年第6期。

项目上占优势。20世纪，滑雪运动在欧美日益普及。1924年法国夏蒙尼冬季奥运会的举办，标志着以欧美国家冰雪运动竞技为主流的冬奥文化成为冰雪文化的重要标签并延续至今。

长期以来，我国的冰雪运动主要盛行于南抵阴山，北达西伯利亚，西至阿尔泰山，东到长白山这一纬度以北的地区。自古有"冰雪运动不过山海关"之说。东北地区不仅传统冰雪活动丰富多彩，也是我国现代冰雪运动发展最早的地区之一。黑龙江享有我国冰雪运动大省和强省的称号，是开展竞技性冰雪运动和群众性冰雪运动的重要基地。另外，吉林省境内山脉众多，有长白山山脉及其余脉，形成了长白山滑雪基地和吉林市滑雪基地。长白山是欧亚大陆东缘的最高山系，与欧洲阿尔卑斯山脉和北美落基山脉同处于"冰雪黄金纬度带"，并称世界三大粉雪基地。长白山地区的雪线高程在3000m左右，每年有长达7个多月的雪期，降雪量大且雪质松软、厚重，具有"雪量大，雪期长，雪质好"的特点。此外，这些地区多低山丘陵，地形适宜开展冰雪运动。

2. 崇礼区冰雪运动的起源及发展

崇礼地处内蒙古高原与华北平原过渡地带，为张家口坝上和坝下过渡型山区，境内山连山、沟套沟。据考证，在明初以前为少数民族的游牧地，地形地貌特点以及寒冷的气候条件限制了当地的社会经济发展。其冰雪运动的出现，相较于我国的新疆以及东北地区都要晚。崇礼的冰雪运动文化是在现代冰雪休闲热以及京张冬奥会背景下逐步发展并壮大起来的。

从冬季温度、雪期跨度、积雪深度、山体坡度、海拔高度、风速等来看，崇礼区拥有发展冰雪项目的天然优势，被誉为"华北地区最理想的天然滑雪区域"。崇礼的滑雪产业萌芽于1995年，起步于1996年第一个滑雪场——塞北滑雪场的建立。随后万龙滑雪场、长城岭滑雪场、密苑·云顶等多个滑雪场纷纷建立。2010年年初，崇礼县提出"旅游立县"的发展项目，崇礼逐渐发展出集大众滑雪、竞技滑雪、滑雪休闲于一体的旅游产业体系。

早在2012年，崇礼建成了中国·崇礼冰雪博物馆。冰雪博物馆综合提炼山脉、冰川和雪的主要元素，以冰雪文化为载体，突出表现崇礼综合发展取得的成果，是崇礼冰雪文化浓缩的纪念册。崇礼冰雪博物馆的开放为广大群众搭建起了一个自由的冰雪运动知识交流平台和开放的社科知识普及阵地，2017年获全国社会科学普及基地称号。

得天独厚的自然地理环境、良好的滑雪场地和紧邻北京的区位优势使崇礼成为2022年中国冬奥会雪上项目的举办地。2015年京张申奥成功为崇礼带来前所未有的发展机遇，张家口市积极出台相关政策，大力发展冰雪运动，促进冰雪产业及相关产业的快速发展；在开展专业滑雪比赛的同时，张家口市将冰雪运动与群众传统生活相结合，积极开发滑雪橇、冰上自行车、滑爬犁、看冰灯、打陀螺、雪地摩托、雪地拔河、雪地足球、冰雕等民间民俗冰雪娱乐项目，举办冰雪旅游节、冰雪文化节、冰雪嘉年华、欢乐冰雪季、冰雪马拉松等群众性冬季品牌活动，打造特色冰雪运动活动品牌，夯实冰雪运动群众基础，营造了全社会积极参与冰雪运动的浓厚氛围。

目前，崇礼区拥有万龙滑雪场、密苑·云顶乐园滑雪场、多乐美的滑雪度假山庄、长城岭滑雪场、太舞四季文化旅游度假区、富龙滑雪小镇和翠云山银河滑雪场7大雪场，共有171条雪道，总长162.1公里，有10条雪道通过国际认证，崇礼已成为与瑞士达沃斯处于相近纬度的国际知名滑雪胜地。崇礼国际滑雪节已成功举办十八届，2019年、2020年两届因为新冠肺炎疫情受到一定影响。

3. 冰雪竞技文化

冰雪运动作为体育运动的一种重要形式，也是一种重要的社会实践活动。和参加其他的体育运动一样，冰雪运动除了能帮助人们缓解、释放压力，带给人快乐、刺激的体验之外，对促进人的身体发育、性格养成、心理健康等都具有重要的意义，其重要的价值就在于促进人的全面、和谐发展。根据参与冰雪运动的主体，可以将冰雪运动划分为群众性冰雪运动和竞技性冰雪运动。其中，群众性冰雪运动具有较强的娱乐性和趣味性，竞技性冰雪运动则具有很强的专业性、挑战性和目标性。

任何文化都具有一定的结构，下面以文化结构理论为指导对冰雪竞技文化进行剖析。冰雪竞技文化作为冰雪运动文化的一个组成部分（子系统），和其他的子系统相比，竞技是核心。冰雪竞技文化的核心则是因竞技引发的精神文化或人文精神。从全球层面来看，冰雪竞技文化的核心是"互相了解、友谊、团结和公平竞争"的奥林匹克精神；从国家层面来看，则是运动健儿们顽强拼搏、不断超越、公平竞争、团结友爱、为国争光的民族精神；从团队与个体角度来看，则是顽强进取、自强不息、公平竞争、勇攀高峰的拼搏精神。所有这些构成冰雪竞技文化的精神层面，发挥着催人奋进，促进人与社会全面、健康、和谐发展的功能。其次是行为层面，主要指冰雪项目竞技者的日常训练行为、赛场上精湛的技术和拼搏进取的精神展示，竞技者通过最大限度地挖掘自身的潜力，向自身体能生命进行极限挑战，创造一种在努力中求得快乐、幸福、身心愉悦的形象。他们的表现能带给观赛者美的享受、心灵上的震撼、激励与鼓舞。再次是制度层面，主要指冰雪竞技项目的技术与规则、组织与规范、管理制度与措施、相关发展政策等。还有一个层面是物质层面，它是冰雪竞技文化的物质载体，由冰雪资源、冰雪竞技器材、场馆以及各种配套设施构成。上述四个方面相互制约、相互影响，共同构成冰雪运动文化系统。

4. 冬奥文化

冬奥会作为世界规模最大的综合性运动会——奥运会（奥林匹克运动会）的一种重要类型，至今已在全球13个国家成功举办23届，第24届将于2022年2月4—20日在中国北京和张家口举办。《奥林匹克宪章》2.14条和《奥林匹克议程2020》建议第1、第2、第4条都突出强调了奥运遗产的重要性。能否为主办方留下积极的奥运遗产，为国家、主办城市、人民群众带来长期的、积极的收益，已经成为衡量一届奥运会是否成功的重要指标之一。自从2015年7月31日冬奥申办成功以来，我国以《奥林匹克宪章》《奥林匹克 2020 议程》以及国家新发展理念为指导，积极筹办本届冬奥会。北京 2022 年冬奥会为张家口将留下诸多奥运遗产，"三场一村"项目是北京冬奥会张家口赛区主要赛事场馆，其中"三场"指张家口赛区国家跳台滑雪中心、国家越野滑雪中心和国家冬季两项滑雪中心，"一村"指张家口赛区冬奥村。2022 年冬奥会结束后，"三场一村"将作为奥运遗产永久保留，成为奥林匹克公园，这对张家口依托冬奥文化资源，打造世界级旅游目的地具有重要意义。

五 葡萄（酒）文化

1. 葡萄种植历史与民俗

张家口早在春秋战国之前，今洋河河谷的"宣化盆地"就有人种植"谷黍"。此后在辽金几代陆续开荒种地，开始出现"插花田"（零散的农田）。元世祖建立元朝后（公元 1260 年），曾在这里发放农具、籽种等，设"屯田"而"迁军民、开荒田"。明清时期，宣府为"边关九镇"要冲，数次实施"招商纳粮"（即开垦商屯民屯）、实现"移民实边""募民垦种"等政策。这些对促进张家口地区农耕文化的发展起了巨大的推动作用。长期以来，张家口的农业发展以怀安盆地、宣化盆地、怀涿盆地、蔚县盆地、阳原盆地最为突出，坝上地区则以土豆、莜麦种植为主，蔚州贡米、宣化牛奶葡萄、怀来的龙眼葡萄、坝上莜面等都是张家口有名的土特产品。当然，农耕文化中最突出的当属葡萄栽培种植。张家口的葡萄栽培种植历史悠久，主要分布在宣化盆地和怀涿盆地，即宣化区、怀来县和涿鹿县。其中，宣化区以漏斗架栽培方式和鲜食牛奶葡萄为特色，怀来县和涿鹿县则有鲜食葡萄和酿酒葡萄种植。

宣化区葡萄栽培有上千年的历史，《宣化县志》中记载有宣化葡萄与张骞出使西域的民间传说。此外，有史料记载：辽国西京（大同）归化州（宣化）种有葡萄。宣化下八里辽张文藻壁画墓里出土的棺前大木桌碗、盘中放置有梨、干葡萄等也足以证明宣化在辽金时期有葡萄种植。另外，《宣化县志》中还记载有宣化百姓为李自成送葡萄宴的动人故事。

宣化古城，历来就有"葡萄城"的美誉。宣化区葡萄种植以庭院式栽培为主，独特的漏斗架型形成了独特的文化景观。1000多年以前，当地农民克服低温干旱环境，巧妙地利用园林技术创造性地发展葡萄根集于中央、藤展四周的漏斗架势，集生态与美学于一体，造型独特，极具观赏性和休闲功能，生动和富有成效地展示了数百年来人类和环境抗争以获取食物的农耕文化。位于宣化古城的传统葡萄园至今仍沿用传统的漏斗架栽培方式，在国内乃至世界上是独一无二的。河北宣化传统葡萄园于2013年6月被联合国粮农组织确定为"全球重要农业文化遗产"，也是全球第一批入选该项目的成员之一。这标志着种植千年的宣化葡萄成功走上世界农耕文化的巅峰，"宣化城市传统葡萄园"更以其"城市中农业"的独到之处成为全球唯一的"城市农业文化遗产"。漏斗架是一种古老的传统架势，因其架势像漏斗而得名，架身向上倾斜30°—35°，呈放射状。这种种植方式占地面积小，透光透风好，肥源、光源集中，内方外圆、优美独特。漏斗架不仅造型独特，且具有深刻的文化内涵。其"内方外圆"的造型体现了古人"天圆地方，天人合一"的理想，宣化人称它为"莲花架"，兼取莲花盛开时袅袅婷婷的外在美，以及莲花"出淤泥而不染"的内在美。位于春光乡观后村的中国宣化莲花葡萄小镇是宣化葡萄休闲农业的代表，已成功举办三届农民丰收节。宣化古城城市传统葡萄园文化节已成功举办五届。

　　宣化是我国鲜食葡萄的重要产区之一，其传统葡萄园的主栽品种为牛奶葡萄。宣化葡萄于2007年获得国家地理标志产品保护，2017年获得国家生态原产地产品保护。2013年，宣化牛奶葡萄荣获"第十一届中国国际农产品交易会交易农产品金奖"。葡萄产业在当地经济中占有重要地位。2015年中国农业品牌研究中心发布的中国农产品区域公用品牌价值评估结果，"宣化牛奶葡萄"品牌评估价值为19.10亿元，蝉联全国葡萄类品牌价值榜首。历经千年时代更迭，葡萄早已渗透到宣化人的生产生活中，打拷鼓庆丰收成为当地流传已久的民俗活动，2009年王河湾挎鼓入选河北省非物质文化遗产。

据考证，怀来种植葡萄的历史也可以追溯到千年之前，是中国最古老的葡萄产区之一。据《宣化府志》记载，明清时代，怀来葡萄已成为当时宣化府每年向宫廷进献的贡品。怀来县以盛产白牛奶和龙眼葡萄闻名，现在的怀来葡萄仍是国宴佳品，享誉中外。其中龙眼葡萄被郭沫若誉为"北国明珠"，中国文坛的诗人徐迟也曾在诗中盛赞怀来沙营葡萄[1]：

清明出土，谷雨发芽，立夏出叶，小满开花。

寒露收果，果名秋紫，紫红颜色，酒浆之汁。

全国满名，沙营葡萄，勤加修剪，霜里埋条。

技术精明，素来有名，更要革新，益求先进。

以上小诗道出了葡萄生长的农事节律、栽培技术以及怀来沙营葡萄的特色与品质。当然，以品质闻名的怀来葡萄得益于其得天独厚的自然地理条件，四季分明、光照充足、雨热同季、昼夜温差大的气候特点，再加上天然沙土地的优质土壤条件，使得怀来葡萄具有甘甜、饱满、多汁的特点。另外，怀来县在20世纪70年代还进行了龙眼葡萄早期丰产研究（简称葡萄一、二、三栽培法）的葡萄栽培技术，取得"一年扦插，二年放蔓，三年丰产"的成功经验[2]。此项研究成果曾获得1984年农牧渔业部研究成果二等奖。随后，葡萄一、二、三栽培技术在全县多点示范。

怀来县享有"中国葡萄之乡"的美誉，是我国最佳鲜食和酿酒葡萄栽培地区之一，所产的优质白牛奶、龙眼、红地球、瑞必尔等葡萄先后十多次在全国获奖。酿酒葡萄品种60余种，主栽品种有赤霞珠、马瑟兰、霞多丽、小芒森等。与世界著名葡萄产地法国波尔多、美国加州一起被并称为世界葡萄种植北纬40°的三大黄金地带。

2. 葡萄酒酿制工艺与技术

按照李时珍在《本草纲目》的记载："葡萄，《汉书》作蒲桃，

---

[1] 张家口市地方志编纂委员会：《张家口市志》，中国对外翻译出版公司1998年版。
[2] 李建华：《怀来县志》，中国对外翻译出版公司2001年版。

可造酒，人酶饮之，则酶然而醉，故有时名。其圆者名草龙珠，长者名马乳葡萄，白者名水晶葡萄，黑者名紫葡萄。汉书言张骞出使西域还，始得此种。而《神农本草经》已有葡萄，则汉前陇西旧有，但未入关耳。"从汉武帝建元年间张骞从西域引进欧亚种葡萄，到清末民初的2000多年，中国古代葡萄酒产业的发展大致经历了以下五个主要的阶段：汉武帝时期——中国葡萄酒产业的开端和发展；魏晋南北朝时期——中国葡萄酒产业的恢复及葡萄酒文化的兴起；唐代——灿烂的葡萄酒文化；元代——中国葡萄酒产业和葡萄酒文化的鼎盛时期；明代——中国葡萄酒产业的低速发展时期；清末民初——中国葡萄酒产业的发展转折期[1]。在此期间，虽然中国葡萄酒产业及其文化在伟大的中国古代文明中就像"沧海一粟"，但它却闪耀着独有的风格与魅力。

　　怀来县的酿酒业历史悠久，品种繁多。《怀来县志》记载：早在元朝时，已有人开始酿酒。其中虽然没有关于怀来县元朝时期酿酒业的具体描述，但前已述及元朝是我国古代社会葡萄酒业和葡萄酒文化的鼎盛时期。有史料记载：1291年，元世祖在"宫城中建葡萄酒室"，促进了葡萄酒业的发展。葡萄酒常被元朝统治者用于宴请、赏赐王公大臣，还用于赏赐外国和外族使节。同时，饮用葡萄酒不再是王公贵族的专利，平民也饮用葡萄酒。《怀来县志》表明，怀来沙城在明朝天顺年间成为塞外酿酒业最兴旺的城镇，当时已有住房30余家；酿酒的方法是"清蒸、清烧""缸活发酵"，十五天排眼，用风匣灶烧火，小甑桶，"铁傲"馏酒，日产酒不过一二百斤。清朝时期，酿酒业仍很兴旺，康熙年间，沙城的缸房已发展到50余家，其产品除畅销京城、宣府外，蒙汉商人还用骆驼运往包头、库仑（今蒙古乌兰巴托）一带销售，闻名遐迩。据清光绪《怀来县志》载，康熙十一年（1673年）秋，圣驾"至沙城，见烧缸流珠，取尝，曰：酒甚佳。亟命侍卫驰进太后。从此，京都人盛称

---

[1] 王仕佐、黄平：《论中国的葡萄酒文化》，《酿酒科技》2009年第11期。

沙酒云"。光绪年间，由京东香河县烧酒技工传入续渣混烧法，并将"缸活发酵"改为"土池发酵"，风匣灶改为抽风灶，甑桶加大，发酵期缩短到8-10天，每班日投料增至2400斤，年产量达到147吨。民国初期，酒的产量和质量有所提高。以沙城"玉成明"缸房为例，该缸房用中草药泡制的"红煮酒"曾参加了1914年和1927年在巴拿马、费城举办的国际名酒赛会，三次获得奖章、奖状，驰名中外①。以上虽为怀来县白酒酿造的历史记载，但为其葡萄酒酿造产业奠定了坚实基础。

葡萄酒的酿制需要经历葡萄筛选—破皮—去梗—榨汁—发酵—装桶与桶藏—装瓶等过程。其中，不同的发酵过程可以酿出不同的美酒，例如，缓慢发酵可酿出口味芳香细腻的葡萄酒，抑制发酵则可酿出甜酒，二度发酵可酿出气泡酒②。红葡萄酒、白葡萄酒、香槟葡萄酒的酿制流程各具特色。怀涿盆地是目前我国九大葡萄酒产区之一。资料显示，怀来的葡萄酒加工企业可以追溯到1917年，当时王兴文（时任宣化一中第四任监督）与教育界同仁合资筹建了"裕华葡萄酒有限公司"，厂址选于沙城，其可以称得上是怀来有史料记载的第一家葡萄酒厂。1938年，日本国人婴井在沙城开办葡萄酒公司并首次酿制葡萄酒。1976年，怀来县被定位为国家葡萄酒原料基地。所有这些为怀来现代葡萄酒产业的发展与特色形成奠定了基础。1979年，国内第一支干白葡萄酒在沙城诞生，并获得了国家质量金奖。1999年中法庄园落户怀来，标志着怀来葡萄酒产业发展进入了葡萄酒庄园化时代。2001年，怀来被中国特产推荐委员会命名为"中国葡萄酒之乡"，2006年获得国家质量监督检验检疫总局"沙城葡萄酒地理标志保护产品"认证，2007年成为全国第一个葡萄种植标准化示范县，2010年荣获"河北省葡萄酒产业名县"称号。

---

① 李建华：《怀来县志》，中国对外翻译出版公司2001年版。
② 曲松彬等：《葡萄酒》，黑龙江科学技术出版社2003年版。

3. 葡萄酒品鉴文化

葡萄酒种类繁多，包括甜酒、干酒、利口酒、气泡酒、白兰地酒等等。不同种类的葡萄酒口味各异，即便同种葡萄酒，产于不同的酒庄，产自不同的年份，其口味、口感、特质也各不相同。正因为如此，葡萄酒鉴赏日益成为葡萄酒界品评美酒、比较佳酿的基本方式。葡萄酒品鉴既是一门科学也是一门艺术，无论是从品鉴方式、品尝艺术、礼仪、酒肴配置等方面都十分讲究。总体来看，葡萄酒鉴赏主要分三步，通过人的视觉、嗅觉、味觉来评价葡萄酒的质量，测定其感官特征。正规的葡萄酒鉴赏，对室内环境要求非常严格，因为光线、噪声、气流、温差、异味，甚至不同材质、形状的杯子，葡萄酒的温度，乃至鉴赏者的健康、情绪等，都能影响鉴赏结果。重要的鉴赏活动，对场地以及鉴赏人都会有一些特殊的要求。鉴赏的第一步是准备，对葡萄酒的温度有特殊要求，15—20度是最佳鉴赏温度，酒杯必须清洁，开瓶、倒酒都有讲究；然后是观色（液面、酒体和酒柱）、闻酒、品酒，最后对所品鉴酒的描述语言也有特殊要求。

俗话说，美酒配佳肴。"红酒配红肉，白酒配白肉"和"平衡与互补"是葡萄酒与餐饮搭配的基本法则，即：红酒宜佐牛肉，白酒宜佐鱼或鸡肉、猪肉；酒体饱满、风味浓郁的红葡萄酒适宜搭配酱料重、口感偏油腻的菜品；而酒体轻盈、风味清新的红白葡萄酒适宜搭配海鲜、鸡肉以及清淡蔬菜等食品。这是因为：单宁丰富的葡萄酒，它本身的口感就比较苦涩，就不太适合与带有苦味或咸味的食物搭配；而高酸的葡萄酒搭配甜食，给人的感觉也不太美好。起泡酒是油腻食物的绝配，既能缓解口舌之中的腻感，又能增添菜肴之外的清新酒香。

4. 葡萄酒庄文化

"葡萄酒庄园"这一概念源于法国，指一个独立的葡萄酒生产单位。从葡萄种植、栽培和采摘，到葡萄酒压榨、酿造、储存及装罐等，全部在自成一体的葡萄园基地内完成。与普通的葡萄酒酿造厂酿酒程序有很大差别，消费者在酒庄除体验独特的生产工艺之外，还可以体验园林风光和娱乐活动。葡萄酒庄园一般设有地下酒窖、品酒室、酒廊、会员餐厅、园区休闲区、葡萄酒种植展示区等，通过葡萄酒投资服务、葡萄酒品尝培训、葡萄酒与艺术相结合、葡萄酒与餐式搭配，形成独具特色的葡萄酒庄经营模式。

2015年，怀来启动了葡萄酒庄集聚区的建设，标志着怀来葡萄酒产业进入了葡萄酒庄集聚区发展时代。怀来以长城葡萄酒公司为龙头，吸引了来自美、英、法、比利时等国家和地区的企业投资怀来葡萄酒产业，实现了与世界的对标接轨，形成了多元融合的葡萄酒文化。目前，怀来县拥有各种类型的葡萄酒庄近40座，如中粮长城、长城桑干、迦南、中法庄园、艾伦酒庄、马丁酒庄、紫晶庄园、贵族庄园等，先后打造了长城、中法、紫晶、坤爵、马丁等名优品牌30个，全县酒庄累计获得600多项国内外知名葡萄酒奖项。

六 年俗文化

蔚县古称蔚州，曾是古"燕云十六州"之一，历史文化源远流长。数千年的文明延续，蔚县汇聚中原文化、东北文化与河套文化的精华，吸纳游牧民族、农耕民族的多种文化营养[1]，形成了独树一帜的蔚州文化。全县现已登记的各类文化遗存达1610余处，馆藏文物5800多件，是河北省的文物大县。其中，全国重点文物保护单位22处，为张家口总量的44%；蔚县的全国重点文物保护单位涉及古建筑、古遗址、古墓葬三类，其中古建筑占总量的72.7%，是名副其实的"古建筑博物馆"。蔚县的古建筑以古城堡、古寺庙、古戏楼、古民居为主。古有"八百庄堡"之说，呈现有村便有堡、见堡则是村的景象。其数量之多，分布之广，在省内首屈一指。在住房和城乡建设部等七部门自2012年发起的"中国传统村落的调查与认定"工作中，蔚县共有42个村落入选《中国传统村落名录》，分别占张家口、河北省总量的80.8%和20.4%。2018年，蔚县被列为国家历史文化名城。目前，蔚县所辖的11个镇中有2个中国历史文化名

---

① 杨晋：《诗意的栖居：蔚县的古与今》，《文化月刊》2017年第Z4期。

镇（暖泉古镇和代王城镇）和1个省级历史文化名镇（宋家庄镇）；此外，还有8个分属于宋家庄镇（3个）、涌泉庄乡（3个）和南留庄镇（2个）的中国历史文化名村，7个分属于宋家庄镇（3个）、代王城镇（2个）、涌泉庄乡（1个）和南留庄镇（1个）的省级历史文化名村（见表2-13）。上述历史文化名城名镇名村以蔚州镇（蔚县县政府驻地）为中心，呈"众星拱卫"的放射结构布局。

表2-13　　蔚县国家级和省级历史文化名城名镇名村

类型及等级	名称
国家历史文化名城	蔚县
中国历史文化名镇	蔚县暖泉古镇
	蔚县代王城镇
中国历史文化名村	蔚县宋家庄镇上苏庄村
	蔚县宋家庄镇大固城村
	蔚县宋家庄镇宋家庄村
	蔚县南留庄镇南留庄村
	蔚县南留庄镇水西堡村
	蔚县涌泉庄乡卜北堡村
	蔚县涌泉庄乡任家涧村
	蔚县涌泉庄乡北方城村
省级历史文化名镇	蔚县宋家庄镇
省级历史文化名村	蔚县代王城镇石家庄村
	蔚县代王城镇张中堡村
	蔚县宋家庄镇邢家庄村
	蔚县宋家庄镇吕家庄村
	蔚县宋家庄镇郑家庄村
	蔚县涌泉庄乡涌泉庄村
	蔚县南留庄镇水东堡村

蔚县作为历史上有名的京西古镇，其非物质文化遗产也丰富多彩。经统计，蔚县共有省级以上非遗项目 11 项。其中，1 项世界级非遗项目——蔚县剪纸，蔚县秧歌、拜灯山、打树花 3 项为国家级非遗项目，皮影戏（蔚州灯影戏）、高跷戏、蔚县古民居建筑技艺等 7 项省级非遗项目，国家级以上非遗项目占比为 36.4%。此外，还有扛搁、抬搁、背搁、代王战鼓、逗火龙、活马舞、点杆等异彩纷呈的民间社火。整体来看，蔚县的非遗项目中体现中国传统年节民俗的项目比重非常高。每年从腊月二十三中国的传统小年开始，一直到二月初七代王城点杆结束，充满浓郁年味的写春联、剪纸展销、打树花、拜灯山、焰火、灯会、扛搁、抬搁、背搁、点杆等活动轮番上演，被誉为传统民俗演绎的"中国式狂欢节"[①]。蔚县因此被誉为"中国北方年节之都"，被网友称为"中国十大最具年味的地方"之一。下面是对蔚县国家级以上非物质文化遗产的整理与分析。

1. 蔚县剪纸

世界剪纸看中国，中国剪纸看蔚县。剪纸，俗称窗花，贴窗花是人们在新春佳节时延续的一项古老的传统节日习俗。蔚县剪纸历史悠久，在明朝成化年间就已出现。作为与生活紧密相连的民间艺术，蔚县剪纸在今天依然延续着它独特的艺术生命力。蔚县剪纸是全国唯一一种以阴刻为主、阳刻为辅的点彩剪纸。它是用薄薄的白纸，拿小巧锐利的雕刀刻下来，再点染上鲜艳的颜色，形成空灵、艳丽的艺术品。剪纸内容涉及花鸟鱼虫、戏曲人物、神话传说、历史故事、戏曲脸谱、古装仕女、名胜古迹、重大节庆等 8 大类 6000 多个品种。2006 年 5 月，蔚县剪纸入选第一批国家级非物质文化遗产名录，并于 2009 年入选世界非遗名录。

2. 蔚县秧歌

蔚县秧歌，又称蔚州梆子。从清朝康熙年间，蔚县就形成了有自己的剧目、音乐、表演、唱腔等内容的梆子腔剧种。蔚县秧歌的

---

① 蔚县：《年节之都民俗名片》，《河北画报》2015 年第 Z1 期。

唱腔板式丰富多彩、变化灵活，喜怒哀乐之情基于音中、溢于声外，表现力很强，有"看戏动心，听唱落泪"之说。蔚县秧歌是深受张家口地区群众喜爱的一个戏曲剧种，常出现在农村社会中。蔚县秧歌的剧目也很丰富，曾有人初步统计，剧目数量达 150 多出。郭沫若先生曾用"百花丛中一点红"对它加以赞誉。2008 年，蔚县秧歌入选第二批国家级非物质文化遗产。

3. 拜灯山

拜灯山是蔚县宋家庄镇上苏庄村在每年元宵节期间举行的一项特色民俗社火活动。其中的灯山是指灯山楼，高达三丈，灰砖砌成。据载，明嘉靖二十二年建造村堡时，为使该村更加兴旺发达，取火生土之意，在堡墙南端建起灯山楼，以供火神之用。但又怕火神过旺，生出事端，便取五行相生相克的说法，在堡墙北端相对应地建起一座三义庙，供奉刘备、关羽、张飞。传说刘备是压火水星，这样就可以水火平衡。从那时起，上苏庄村每年的正月十四、十五、十六，"拜灯山敬火神，摆香案供'三义'"成为全村百姓最为虔诚的民俗仪式，代代相传。这一活动延续至今大约已有近 480 年的历史，是蔚县正月期间古老而独特的社会景观。2008 年，拜灯山入选第二批国家级非物质文化遗产。我国的文化名人冯骥才先生曾这样撰文描述："对于拜灯山，我所看重的不只是这种具有神秘感的风俗形式，更是其中那种对命运和大自然的虔敬、和谐的精神，还有亘古不变的执着与沉静。"

4. 打树花

打树花是蔚县暖泉镇的一项具有特色的古老节日社火，至今已有 500 余年的历史。它是用熔化的铁水泼洒到古城墙上，迸溅形成万朵火花，因其炸开后犹如枝繁叶茂的树冠而称之为"树花"。打树花是人们为了庆贺丰收并祈求国泰民安、风调雨顺在元宵节开展的一项延续至今的民俗活动，"火树金花不夜天"的场景十分壮观，被现代人称为"暗夜精灵"。另外，因被泼洒的铁水温度高达 1600 多摄氏度，打树花也被称为"勇敢者的游戏"。2016 年 7 月 19 日，

"打树花"艺人一改以往正月表演的传统，身着厚重羊皮袄，用新出炉1600多摄氏度的铁水打出万朵金花，为观众送上了一场视觉盛宴，展示和传播独具魅力的非遗文化。2020年12月，蔚县"打树花"成功入选国家级非物质文化遗产名录。

传统村落、古城古镇是传统文化的重要载体，是民俗传承的空间和场所。蔚县的中国历史文化名城名镇名村不但拥有保存完好的古建筑、古遗址等物质文化遗产，也孕育并传承了异彩纷呈的非物质文化遗产。如蔚州镇南张庄村为"中国剪纸第一村"，打树花是蔚县暖泉古镇的地方传统民俗文化活动，拜灯山是蔚县宋家庄镇上苏庄村独特的民俗社火，其他的历史文化名镇名村也都有各自独具特色的民俗活动。物质文化遗产和非物质文化遗产的绝佳组合是当地发展古城古镇旅游良好的文化资源基础。

七 地名文化

地名是人类活动的产物，是约定俗成的语言符号[1]，是文化记忆和情感寄托的载体，也是地域文化的典型体现。下面重点对张家口被纳入《中国地名沿革对照表》的14个地名进行整理分析。

张家口的由来有多种说法，比较合理的解释是和当地在历史上所处的地形有关。因位于一个山隘口（历史上所说的东、西太平山之间），这个山口起初并没有什么名字，附近也没有什么人居住；明朝初年，为了防止北元骑兵的骚扰，朝廷在这一带的山上开始修筑长城，于是这个山口附近开始有人居住，而在这里居住的人家中以姓张的人为多，久而久之，这个山口便被称为张家隘口。在此基础上，朝廷为了守卫好这个隘口，于明宣德四年（1429年），在张家口的南面修筑了一个军事城堡，并命名为张家口堡[2]。张家口的名字开始由山口的名字扩展到城堡的名称，后来逐渐发展为城市和地级市的名字。

怀来，秦汉时属上谷郡，北齐属怀戎县，公元916年，辽太祖

---

[1] 高磊：《中国地名的文化内涵》，《大众文艺》2010年第22期。
[2] 张家口地区行政公署地名办公室：《张家口地区地名志》，1985年。

袭可汗州，改怀戎为怀来。其中，"怀"有安抚之意；"戎"是当时中原人对西北少数民族的泛称。据《辽书·地理志》：太祖改怀戎为怀来，去掉轻视少数民族的"戎"字，换取"来"字。"来"有"使之来，使臣服、归顺"之意。因此，"怀戎"和"怀来"均有安抚北方少数民族，使之臣服、归顺之意①。万全县因历史上这里"地势险要，屯兵甚多，防备周全，万无一失"，而称为"万全"。怀安县取"朝廷施行仁政，百姓怀恩而安"之意；崇礼、尚义取儒家"崇尚礼仪"之意②。康保县取自《康诰》"别求闻由古先哲王用康保民"句中"用康保民"之词组，其中"康"是安的意思。《康诰》全篇阐述了"尚德慎罚，敬天爱民"的道理，文中反复强调"康民""保民"，目的是安定殷民。康保县名含"安居保民"或"安居乐业，保障民生"之意③。

蔚县因蔚州而得名，蔚州是历史上最为著名的"燕云十六州"之一，但蔚州之名的来历说法较多④。其中一说和战国时期廉颇老将军受封的"尉文"封地有关，蔚州因"尉""蔚"形近音同而得名；另一说是蔚州因蔚汾河（水）而得名。宣化古代一直是长城沿线上重要的军事城堡，"宣化"名称最早出现在金代（1167年），后曾改为宣德、宣宁、顺宁等，明洪武三年（1370年），朱元璋废宣德县为宣府，"宣化"名称的再次使用是清康熙三十二年（1693年）时，直隶巡抚郭世隆为改革地方赋政，上疏朝廷，废除宣府镇卫、所制，设置宣化府，统领三州八县。其寓意"宣扬其朝德政，教化黎民百姓"之意，朝廷准奏定名"宣化"，并沿用至今⑤。

---

① 李建华：《怀来县志》，中国对外翻译出版公司2001年版。
② 张家口地区行政公署地名办公室：《张家口地区地名志》，1985年。
③ 搜狐网：《寻根溯源：康保县名称的由来》，https：//www.sohu.com/a/163021828_99896613，2017年8月8日。
④ 搜狐网：《寻根溯源：蔚县名称的来历及发展历史》，https：//www.sohu.com/a/190094506_99896613，2017年9月6日。
⑤ 搜狐网：《寻根溯源：宣化名称更迭及宣化古城的考证》，https：//www.sohu.com/a/168287897_99896613，2017年8月30日。

沽源县因沽水（白河）发源于县城南面的九龙泉而得名[1]，取"沽河之源"意；张北县因地处张家口以北而得名[2]；阳原县因阳水（古阳水即今虎沟，自山西天镇县发源，在阳原县境内汇入桑干河）经流而得名[3]，于西汉时期成为县名（治今县西南），清朝时改为西宁县（治今址），1914年又名阳原县；涿鹿出自《史记·五帝本纪》：黄帝"邑于涿鹿之阿"，因涿鹿山而得名，早在西汉时就成为县名，治今县东南古城，元朝时改为保安州（治今址），1913年为保安县，1914年更名为涿鹿县，一直沿用至今。

关于赤城县的由来，有两种说法。《中国地名沿革对照表》显示：在明朝时即有赤城堡（治今县），清朝时改为赤城县[4]。明嘉靖《宣府镇志·山川考》赤城山条载："赤城山，在赤城堡东五里，山石多赤，故名"，此为因赤城山而得名的佐证史料；除因山得名说法之外，又有由"蚩城"（蚩尤所居）音同而演化为赤城之传说。清顾祖禹《读史方舆纪要》关于赤城堡记载："赤城堡，司东北二百里有古赤城，相传蚩尤所居。"[5]

此外，在张家口地名中，多有出现的堡、关、镇等最初都是源于军事设施或者是军事工事得名而来，如南新堡、柴沟堡等等。怀来鸡鸣驿因背靠鸡鸣山而得名，鸡鸣山的名字虽有多种说法，但最终都是因有鸡鸣于此而得此山名。张家口的很多地名中，都属于文化民生色彩极为浓厚的典型，如张家口的明德路和至善街，这两条道路定名于1928年，其名称均源于《大学》中"大学之道，在明明德，在亲民，在止于至善"的文字。

---

[1] 政协沽源县委员会：《沽源地名文化》，河北大学出版社2018年版。
[2] 张家口地区行政公署地名办公室：《张家口地区地名志》，1985年。
[3] 搜狐网：《寻根溯源：阳原县名称的来历及治所变迁》，https://www.sohu.com/a/167519028_660203，2017年8月26日。
[4] 薛国屏：《中国地名沿革对照表》：上海辞书出版社2017年版。
[5] 搜狐网：《寻根溯源：赤城县名称的由来》，https://www.sohu.com/a/163702682_99896613，2017年8月10日。

第四节　张家口文化资源的旅游开发评价

一　张家口文化资源总体特征

1. 资源总量丰富，类型多样

张家口既是世界人类的发源地之一，也是中华文明的发源地之一，源远流长的发展历史孕育了丰富灿烂的历史文化；特殊的地理位置使其成为多民族文化融合之地，历代生活在这片土地上的人们也积累了丰富多样的民风民俗；另外，张家口境内地形地貌多种多样，自然景观丰富多彩，有辽阔的草原、湿地，茫茫的森林，优质的冰雪，神奇的温泉等，衍生出一系列独特的自然文化资源。通过前面的统计分析可知，截至2019年底，张家口市有不可移动文物遗存点7899处，30000多件文物藏品，是河北省的文物大市，其中国宝级的不可移动文物在河北省11个地市中都占有绝对优势，涉及古建筑、古遗址、古墓葬、近现代重要史迹及代表性建筑4种类型，境内的长城因历史长、朝代全、遗迹多而被赋予"历代长城博物馆"的美誉；省级以上的非遗项目总量达55项，市级非遗项目200多项，涉及传统美术、传统戏剧、民俗、传统技艺、传统曲艺、传统舞蹈、传统音乐、传统医药、传统体育、游艺与杂技等多种类型。丰富多样的文化资源为张家口的文旅融合奠定了坚实的资源基础。

2. 地域文化多元，融合特色鲜明

张家口文化底蕴深厚，呈现历史文化遗产丰富、民俗资源富集、运动康养文化凸显的特点，形成以根脉文化、长城文化、崇礼冰雪运动文化、坝上草原文化、怀涿盆地的葡萄（酒）文化、蔚县年节民俗文化为代表的多元地域文化体系。融合是张家口历史文化最显著的特色。历史上，这里不但是仰韶文化、红山文化、龙山文化的"三岔口"，又是北方草原文化与中原农耕文化的"双向通路"，还是汉、蒙古、契丹、女真、柔然、鲜卑等民族文化的交流汇聚之地。得天独厚的地理位置成就了张家口历史文化的绚丽多彩和奔放豪迈，其独特的文化魅力也表现出个性的开放和广采众家之长的博大精深。

3. 遗址类资源数量多分布广，保护与开发利用难度大

通过前面的分析可知，张家口为河北省内的文物大市，不可移动文物中古建筑占58%，这些建筑以大境门、张家口堡、宣化古城、蔚州古城以及蔚县的建筑群为代表；位居不可移动文物第二位的就是古遗址，包括泥河湾遗址群、涿鹿故城、蚩尤寨遗址、康保的西土城遗址、张北的元中都遗址、沽源的九连城遗址、小宏城遗址以及分布在不同区县的不同时期的长城遗址等，这些遗址对于科学研究、历史考古等具有重要的价值。但是，因为遗址分布范围广，且散布于农田之中，使得遗址保护的难度加大。另外，和地面遗存的古建筑相比，古遗址开发利用也面临很大的困难与挑战。

二 张家口文化资源旅游开发利用评价

1. 文化旅游开发初具规模，文旅融合业态逐步丰富

近年来，张家口的文化旅游发展逐步形成了崇礼滑雪旅游和坝上草原天路两大亮点。1997年元旦开始运营的塞北滑雪场是崇礼的首家滑雪场，但是长期存在接待规模小、设施落后等问题，该滑雪场已于2008年停业荒废。2003年12月，崇礼第二家滑雪场——万龙滑雪场的建成并投入运营，促使崇礼的滑雪旅游有了提升，实现了第一次飞跃。随后长城岭滑雪场、密苑·云顶乐园滑雪场、多乐美地滑雪度假山庄等多家滑雪场相继建成，特别是随着2022年冬奥会的申办、筹办，滑雪旅游逐步成为张家口旅游发展的一大亮点。2012年9月，张北县投资3.2亿元建设的"草原天路"旅游景观道，将古长城遗址、桦皮岭、野狐岭、张北草原等串联起来，尤其是草原天路沿线独特、壮美的自然风光吸引了大量北京、内蒙古以及河北省内其他市域的自驾车游客。自此，"草原天路"旅游成为张家口的又一热点，但是因为缺乏相应的旅游配套设施，服务与管理也相对滞后，由此引发了环境污染与破坏、草原天路收费争议等问题。总体来说，2015年以前，张家口各县（区）文化旅游发展主

要是以传统的观光旅游为主,如怀来的葡萄旅游以传统的葡萄园观光与采摘为主,历史文化主要表现为以古建筑、遗址遗迹为依托的文化观光旅游,旅游业态较为单一,休闲度假、深度体验性的产品较为缺乏。

随着 2015 年京张申奥的成功以及全域旅游的实施推进,张家口各县(区)在旅游产品开发、基础设施与服务设施配套以及旅游业态创新方面都有较大的投入和突破。2016 年 2 月,张北县、蔚县入选国家第一批全域旅游示范区创建名单(河北省共 11 家);同年 11 月,张家口市入选第二批国家全域旅游示范区创建单位(河北省共 6 家)。2019 年 8 月,张北县荣登河北首批省级全域旅游示范区认定名单。

以筹办冬奥为契机,以旅游发展大会为抓手,以文旅游融合发展为重点,张家口着力打造文旅新业态,形成了"一带五区"("一带"指京张体育文化旅游休闲带,"五区"指大境门长城历史文化体验区、崇礼冰雪运动旅游度假区、怀来葡萄康养休闲产业聚集区、赤城田园康养旅居扶贫示范区和张北草原天路生态旅游区)全域、四季旅游新格局,休闲度假、运动康养类的产品越来越丰富,旅游产品与文旅业态单一的状况初步得到改善。崇礼区已成为目前中国最大的滑雪聚集区之一,2020 年 12 月崇礼冰雪旅游度假区获批国家级旅游度假区。2019 年蔚县暖泉镇西古堡村入选第一批全国乡村旅游重点村名单。

2. 文化旅游开发深度、广度和发展质量有待提升

旅游景区的质量等级是对某一特定景区的资源吸引力、旅游设施与服务质量以及市场吸引力的综合反映。某一地区 A 级旅游景区的总量及其不同等级的旅游景区数量结构可以直接反映该地区旅游开发的程度及水平。截至 2020 年,张家口共有 A 级旅游景区 62 家,其中 4A 级景区 15 家,3A 级景区 30 家,2A 级景区 17 家,目前 5A 级景区依然是空白。2019 年 10 月,在河北省组织的河北省 A 级旅游景区复核检查中,张家口曾有 1 家 4A 级、4 家 3A 级、8 家

2A景区被取消资质，另有37家A级旅游景区（其中8家4A级，29家3A级）被通报批评。调查发现，被取消资质或者通报批评的相关景区主要存在"旅游资源开发水平低、服务质量差、安全管理不到位、产品创新相对落后"等问题。整体来看，目前张家口特色文化资源的开发利用程度不高，尤其是依托前已述及的国家级重点文物保护单位、国家历史文化名城、中国历史文化名镇名村等资源形成的4A级以上（包括4A）景区数量很少。例如，以长城遗址为基础形成的A级旅游景区有7家，其中包括4A级景区1家（大境门）、其他6家均为3A级；前已述及的4家国家级博物馆中，蔚州博物馆、元中都博物馆为3A级景区，泥河湾博物馆仍为2A级景区，这从某种程度上也反映出当地博物馆在文物展陈、文化挖掘与展示、游客服务等方面还有诸多问题，很难对大众产生吸引力。另外，张家口A级旅游景区的空间分布也具有很大的不均衡性，主要分布在蔚县、张北县、桥西区、宣化区、崇礼区、怀来县和阳原县7个区县，约占现有总量的65%。旅游景区空间分布的不均衡性也制约着张家口全域旅游的发展。虽然张北县、蔚县以及张家口市于2016年就入选前两批国家全域旅游示范区创建单位，但目前均未达标通过验收。以蔚县为例，虽然其文化资源的数量、质量以及A级旅游景区数量（11家）在张家口占有绝对优势，但是以文化资源为依托的4A级以上（包括4A）景区在蔚县仍为空白，3A级景区3家，2A级景区4家；实地调研发现，蔚县作为张家口市第一文物大县，县域城市环境、旅游公共设施与服务以及旅游营商环境等都较差，与国家全域旅游示范区验收标准差距较大。如果长此以往不加重视，不仅影响蔚县旅游业的发展，其丰富的文化资源也将会受到不同程度的破坏。

综上，张家口的文化资源的优势还未充分发挥出来，文化创新以及文旅融合的程度都有待提升。A级旅游景区中高等级景区数量少，A级景区被通报批评及取消资质等现象也从某种程度上反映出张家口旅游开发的水平与旅游发展质量问题。虽然目前张家口的文旅融合业态不断丰富，但是高品质的旅游产品仍然比较短缺，公共服务体系尚不健全，标准化、信息化水平都有待进一步提高。

3. 当地特色文化在旅游形象塑造和品牌打造方面的作用还未彰显

2012年张家口就提出"叫响'大好河山张家口'的城市形象品牌"，通过招商引资、经贸展销、文化节庆等多种途径进行推广，并借助中央、省、市主流媒体进行营销宣传，这些举措对扩大张家口的知名度和影响力起到了一定的作用。2015年京张申奥成功，对提升张家口的知名度起到了更大的推动作用。2018年，张家口继续打造"大好河山张家口"核心品牌，强化旅游要素供给，构建高品质、高层次的旅游品牌体系，积极推进全域旅游品牌标识体系设计，制定了《张家口旅游标识体系设计方案》，建立了统一的旅游标识体系。2019年3月，为进一步优化张家口旅游对外宣传总体品牌，张家口市人民政府办公室发布《关于统一规范使用张家口全域旅游品牌标识的通知》，推进各县（区）统一使用《张家口全域旅游品牌标识体系》，推出两部"大好河山张家口"的旅游形象宣传片。

从整体来看，"大好河山张家口"文化旅游核心形象品牌打造取得了一定的成效，但是其旅游形象和旅游品牌系统的结构还不完善，对当地特色文化的挖掘利用与彰显不够，营销宣传内容仍存在重资源展示、轻产品体验等问题，对游客的吸引力和品牌影响力有待提升。

第三章　张家口生态资源调查与旅游开发评价

张家口地区独特的地理位置和气候环境形成了种类多样的生态资源类型，兼具内蒙古高原和华北地区的生态资源特色，除海洋资源以外，几乎涵盖了所有生态资源类型，包括地质、森林、草原、湿地、冰雪、沙漠等。本书将张家口生态资源分为地质公园、森林公园、草地资源、湿地公园、冰雪资源、自然保护区、水利风景区等类型进行分析，对重点生态资源进行调查和分析，提出资源开发建议。

第一节　生态资源概念界定

一　生态资源含义

生态资源是指具有生态生产功能和生态承载能力的自然资源，是生态系统的构成要素，是人类赖以生存的环境条件和社会经济发展的物质基础。其内涵和外延较为广泛，包括水流、森林、山岭、草原、荒地、滩涂、湿地、空气等，主要涉及山水林田湖草。生态资源是人类赖以生存和发展的生态系统的物质构成和生态服务的源泉[1]。生态资源不仅能够为人类提供直接的以及通过人类活动所提

---

[1] 刘晓艺：《生态资源资产的价值评估研究》，硕士学位论文，昆明理工大学，2018年。

供的间接的生态资源产品，还能提供生态系统服务，包括气候调节、水源涵养、水土保持、营养物质循环、固碳释氧等[1]。Ekins 则将"生态功能"分为三类：提供人类活动的资源、吸收人类活动产生的废物、提供独立于人类活动或与人类活动相互依存的环境服务[2]。

　　生态资源是组成生态系统的物质内容，是生态环境的物质要素，主要体现在两个方面。一是存在形式，体现在生态系统的结构中。生态资源包括各种有生命的生物体和无生命的光、热、水、空气和土壤（包含各种营养物质）等，这些资源分别作为生物要素和环境要素共同存在于统一的生态系统中，组成共同的生态系统结构，共同构成生态资源整体。生物体的存在还表现为生态系统的营养结构。生态资源以不同形态存在于不同的生态系统中，根据生物体从生态环境中获取营养方式的不同，存在着三个营养级：生产者、消费者和分解者。它的能量在生态系统营养级上的分配也呈金字塔结构状况而存在，遵循能量分配递减规律。二是运动形态，体现在生态系统的功能中。在整个生态系统中，生物要素和环境要素之间，以及生物体之间的能量流和物质循环是其最主要、最基本的功能。能量流、物质流和信息流的运动在生态系统中同时进行，它们相互作用、交互促进、相互影响，共同推动着生态系统的发展。正是在物质的循环过程中人类完成了对生态资源的持续利用，物质流和能量流在生态系统中同时存在并交织进行，两者同时经过外界环境的"生态资源"体中，再回归环境。二者相互依存，相互制约，不可分割[3]。

二　生态资源特点

　　生态资源涵盖内容广泛，不同类型的生态资源具有不同的特性，

---

[1] 欧阳志云、赵同谦、赵景柱等：《海南岛生态系统生态调节功能及其生态经济价值研究》，《应用生态学报》2004 年第 8 期。

[2] Ekins P., The Environmental Sustainability of Economic Processes: a Framework for Analysis, 1992.

[3] 李林：《生态资源可持续利用的制度分析》，博士学位论文，四川大学，2006 年。

但又具有一些共性，可以反映生态资源当中存在的普遍规律。认识这些规律对研究生态资源、进行生态文明建设具有非常重要的意义。

1. 整体性

生态资源是生态系统的重要组成部分，各种类型的生态资源相互依存、相互制约，共同构成了一个整体生态系统。对某种生态资源的过度开发和利用，会引发整个生态系统的变化。在保持人类生产生活需要的同时，科学合理开发利用，树立整体性的观念，跨越不同学科和行政管辖的界限，宏观统筹各生态资源之间的关系，进行整体性的管理。在探索人与自然和谐发展的基础上，最大限度保证生态可持续绿色健康发展。

2. 区域性

生态资源赋存于各种不同的生态系统，但其分布和组合状态具有明显的区域性，由于区域地理和气候环境不同呈现出差异性。不同区域具有不同的生态资源，例如平原、山地、沙漠等地区，土地、动植物等生态资源赋存状况不同。生态资源种类、品种、数量等对区域不同产业发展有重大影响，生态资源的有效保护与开发将会促进区域经济发展，反之，保护与开发不当，则会产生负面影响。这就要求在区域经济发展过程中，要依托当地生态资源区域性特点，发挥生态资源的优势，因地制宜，规划发展。

3. 多用性

生态资源具有多种功能，既可以促进生产生活，又可以调节生态环境，同时还可以满足人们休闲娱乐的需求。例如，森林资源既可以为人类生产生活提供原材料，又可以净化环境、防止水土流失、防风固沙等，还可以为人们提供休闲、游憩、娱乐的场景。随着社会的发展和科学的进步，生态资源的用途越来越多样化，如何有效科学的利用生态资源，成为亟须解决的问题。例如一片土地既宜农、宜林、又宜牧，如何选取最有效的利用方式，如何进行综合开发利用，这就要求人们必须从经济、生态、社会效益等各方面进行综合考虑。如果单纯从经济效益出发，必定会导致生态资源的破坏和浪费，进而影响区域整体生态系统。

4. 两重性

生态资源与人类的生活息息相关，是人类生产生活的基础，也是人类生产生活资料的来源，这就要求既要充分利用生态资源，又要重视保护，发挥生态资源的经济、生态、社会综合效益，促进生态文明健康发展。

三　生态资源分类

生态资源包括生物资源和生态环境资源两种类型。生物资源是生态系统中可供人类利用的有生命的种群总和，是生态系统的主体，包括动物资源、植物资源和微生物资源。生态环境资源，是生命体赖以生存的环境，一般指生态系统中可供人类利用的无生命的物质和生物：包括生物圈、大气层、岩石圈和所有的动植物群，是一个整体的概念。世界自然保护联盟（IUCN）对保护地有明确的定义：它是一个明确界定的地理空间，通过法律或其他有效方式获得认可、得到承诺和进行管理，以实现对自然及其所拥有的生态系统服务和文化价值的长期保护。我国通过设立自然保护地，保护生态资源，维持生态系统的正常运作，保护生物多样性，并且保护特殊的生态资源和文化，达到持续利用生态系统内部资源的目的。

2020年中共中央办公厅、国务院办公厅印发《关于建立以国家公园为主体的自然保护地体系的指导意见》提出国家公园及各类自然保护地总体布局和发展规划，在自然保护地控制区域内构建高品质、多样化的生态产品体系，为人民提供优质生态产品，为全社会提供科研、教育、体验、游憩等共同服务，逐步构建统一的自然保护地分类分级管理体制。按照自然生态系统的内在规律，将自然保护地按生态价值和保护强度高低依次分为国家公园、自然保护区和自然公园三类。

国家公园是指以保护具有国家代表性的自然生态系统为主要目的，实现自然资源保护和合理利用的特定陆域或海域，实现全面户外游憩的重要窗口。

自然保护区是指保护典型的自然生态系统、珍稀濒危野生动植物的天然集中分布区、有特殊意义的自然遗迹的区域。自然保护区主要分为3大类：自然生态系统、野生生物、自然遗迹。具体包括9个类别：森林、草原、荒漠、内陆湿地、海洋、野生动物、野生植物、地质遗迹、古生物。

自然公园是自然保护地的一种类型，保护着重要的自然生态系统、自然遗迹和自然景观，具有生态、观赏、文化和科学价值，是可持续利用的区域。自然公园的类型主要有6类（见表3-1）。

表3-1　　　　　　　　　自然公园分类

自然公园类型	保护对象类型
森林公园	地文资源、水文资源、生物资源、人文资源、天象资源
风景名胜区	自然（天景、地景、水景、生景）；人文（园景、建筑、胜迹、风物）
湿地公园	湿地生态系统、湿地植物、湿地动物
海洋自然保护区	海岸、河口、岛屿、湿地、海域、海洋生物
地质公园	典型地质构造剖面和构造形迹；化石与产地以及重要古生物活动遗迹；岩溶、丹霞、黄土、雅丹、花岗岩奇峰、石英砂岩峰林、火山、冰川、陨石、鸣沙、海岸等奇特地质景观；地质灾害遗迹
沙漠公园	荒漠生态系统、荒漠动植、自然遗迹

第二节　张家口生态资源类型及空间分布

根据生态环境和生态资源特点，将张家口生态资源分为地质公园、森林公园、草地资源、湿地公园、冰雪资源、自然保护区、水利风景区、风景名胜区和沙漠公园9个类别，并对其空间分布进行了分析。

一 生态资源类型

张家口生态资源种类多样，截至2020年底，省级及以上生态资源共有55处（见表3-2）。其中国家级21处，占比为38.2%；省级34处，占比为61.8%（见表3-3）。

表3-2　　　　　　　　　张家口生态资源分布

序号	名称	所在地	面积（公顷）
1	河北张北黄盖淖国家湿地公园	张北县	1191
2	汉诺坝省级地质公园	张北县	11531
3	坝头省级森林公园	张北县	166
4	河北桦皮岭省级森林公园	张北县	7860
5	河北仙娜都省级森林公园	张北县	19300
6	张北县塞外省级森林公园	张北县	1000
7	河北三台河省级湿地公园	张北县	360
8	河北大营滩省级湿地公园	张北县	260
9	河北黄土湾国家草原自然公园	沽源县	800
10	河北沽源九连城国家沙漠公园	沽源县	1079.88
11	坝上沽源国家森林公园	沽源县	不详
12	河北坝上闪电河国家湿地公园	沽源县	4119
13	闪电河水库水利风景区国家级	沽源县	1119
14	河北沽源葫芦河省级湿地公园	沽源县	6790
15	河北金莲山省级森林公园	沽源县	9245
16	大海陀自然保护区国家级	赤城县	12634
17	黑龙山国家森林公园	赤城县	7034
18	河北白河省级湿地公园	赤城县	756
19	泉林省级森林公园	赤城县	27000
20	赤城侏罗纪省级地质公园	赤城县	2297
21	河北金阁山省级森林公园	赤城县	1006
22	河北黄羊山国家级森林公园	涿鹿县	2107
23	河北涿鹿桑干河国家湿地公园	涿鹿县	1364
24	桑干河省级水利风景区	涿鹿县	552
25	河北水谷峪省级森林公园	涿鹿县	700

续表

序号	名称	所在地	面积（公顷）
26	河北灵山省级森林公园	涿鹿县	4317
27	小五台山省级森林公园	涿鹿县	14739
28	河北怀来官厅水库国家湿地公园	怀来县	13539
29	河北怀来国家森林公园	怀来县	3911
30	官厅省级森林公园	怀来县	1800
31	河北黄龙山庄省级森林公园	怀来县	800
32	大青山国家森林公园	尚义县	3015
33	河北察汗淖尔国家草原自然公园	尚义县	667
34	河北尚义察汗淖尔国家湿地公园	尚义县	5400
35	河北察汗淖尔省级湿地公园	尚义县	6007
36	河北蔚县壶流河国家湿地公园	蔚县	1531
37	小五台山自然保护区国家级	蔚县、涿鹿县	21833
38	河北飞狐峪·空中草原省级森林公园	蔚县	11039
39	河北黄羊滩省级自然保护区	宣化区	11035
40	桑干河省级地质公园	宣化区	3710
41	河北卧佛山省级森林公园	宣化区	693
42	清水河水利风景区国家级	张家口市	387
43	河北清水河省级湿地公园	张家口市	598
44	张家口水母宫风景名胜区	张家口市	不详
45	河北石佛山省级森林公园	下花园区	1686
46	张家口鸡鸣山风景名胜区	下花园区	1750
47	河北洋河河谷省级湿地公园	下花园区	1200
48	和平省级森林公园	崇礼区	3953
49	河北西湾子省级湿地公园	崇礼区	137
50	泥河湾自然保护区国家级	阳原县、蔚县	1015
51	河北阳原桑干河国家湿地公园	阳原县	1792
52	河北安家沟省级森林公园	桥西区	700
53	河北云松雾柳省级森林公园	万全区	665
54	河北康保康巴诺尔国家湿地公园	康保县	368
55	河北熊耳山省级森林公园	怀安县	6389

表 3-3　　　　　　　　张家口生态资源分等级统计

类型	数量	在生态资源总量中的占比（%）	等级（数量）	在同类型生态资源中的占比（%）
生态资源总量	55	—	—	—
森林公园	24	44%	国家级（5）	21%
			省级（19）	79%
湿地公园	16	29%	国家级（8）	50%
			省级（8）	50%
自然保护区	4	7%	国家级（3）	75%
			省级（1）	25%
地质公园	3	5%	省级（3）	100%
水利风景区	3	5%	国家级（2）	67%
			省级（1）	33%
草原自然公园	2	4%	国家级（2）	100%
风景名胜区	2	4%	省级（2）	100%
沙漠公园	1	2%	国家级（1）	100%

从生态资源的特征和稀缺性分析，张家口地区主要有以下几类重点生态资源：一是森林资源，张家口森林覆盖率较高，在所有资源当中数量最多，国家级森林公园的数量有5个，占河北省18%，如黑龙山国家森林公园、黄羊山国家森林公园、大青山国家森林公园、怀来国家森林公园、坝上沽源国家森林公园；二是湿地资源，湿地总面积占河北省湿地总面积的24.5%，其中国家级（含试点）湿地公园一共8个，如坝上闪电河、尚义察汗淖尔、康保康巴诺尔、怀来官厅水库、张北黄盖淖（试点）、蔚县壶流河（试点）、阳原桑干河（试点）、涿鹿桑干河（试点）；三是草地资源，草原总面积2010万亩，是距离北京最近的原始草原，虽然草原面积广阔，整体资源利用率不高，开发不完善，除了草原天路和两个国家草原自然公园河北黄土湾国家草原自然公园和河北察汗淖尔国家草原自然公园以外，其余资源知名度不高；四是冰雪资源，张家口地区冬季平均气温-10℃—-1℃，干雪期长达100天，崇礼地区处在三个山系的

交界，冬季平均温度在-12℃左右，山形和坡度有利于滑雪场的建立，森林资源丰富，有利于雪量的保存，适宜冰雪活动的发展，成为全国极具吸引力的天然滑雪旅游胜地之一，夏天依托地理优势，还可举办山地自行车和攀岩等户外运动；五是地质遗迹资源，张家口地区是古地层、古生物、古人类的天然地学博物馆，区域内有中国 20 世纪 100 项考古重大发现之一的古人类遗址，世界上剖面最多保存最完整的第四纪地层等资源；另外还有具有区域特色的沙漠资源和水利资源。

二 生态资源空间分布

张家口生态资源空间分布总体状况显示（见图 3-1），草原公园和沙漠公园主要赋存于坝上地区；湿地公园主要分布在坝上地区、水库和沿河地区；森林公园主要分布在坝下构造剥蚀山区；坝下山间盆地中，涿鹿-怀来盆地地区生态资源赋存量最多，其余两个山间盆地相对较少；冰雪资源主要赋存于崇礼地区，其余资源分布较分散。

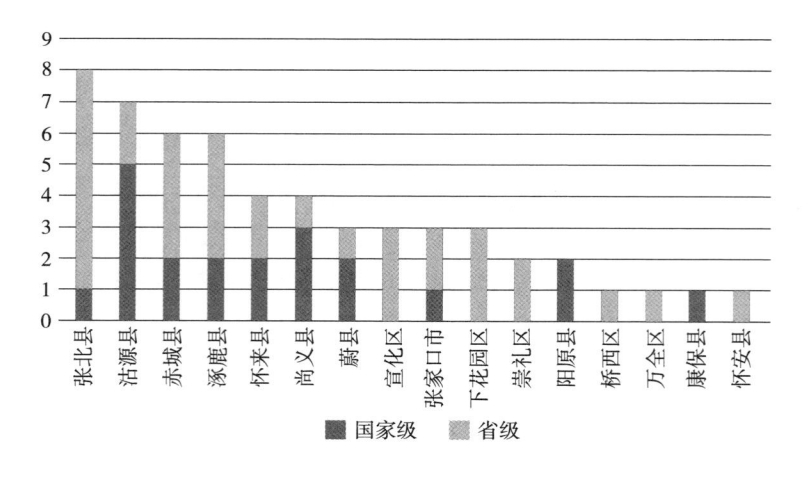

图 3-1 张家口生态资源分级

根据区域生态资源数量统计分布显示（见表 3-2），生态资源数量在 4 处以上的区域主要为张北县（8 处）、沽源县（7 处）、赤城县（6 处）、涿鹿县（6 处）、怀来县（4 处）、尚义县（4 处）。张北县生态资源总量最多，主要有湿地公园、森林公园和地质公园三种类型，但是国家级的资源只有 1 处（黄盖淖国家湿地公园），其余均为省级。沽源县是国家级生态资源数量最多的地区，资源品质高且多样化，呈现了 5 种不同类型，分别为国家草原自然公园、国家森林公园、国家沙漠公园、国家湿地公园和国家级水利风景区。赤城县有四种不同的生态资源类型，为自然保护区、森林公园、湿地公园、地质公园，其中国家级生态资源为大海陀国家级自然保护区和黑龙山国家森林公园。涿鹿县包含黄羊山国家森林公园和桑干河国家湿地公园两个国家级生态资源，其余 4 个为省级。怀来县主要为湿地公园（1 处）和森林公园（3 处），2 处国家级生态资源分别为河北怀来官厅国家湿地公园和河北怀来国家森林公园。尚义县生态资源主要为森林公园、草原公园和湿地公园共 4 处，其中 3 个为国家级（大青山国家森林公园、察罕淖尔国家草原自然公园和察罕淖尔国家湿地公园），1 个为省级。张家口地区其余地区生态资源品质和数量相对偏少。

第三节　张家口生态资源分类及特征

一　地质公园

张家口地区地质遗迹类旅游资源主要有 3 个省级地质公园，占地总面积为 17538 公顷，具体统计见表 3-4。区域内地质遗迹类型多样，具有非常高的美学观赏价值和科研价值。主要的地质遗迹为侏罗纪晚期到早白垩时期形成的恐龙化石群、第四纪冰蚀地貌、汉诺坝组火山熔岩地质遗迹、丹霞地貌、前元古代地层和峡谷地貌，主要介绍如下。

表 3-4　　　　　张家口省级以上地质遗迹类资源统计

序号	名称	位置	面积（公顷）	批准时间（年）	级别
1	赤城侏罗纪省级地质公园	赤城县	2297	2005	省级
2	汉诺坝省级地质公园	张北县	11531	2012	省级
3	桑干河省级地质公园	宣化区	3710	2014	省级

资料来源：走进河北地质公园，http://net.hebei.com.cn/system/2018/05/17/018813522.shtml，河北省地质公园展，2018 年 5 月 18 日。

1. 河北省赤城侏罗纪地质公园

位于张家口赤城县境内，总面积约为 22.97 平方千米，其主要地质遗迹为恐龙足迹、冰蚀地貌和丹霞地貌。恐龙足迹化石群主要形成于侏罗纪晚期到早白垩时期，距今约 1 亿年。标志性地质遗迹为凤凰山东麓落凤坡，这一带为恐龙栖息地，面积可达上千平方米，极具科学研究价值。冰山梁地区保存了第四纪冰川最完整的形态，是典型的山谷冰川，且地质资源类型多样，具有 U 形谷、冰斗、终碛堤、条痕石、角峰、侧碛堤、漂砾等冰川遗迹，是目前为止已发现的保存最完整、科研价值最高的第四纪冰川遗迹。地区丹霞地貌是由砂砾岩为主的沉积岩构成，经流水侵蚀作用且在重力作用下不断崩塌后退所形成的赤壁丹崖群地貌，在阳光映衬下，像披上一层红色的轻纱，犹如"丹霞"，具有极高的美学价值和科研价值。

2. 河北张北汉诺坝地质公园

位于张北县，总面积 115.31 平方千米，主要功能是为了保护中新世形成的汉诺坝组地层剖面及火山熔岩地质遗迹，为火山地质学的研究提供了重要的科学依据。汉诺坝组由英国人巴尔博于 1929 年命名，主要以玄武岩为主体，夹少量火山角砾岩、凝灰岩、砂砾岩、粉砂岩等。公园主要分为四个园区，即：石柱林观赏园区、坝头科考与军事观光园区、中都遗址与草原生态旅游园区和火山口科考与风电观光园区。公园内地质遗迹主要分为两类：地质（含构造）剖面类、地貌景观类。

3. 桑干河省级地质公园

主要位于张家口市宣化县王家湾乡，主要是以王家湾大峡谷为主的构造类地貌，同时具有前元古代地层和峡谷地貌、流水地貌等景观，三十亿年的古老岩石和峡谷地貌等地质遗迹保存完整，类型多样，分为地貌景观、水体景观、地质剖面、环境地质遗迹景观、地质构造、古生物6大类。公园内主要特色为串珠状与谷中谷式峡谷群、古老的桑干群深变质岩与瀑潭景观相互作用形成多彩效果。公园内的地质遗迹景观主要分为2处国家级、12处省级、19处地方级和20处地方以下级别。其中，具有科普教育价值的地质遗迹有35处[1]。

二 森林公园

截至2019年底，张家口林木绿化率稳定在50%，张家口林业用地面积为2816.1万亩，占国土面积的51.33%。地区树种主要以油松、山杨、侧柏、榆树、柞树、落叶松、桦树、栽培杨、柳树为主，而其他树种较少[2]。张家口省级以上森林公园24处，主要分布在坝上坝下分界带和坝下构造剥蚀山区。其中国家级森林公园5处（黑龙山国家森林公园、黄羊山国家森林公园、大青山国家森林公园、怀来国家森林公园、坝上沽源国家森林公园），占河北省18%，省级森林公园19处。森林公园数量最多是涿鹿县和张北县，各自有4个森林公园，其中仅有一个国家级森林公园（同时也是河北省第一个省级森林公园）——黄羊山国家级森林公园在涿鹿县，其余均为省级；数量上位居第二的是怀来县和赤城县，各自有3个森林公园，其中河北怀来国家森林公园（怀来县）和黑龙山国家森林公园（赤城县）为国家级，其余均为省级；其他地区数量上相对较少，具体情况请见表3-5。报告中主要介绍了国家森林公园基本情况，介绍如下。

---

[1] 陈斌，尹显娅，宋云等：《河北桑干河地质公园地质遗迹特色及开发建议》，《中国国土资源经济》2019年第11期。

[2] 康福庆：《张家口市各县森林资源现状》，《河北林业科技》2013年第2期。

表 3-5　　　　　　　　张家口省级以上森林公园统计

序号	名称	位置	面积（公顷）	批准时间（年）	级别
1	河北黄羊山国家级森林公园	涿鹿县	2107	2004	国家级
2	河北灵山省级森林公园	涿鹿县	4118	不详	省级
3	小五台山省级森林公园	涿鹿县	14739	1993	省级
4	河北水谷峪省级森林公园	涿鹿县	700	2012	省级
5	坝头省级森林公园	张北县	166	1992	省级
6	河北桦皮岭省级森林公园	张北县	7860	2007	省级
7	河北仙娜都省级森林公园	张北县	19300	2008	省级
8	张北县塞外省级森林公园	张北县	1000	1992	省级
9	河北怀来国家森林公园	怀来县	3911	2018	国家级
10	官厅省级森林公园	怀来县	1800	1993	省级
11	河北黄龙山庄省级森林公园	怀来县	800	2009	省级
12	黑龙山国家森林公园	赤城县	7034	2009	国家级
13	河北金阁山省级森林公园	赤城县	1006	2011	省级
14	泉林省级森林公园	赤城县	27000	1993	省级
15	坝上沽源国家森林公园	沽源县	不详	2019	国家级
16	河北金莲山省级森林公园	沽源县	9245	2006	省级
17	大青山国家森林公园	尚义县	3015	2017	国家级
18	河北安家沟省级森林公园	桥西区	700	2009	省级
19	河北石佛山省级森林公园	下花园区	1686	2011	省级
20	和平省级森林公园	崇礼区	3953	1992	省级
21	河北飞狐峪·空中草原省级森林公园	蔚县	11039	2008	省级
22	河北云松雾柳省级森林公园	万全区	665	2011	省级
23	河北熊耳山省级森林公园	怀安县	6389	2009	省级
24	河北卧佛山省级森林公园	宣化区	693	2009	省级

资料来源，河北省林业和草原局：河北省级森林公园名录，http://lycy.hebei.gov.cn/showarticle.php？id=8339，2008 年 4 月 14 日。

1. 黑龙山国家森林公园

黑龙山国家森林公园坐落于河北省张家口市赤城县黑龙山林场，地处东亚大陆性季风气候热带，属于国家 4A 级旅游景区，于 2010 年正式晋升为国家级森林公园，是一处原生态森林公园，面积7034.4公顷，森林覆盖率84.5%。公园主要包括白桦林、东猴顶、黑河源等景区。主要景点有25处，包括东猴顶、十里仙境、黑河源头、响水谷、榆林长廊、亚高山草甸等。公园内部有较丰富的森林资源，主要为330公顷天然白榆林，总量约有10万多株，平均树龄80年，沿沟谷呈带状分布，总体长度约有10多公里。黑河源景区内部分布着50公顷天然落叶松林，树龄100多年，树高30—40米，十分壮观。另外公园内还有7580公顷的白桦树，树龄25—70年之间，平均树高11米。在黑河源景区和桦林景区下部沟谷分布着200多公顷的天然榆林，呈带状分布，林带长约20公里。

2. 坝上沽源国家森林公园

河北坝上沽源国家森林公园位于沽源县境内，由老掌沟和冰山梁两大片区组成。老掌沟片区植被覆盖率高，地形大多为低山丘陵，有大大小小的沟谷14条，沟谷相对开阔，属于典型的"V"形沟谷地貌，该片区奇形怪状的岩石和崖壁丛林中拔地而起，形成了丰富的地文景观。大脚掌景区位于老掌沟村千松源北沟深处，因形状似脚掌而得名，主要岩性为流纹质熔结凝灰岩、呈流纹结构、块状构造。从地形上看冰山梁片区属中低山，岩石多裸露于地表。冰山梁片区坐落于沽源县城东南46千米处的盘道沟行政村三道林自然村境内，景区周围风景优美，山高水清，主峰海拔2332米，植被茂密，植物种类繁多。

3. 大青山国家森林公园

大青山属阴山余脉，位于河北省尚义县和内蒙古兴和县交界处，因其远望呈青色而得名。大青山海拔1919米，山阴面有鸳鸯河，由东向西流入洋河。林区森林总面积为3.8万亩，其中：天然林1.6万亩，人工林2.2万亩。林区内部物种丰富，野生植物有628种，野生动物有443种。树种主要有桦树、野刺槐、樟子松、椴树、油松、山樱桃、山杏、落叶松和云杉等；动物主要有狐子、野兔、獾猪、松鼠、狍子、苍鹭等。林区内山峰最高海拔为1919米，为尚义县境内最高峰。

4. 河北黄羊山国家级森林公园

黄羊山国家森林公园,是河北省第一个省级森林公园,坐落于涿鹿县黄羊山,海拔最高1563米。是与东灵山、三祖堂、黄帝城融为一体的景区,与八达岭、官厅湖、康西草原、龙庆峡、野山坡可连成一片。其中森林资源、地质资源和宗教文化资源十分丰富,具有我国北方十分罕见的钟乳石状地貌,沉积时间漫长,具有良好的美学价值和科研价值。整个公园分为清凉寺、香峰寺、龙王堂和塔山四大景区。公园内有乔木、灌木、草等1700多种植物;公园内山峰层峦叠嶂,钟乳石形态各异,颜色多样;野生动物数量和种类繁多,有狍子、獾、野猪等数十种,还有鸟类185种;园内人文景观历史悠久,千年古刹清凉寺位于森林公园中部,是中国北方地区有名的佛教圣地,居史料记载,该寺始建于西汉,扩建于唐朝,于明末清初达到鼎盛。

5. 怀来国家森林公园

河北怀来国家森林公园位于河北省怀来县境内,规划总面积3911.79公顷,其中林地面积3856.31公顷。公园内融合了山地和低山丘陵地貌,孕育了极具特色的潭—泉—山—林的多元化森林风景资源,植物群落景观稀缺珍贵,生物种类丰富多样。目前森林公园内风景资源主要包括生物景观资源、水文景观资源、地文景观资源、天象景观资源和人文景观资源。河北怀来国家森林公园分为生态保育区、一般游憩区、核心景观区、管理服务区4个功能分区。其中生态保育区为水口山区域内的一片天然落叶阔叶林;核心景观区为水口山东、西、北三面山地森林及高山草甸区域;一般游憩区包含黄龙山庄绝大部分区域及水口山部分区域,包括生态文化游憩区、云中草原观光区、森林拓展活动区、民俗文化度假区、森林康养体验区、山地森林游览区。

三 草地资源

截至目前,张家口市现有草原面积2010万亩,其中可利用草原面积1800万亩。张家口草原资源主要集中在坝上地区，包括张北县、沽源县、康保县、尚义县、察北管理区及塞北管理区。是距北京最近的原始草原，草地海拔在1200米至2000米之间，为高原草场，是滦河、潮河的发源地，沿坝有许多关口和山峰，最高在海拔二千五百米以上。地区在气候上属于大陆性季风气候，寒冷、多风、干旱是最明显的特征。2020年张家口境内有两个国家级草原自然公园（试点）通过审批（表3-6）：河北黄土湾国家草原自然公园和河北察汗淖尔国家草原自然公园，为地区今后草原资源开发奠定了基础。

表3-6　　　　　　　张家口国家草原自然公园统计

序号	名称	位置	面积（公顷）	批准时间（年）	级别
1	河北黄土湾国家草原自然公园	沽源县	800	2020	国家草原自然公园（试点）
2	河北察汗淖尔国家草原自然公园	尚义县	667	2020	国家草原自然公园（试点）

数据来源：国家林业和草原局，http://www.forestry.gov.cn/main/586/20200925/143426293431487.html，国家林业和草原局关于公布首批国家草原自然公园试点建设名单的通知，2020年9月27日。

1. 河北黄土湾国家草原自然公园

河北黄土湾国家草原自然公园地处坝上高原地区最北部的塞北管理区，距北京市300公里，拟建公园总面积800公顷，是国家林业和草原局公布的首批国家草原公园试点。该区域交通便利，国道239线沿草原边缘穿过，北接正蓝旗，南连G95首都环线高速。草原类型主要分为3类：温性草原、温性草甸草原和低地草甸。

公园地处农牧交错带，在草原生态系统修复和进行科学研究方面具有重要作用，未来可依托草原生态资源和河流资源进行资源开发和利用，辐射相关产业，推动产、学、研一体化发展。拟建公园土地权属于塞北管理区国营沽源牧场，于1955年建设完成，为我国首批农垦牧场，历史上曾为清代为皇宫御马场。区域内有2005年科学技术部批准的首批国家 36 个野外站之一，可为黄土湾国家草原自然公园研究提供科技支撑。未来将加强与北京相关高校的合作，建立研究基地，依托生态和产业优势，将公园进行科学开发和保护，推动地区发展。

2. 河北察汗淖尔国家草原自然公园

河北察汗淖尔国家草原自然公园位于张家口市尚义县大营盘乡西北部，拟建面积 667 公顷。拟建公园属于典型的温带大陆性季风气候，是热带与温带之间的过渡气候，季风性明显，春秋昼夜温差大。公园内有两条内陆河大清河和五台河，最终均流向察汗淖尔。植被主要分为两种类型：湿地植被和干旱半干旱草原植被。

拟建公园具有丰富的野生植物资源，主要有水生植物、沼泽和湿地相关的植物。其中水生植物主要有香蒲、浮萍等；湿生植物有节节草、芦苇、水稗草等；沼泽地主要分布有碱蓬、碱茅、盐爪爪等；湿地外缘分布为白刺、灰绿藜、萎陵菜等。在公园内部还有稀有的动物资源，包括水生、陆生和水陆两栖动物。水生底栖动物有最早出生在二叠纪的鲎虫，可用于去除水稻中的杂草；两栖动物有花背蟾蜍、黑斑蛙、草原沙蜥等；陆栖动物有狼、黄羊、赤狐等。

四　湿地公园

张家口地区有丰富的湿地资源，区域内的河流、湖淖等湿地与京津地区的水资源供应与调节、生态环境的平衡、生物多样性保护与区域可持续发展等有重大关联。张家口市湿地总面积 345.68 万亩，占张家口国土总面积的 6.3%、占河北省湿地总面积 24.5%。在河北省仅略小于唐山市，排名第二位。按湿地类型划分：河流湿地 59.17 万亩、湖泊湿地 35.7 万亩、沼泽湿地 237.59 万亩、人工湿地 13.22 万亩，占张家口市湿地总面积的比例分别为 17.1%、10.3%、68.7%、3.8%；按地理区域划分：坝上 271.46 万亩占张家口湿地总面积的比例为 78.5%，坝下 74.22 万亩占张家口湿地总面积的比例为 21.5%。张家口市的湿地类型主要为沼泽湿地，且主要分布于坝上，其余分布在坝下主要河流地带。张家口湿地保护体系以湿地公园为主，已成功申报省级以上湿地公园16个（河北省54个）（表3-7）。其中国家湿地公园（含试点）8个（河北省22个），即坝上闪电河、尚义察汗淖尔、康保康巴诺尔、怀来官厅水库、张北黄盖淖（试点）、蔚县壶流河（试点）、阳原桑干河（试点）、涿鹿桑干河（试点）；省级湿地公园8个（河北省32个），即市区清水河、下花园洋河河谷、崇礼西湾子、沽源葫芦河、坝上察汗淖尔（部分面积划入国家湿地公园）、赤城白河、张北三台河、张北大营滩。

表3-7　　　　张家口省级以上湿地公园统计

序号	名称	位置	面积（公顷）	批准时间（年）	级别
1	河北张北黄盖淖国家湿地公园	张北县	1191	2015	国家级（试点）
2	河北张北县三台河省级湿地公园	张北县	360	2014	省级
3	河北张北县大营滩省级湿地公园	张北县	260	2014	省级
4	河北坝上闪电河国家湿地公园	沽源县	4119	2009	国家级
5	河北沽源葫芦河省级湿地公园	沽源县	6790	2012	省级
6	河北尚义察汗淖尔国家湿地公园	尚义县	5400	2012	国家级
7	河北坝上察汗淖尔省级湿地公园	尚义县	6007	2012	省级
8	河北康保康巴诺尔国家湿地公园	康保县	368	2018	国家级
9	河北怀来官厅水库国家湿地公园	怀来县	13539	2019	国家级
10	河北蔚县壶流河国家湿地公园	蔚县	1531	2017	国家级（试点）
11	河北阳原桑干河国家湿地公园	阳原县	1792	2017	国家级（试点）
12	河北涿鹿桑干河国家湿地公园	涿鹿县	1364	2017	国家级（试点）
13	河北清水河省级湿地公园	张家口市	598	2009	省级
14	河北洋河河谷省级湿地公园	下花园区	1200	2010	省级
15	河北西湾子省级湿地公园	崇礼区	137	2013	省级
16	河北白河省级湿地公园	赤城县	756	2014	省级

资料来源：张家口新闻网，http：//www.zjknews.com/news/shehui/zjkshehui/201908/19/253035.html#n=1，水清岸绿百鸟聚湿地托举生态城——我市湿地保护与管理工作综述，2019年8月19日。

2000年，张家口坝上湿地被列入《中国重要湿地名录》。张家口坝上湿地涉及康保县、沽源县、张北县、尚义县和承德市丰宁满族自治县坝上大滩镇闪电河流域湿地，湿地面积18.48万公顷。湿地有高等植物63科240属498种；脊椎动物56科231种，其中国家重点保护野生动物35种，包括国家一级保护鸟类四种，国家Ⅱ级保护鸟类34种。张家口坝上湿地主要包括河流湿地、湖泊湿地、沼泽湿地和人工湿地四个湿地类型。河流湿地分为永久性河流、季节性或间歇性河流，这类湿地总面积为4550.01公顷，在张家口市坝上四县均有分布。湖泊湿地分为永久性淡水湖、永久性咸水湖、季节性咸水湖三类，总面积为23402.28公顷，主要分布在张北县和康保县。沼泽湿地分为草本沼泽、内陆盐沼、季节性咸水沼泽、沼泽化草甸四类，总面积为155293.23公顷。人工湿地包括库塘和运河、输水河两类，总面积为1528.71公顷[1]。

坝下湿地主要同张家口市主要水库和重要的河流共存。主要涉及官厅水库、壶流河、清水河、洋河、桑干河、葫芦河等。宣化县境内湿地资源主要为洋河、桑干河和洋河水库，其中洋河水库与冀西北五大沙滩之首黄羊滩相连为一整体，主要功能为灌溉和后备水源。怀来县境内有官厅水库、桑干河、洋河、永定河和妫水河，桑干河和洋河又交汇成永定河，其中官厅水库是最重要的湿地资源，湿地中植被丰富，大面积的水域、沼泽、滩涂相连的生态景观，为各种鸟类重要的生活栖息地和迁徙中转站，生物多样性明显。蔚县境内主要有壶流河、安定河、清水河，为永定河和大清河的上游，均为常流河，其中壶流河流域及壶流河水库为最重要的湿地资源，常有大量候鸟迁徙途经此地、栖息停留，考察发现有白鹭、苍鹭、野鸭、鹈鹕等水鸟。赤城县境内的红河、黑河、白河为潮白河水系上游，白河水系建有云洲水库，这些河流和水库共同组成了赤城县

---

[1] 王芳：《张家口坝上国家级重要湿地资源分布及保护管理情况》，《现代园艺》2018年第20期。

的湿地资源。

经过调查发现，张家口地区湿地资源丰富，对当地的生态环境发展、生物多样性、气候调节、沙漠防治和居民生产生活等起重要作用，同时对下游京津地区的水源供应、生态安全与保障有着重要的意义。目前主要存在以下问题：水资源短缺、湿地权属问题、生活用水与生态矛盾、保护意识差、水域污染等问题。面对湿地地区整体的破坏与退化，需要进行全面的抢救和保护。

五　冰雪资源

崇礼区处于阴山山脉东段到大马群山支系和燕山余脉交接地带，大部分为山地，森林覆盖率达到52%，最大高程落差达到1361米。山体连绵不绝，陡缓适中，坡度多在5°—35°，非常适宜滑雪运动。崇礼区属于内蒙古高原与华北平原过渡地带，海拔从2174米到814米之间，特殊的地形造就了崇礼拥有自己独特的小气候，年降水量较相邻地区较多，年均降雪量达到63.5厘米，由于森林覆盖率高，植被向空气中补给了充足的水分，使得积雪融化慢，存雪期长达150天。雪期从每年的10月份一直持续到次年5月份，尤其3、4月份为崇礼雪量最多的时候，且冬季的平均温度在-12℃左右。各项雪质参数（包括雪的形状、颗粒硬度、黏度等）均符合滑雪标准，是滑雪旅游爱好者最适宜的滑雪胜地。

张家口目前共7个滑雪场：多乐美地滑雪场、富龙滑雪场、太舞滑雪小镇、万龙滑雪场、翠云山银河滑雪场、密苑云顶滑雪场、长城岭滑雪场，另有万科汗海梁滑雪场（正在筹建）。目前冬奥会两个现有场地，经专家判断，选址于距离崇礼区中心20公里的密苑云顶滑雪场，适宜举办自由式滑雪和单板滑雪的比赛；2022冬奥会雪上技巧、追逐赛、U形场地、空中技巧、坡面技巧、平行大回转等六个项目将在云顶滑雪公园举办；另外还有三个新规划的场地为北欧中心跳台滑雪场、北欧中心越野滑雪场和冬季两项的比赛场地，独特的地形地貌把这三个场地紧密结合在一起，并且规避了风向，是最理想的冬奥会雪上项目场地。

在京津冀一体化的背景下，崇礼滑雪场被纳为河北省重点建设的20处休闲旅游产业之一，未来将体育运动作为地区发展的主要趋势动力。滑雪产业集群进一步扩大，影响力逐步提升，融合其他相关产业，打造中国休闲度假和养老产业基地。地区特殊的山形，除了冬天举办滑雪比赛以外，夏天还是山地自行车、攀岩等一些户外运动的基地。

六 自然保护区

目前，拥有省级以上自然保护区4个（其中：国家级自然保护区3个，分别是小五台国家级自然保护区、泥河湾国家级自然保护区和大海陀国家级自然保护区；省级自然保护区1个，即黄羊滩省级自然保护区）。国家级自然保护区总面积约为35482公顷，省级自然保护总面积为11035公顷（见表3-8）。各自然保护区资源介绍如下。

表3-8 张家口省级以上自然保护区统计

序号	名称	位置	面积（公顷）	批准时间（年）	级别
1	小五台山自然保护区	蔚县、涿鹿县	21833	2002	国家级
2	大海陀自然保护区	赤城县	12634	2003	国家级
3	泥河湾自然保护区	阳原县、蔚县、山西雁北	1015	2002	国家级
4	河北黄羊滩省级自然保护区	宣化区	11035	2011	省级

资料来源：百度文库，https://wenku.baidu.com/view/9fdc2fc2b307e87100f69680.html，张家口市的国家级自然保护区简介，2015年6月16日。

1. 河北小五台山国家级自然保护区

位于河北省西北张家口地区的蔚县和涿鹿两县交界地带，东与北京市门头沟区和保定涞水县接壤。东西长60千米，南北宽28千米，总面积21833公顷。保护区类型属于森林野生动物类型自然保护区，主要保护对象是天然针阔混交林、亚高山灌丛、草甸、国家一级重点保护动物褐马鸡。

2. 河北大海陀国家级自然保护区

位于河北省张家口市赤城县（赤城镇）南部，北京西北方向。大海陀自然保护区始建于1999年7月，2003年6月晋升为国家级自然保护区。是典型的山地森林生态系统类型。区内生物种类齐全，植物资源和经济动物种类多样，包含了中国特有的动、植物类群，具有多样性、稀有性和代表性。由于该自然保护区特殊的地理位置，对于白河流域的森林生态系统保护、防风固沙、调节气候、增强水源涵养能力、改善北京周边的生态环境等具有特殊意义，是北京重要的生态屏障。

3. 河北泥河湾国家级自然保护区

泥河湾国家级地质遗迹保护区内有国际上公认距今200万—300万年前的第四纪标准地层，是目前世界上剖面最多且保存最完好的第四纪地层，同时还埋藏着丰富的哺乳动物化石和早更新世旧石器时代的考古遗迹，被称为中国20世纪100项考古重大发现之一，是我国境内发现的最早的古人类遗址，将东北亚古人类活动的年代上推到200万年前的远古时期。保护区内主要保护对象为晚新生代典型地层剖面、晚新生代地层中的哺乳动物化石及地层中的人类文化遗迹和古人类活动遗址等，其中比较著名的遗址有小长梁遗址、虎头梁遗址、马圈沟遗址、侯家窑遗址等。保护区内具有第四纪国际标准地层、远古哺乳动物化石及象征古人类东方发源地和中华文明起点的众多遗迹遗址，因而是研究中国第三纪晚期及第四纪的地层、古生物、古人类、古环境、古地理及新构造运动等的天然地学博物馆[1]。

4. 黄羊滩省级自然保护区

是张家口建立的首个省级湿地和鸟类自然保护区，位于宣化县东南，总面积为11035公顷。保护区处于北京西北上风口，地貌类型多样，包含了山地丘陵、风蚀沙地、黄土沟壑和河谷阶地多种类

---

[1] 中华人民共和国自然资源部：河北省泥河湾国家级自然保护区，http://www.mnr.gov.cn/，2012年3月19日。

型。区域内野生植物资源、动物资源具有典型的代表性，特别是在10余万亩沙地上广泛分布着东北木蓼、中麻黄、小叶锦鸡儿、木贼麻黄、甘草、干枝梅等优良沙生植物资源，在河北省内绝无仅有。保护区内部的洋河水库位于永定河上游，为官厅水库的主要来源，水源涵养、调节和保护功能十分突出。在保护区内包含有高等植物90多科280多属500多种，陆生脊椎动物190多种，其中国家一级重点保护动物4种，二级重点保护动物20种。

七 水利风景区

张家口地区水利风景区一共有三个，其中两个为国家级水利风景区，一个为省级水利风景区。两个国家级水利风景区分别为闪电河水库水利风景区和清水河水利风景区，总面积为1506公顷（见表3-9）。除此之外还有桑干河省级水利风景区，位于涿鹿县，面积为552公顷。具体介绍如下。

表3-9　　　　　张家口省级以上水利资源风景区统计

序号	名称	位置	面积（公顷）	批准时间（年）	级别
1	闪电河水库水利风景区	沽源县	1119	2009	国家级
2	清水河水利风景区	张家口市	387	2018	国家级
3	桑干河省级水利风景区	涿鹿县	552	2017	省级

资料来源：中国日报网，https://baijiahao.baidu.com/s?id=1587286069754268457&wfr=spider&for=pc，河北省新增3家水利风景区，2017年12月20日。

1. 闪电河水库水利风景区

该景区属于典型的水库型水利风景区，主要依托河北省沽源县闪电河水库而建，面积16784亩。景区距沽源县城8千米，距张家口市160千米，距北京286千米，水库风景优美，水质良好。周边有秀丽的山峰、美丽的湿地，另有草原2万余亩，浓厚的塞外草原风情，具有较大的旅游开发潜力。景区周边历史文化悠久，现有遗存完整的元代墓葬，魏、辽、元三代帝王宫遗址及有关传说，康熙皇帝曾赞誉其为"八百里金莲川，百花争艳"，曾为多部影视剧的摄制地。景区内部空气清新，温度适宜，是夏季良好的避暑胜地，建有沽源塞外庄园和沽水福园等多处旅游接待点，具备一定旅游食宿和娱乐接待能力。

2. 张家口清水河水利风景区

该水利风景区于 2016 年获批成为省级，2018 年成功晋升为国家级，从而进入全国水利风景区建设的行列，成为中国最美河湖的代表。整个风景区贯穿张家口市主城区，空气质量良好，水质为Ⅲ类，沿途风景优美，绿化面积高，景区规划总面积 3.87 平方千米，其中水域面积 3.11 平方千米。景区的建立主要是依托清水河蓄水工程，由 31 道橡胶坝、明湖、溢流堰及 20 个地域文化长廊组合而成。主要以周边水域生态和地区文化为特色，沿途风景秀丽，旅游文化资源丰富，呈现出一幅"水面宽阔，两岸翠绿，岸上有景，景中有园"的城市水生态景致[1]。

3. 桑干河省级水利风景区

景区位于涿鹿县城南部，总面积 552 公顷，是依托桑干河蓄水工程形成的城市河湖型水利风景区。水域面积 2.13 平方千米，由 4 道橡胶坝、5 片景观水面、7 个清水平台和地域文化长廊组合而成。桑干河是一条古老的河流，文化历史悠久，因丁玲的小说《太阳照在桑干河上》而为人们所知。依托景区生态和人文资源，将生态文明建设和人文历史有机结合起来，可打造集文化、休闲、旅游、生态涵养为一体的景区。

八 风景名胜区

张家口地区同自然生态景观相关联的风景名胜区有两个，一个是张家口水母宫风景名胜区，另一个为张家口鸡鸣山风景名胜区（见表 3-10）。

---

[1] 河北新闻网：张家口清水河晋升国家水利风景区，http://www.hebnews.cn/，2019 年 1 月 5 日。

表 3-10　　　　　　　　　张家口省级风景名胜区

序号	名称	位置	面积（公顷）	批准时间（年）	级别
1	张家口水母宫风景名胜区	张家口市	不详	2011	省级
2	张家口鸡鸣山风景名胜区	下花园区	1750	2011	省级

资料来源：河北新闻网，http://hebei.hebnews.cn/2018-11/28/content_7121278.htm，最新批复！河北省级风景名胜区增至41处！全名单公布，2018年11月28日。

1. 水母宫旅游风景名胜区

建于清乾隆四十七年（1782年），位于张家口市区西北3.5公里的卧云山下。景区生态环境良好，草木茂盛，松柏青翠，因此也称为森林公园。水母宫依卧云山而建，山间树木茂盛，山下有一泉水喷涌而出，终年不涸，被称为"大水泉"。卧云山山势陡峭，泉水沿着山岩裂缝涌出地面，水质为含锶且偏硅酸的优质矿泉水，长期饮用，对身体有益。清代张家口作为我国历史上最大的皮毛集散地，大量的皮毛在水母宫泉水中浸泡、洗鞣，水母宫则成为其皮毛产业发展的见证。

2. 张家口鸡鸣山风景名胜区

鸡鸣山坐落于河北省张家口市下花园东侧2公里处，距张家口市50公里，山体巍峨峥嵘，树木郁郁葱葱。山体海拔1128.9米，形成于十多亿年前的一次大地震中，占地17.5平方千米。山势陡峭，草木繁茂，山顶直入云端，风景秀丽，有"参天一柱"之称。由于山峰气势恢宏，历史悠久，景色优美，被誉为塞外小泰山。此外，鸡鸣山还是我国少有的佛、道、儒"三教合一"的宗教名山。同宗教活动相关的庙会历史悠久，是京西"最具人气的庙会"。

九　沙漠公园

1. 九连城国家沙漠公园

九连城国家沙漠公园位于沽源县城西部（见表3-11），地处内蒙古高原和华北平原的过渡地带，公园总面积1079.88公顷，分别为马鬃山片区、丁家梁片区和半拉山片区。九连城国家沙漠公园的主要功能是做好沙漠自然景观及林草植被保护工作，在荒漠化治理、保护生态的前提下，不断优化区域生态环境，进行旅游开发。公园主要分为以下几个区：生态保育区面积841.47平方千米、占总面积的77.92%；宣教展示区面积27.39平方千米，占总面积的2.54%；沙漠体验区面积193.07平方千米，占总面积的17.88%；管理服务区面积17.95平方千米，占总面积的1.66%[①]。

表3-11　　　　　　　张家口国家沙漠公园

序号	名称	位置	面积（公顷）	批准时间（年）	级别
1	河北沽源九连城国家沙漠公园	沽源县	1079.88	2019	国家级

资料来源：国家林业和草原局国家公园管理局网站，http://www.forestry.gov.cn/main/4461/20181207/18550 7248759651.html，国家林业和草原局关于对申报建立河北沽源九连城国家沙漠公园公示的通告，2018年12月7日。

第四节　张家口生态资源旅游开发评价

一　地形地貌变化大，生态资源种类多样

张家口处在从蒙古高原到华北平原的过渡地带，阴山山脉穿过，将张家口分为坝上和坝下两部分，地势西北高，东南低，海拔落差较大。坝上高原外接内蒙古，属于内蒙古高原的南缘，海拔1300—1600米；坝下地区，高程落差比较大，海拔为650—1800米，地区内山地、丘陵、盆地、河谷等地貌发育，这部分地区根据地形地貌差异，又分为坝下山间盆地和构造剥蚀山区两部分，山间盆地主要为盆地和山川交错地带，构造剥蚀山区森林覆盖率高，积雪融化慢。特殊的地形和高差，形成了张家口特殊的地貌和小气候，导致了地区生物物种和生态环境均呈现了多样化的趋势，极具地方特

[①] 国家林业和草原局国家公园管理局网站：国家林业和草原局关于对申报建立河北沽源九连城国家沙漠公园公示的通告，http://www.forestry.gov.cn/，2018年12月7日。

色。区域内除了海洋资源以外，几乎涵盖了所有生态资源的类型，地质、森林、草原、湿地、冰雪、沙漠等。

张家口生态资源种类多样，具体表现为：一是张家口森林覆盖率较高，森林资源在所有资源当中数量最多，国家级森林公园的数量有5处；二是湿地总面积占河北的24.5%，国家级（含试点）湿地公园共8处；三是坝上地区草原资源丰富，面积广阔，目前有草原天路、两个国家级草原自然公园试点等知名度较高景区；四是3个国家级自然保护区，保护区内种类齐全，资源丰富，还具有调节生态环境的功能；五是冰雪资源丰富，特殊的地形气候有利于形成高品质的雪资源，适宜滑雪运动的发展，近年来逐步发展成为具有较大影响力的滑雪胜地；六是具有特殊影响力的自然资源，区域内有中国20世纪100项考古重大发现之一的古人类遗址，世界上剖面最多保存最完整的第四纪地层等地质遗迹资源，还包括具有区域特色的沙漠资源和水利资源。

二　森林草原资源丰富，复合生态系统完善

陆地生态系统按生态特点和植物群落生长类型可分为森林生态系统、草原生态系统、荒漠生态系统、湿地生态系统以及受人工干预的农田生态系统。目前统计数据显示，张家口生态资源丰富，包括森林、草原、湿地、荒漠4个生态系统及野生动植物资源。是良好的研学旅游基地，有调节生态、保护环境的功能。截至2019年底，张家口林木绿化率稳定在50%，林业用地面积为2816.1万亩，占国土面积的51.33%。地区树种主要以油松、落叶松、侧柏、山杨、桦树、柞树、栽培杨、柳树、榆树为主，而其他树种较少。张家口的森林植被类型以北温带针阔叶混交林为主，国家重点保护的珍稀植物物种有：青杆、白杆、核桃楸、黄檗、刺五加等；此外，张家口地区的野生动物资源也十分丰富，国家重点保护的野生动物物种有：褐马鸡、金雕、黑鹳、金钱豹等。

坝上草原面积大，类型广，张家口共有草原面积2010万亩，康保、尚义、沽源、张北四县位于河北省坝上高原生态防护区，张家

口地区大部分湿地资源均在坝上地区同草原资源共存，其余湿地围绕坝下河流湖泊等水域。湿地因为其丰富秀丽的自然景观、丰富的生物群落、珍贵的濒危稀有物种成为人们观光旅游时向往的地方。有些湿地周边保留了具有历史价值的文化遗址，更增加了对人们的吸引力。张家口目前仅有1处国家沙漠公园——九连城国家沙漠公园，公园总面积1079.88公顷，主要功能是做好沙漠自然景观及林草植被保护工作，在荒漠化治理、保护生态的前提下，不断优化区域生态环境，进行旅游开发。

三 冰雪期比较长，适宜冰雪运动发展

张家口崇礼地区累计积雪量达1米左右，存雪期长达150多天，地形坡度多在5—35度，风速仅二级，平均气温零下12℃，冬无严寒，森林覆盖率很高，植被向空气中补给了充分的水分，使得积雪融化慢，适宜发展冰雪运动体育旅游。雪的颗粒硬度、黏度各项雪质参数均符合滑雪标准，是滑雪旅游爱好者最适宜的滑雪胜地。崇礼地区是华北地区规模最大、开滑最早、设施最完善的天然滑雪旅游胜地，拥有雪道48条80公里，吊椅索道、拖牵索道和魔毯25条1.8万米，可供开发滑雪面积达1000多平方千米，具有极好的冰雪运动基础。在京津冀一体化的背景下，滑雪产业影响力逐步提升。特殊的山形，除了冬天举办滑雪比赛以外，夏天还是山地自行车、攀岩等一些户外运动的基地。

四 生态环境良好，空气质量最优

张家口属东亚大陆性季风气候，北部坝上地区属寒温区，年平均气温为1℃—3℃，7月平均气温为18℃—21℃，夏季凉爽且昼夜温差大，天高气爽、芳草如茵。张家口具有丰富的山地森林资源优质的生态环境、舒适的气象气候条件、丰沛的阳光资源、适宜的海拔高度各类度假因子聚集，是夏季避暑胜地。张家口具有较好的生态康养环境，生态环境部发布《2020中国生态环境状况公报》，按照环境空气质量综合指数评价，全国168个重点城市中，环境空气质量相对较好的20个城市（从第1名到第20名），张家口排第19，

成为北方唯一进前 20 的城市（见表 3-12）。2020 年河北省环境空气质量张家口排名第一（见表 3-13）。

表 3-12　2020 年 168 个城市环境空气质量排名前 20 位城市

排名	城市	排名	城市
1	海口市	11	珠海市
2	拉萨市	12	雅安市
3	舟山市	13	台州市
4	厦门市	14	中山市
5	黄山市	15	肇庆市
6	深圳市	16	昆明市
7	丽水市	17	南宁市
8	福州市	18	遂宁市
9	惠州市	19	张家口市
10	贵阳市	20	东莞市

资料来源：2020 中国生态环境状况公报。

表 3-13　2020 年河北省 11 个设区市空气质量综合指数排名

排名	城市名称	综合指数	首要污染物
1	张家口	3.21	O_3-8H-90per
2	承德	3.95	O_3-8H-90per
3	秦皇岛	4.45	O_3-8H-90per
4	廊坊	4.88	$PM_{2.5}$
5	沧州	5.01	$PM_{2.5}$
6	衡水	5.18	$PM_{2.5}$
7	保定	5.32	$PM_{2.5}$
8	邢台	5.65	$PM_{2.5}$
9	邯郸	5.86	$PM_{2.5}$
10	唐山	5.87	$PM_{2.5}$
11	石家庄	5.96	$PM_{2.5}$

注：空气质量综合指数是描述城市空气质量综合状况的无量纲指数，它综合考虑了 SO_2、NO_2、$PM_{2.5}$、CO、O_3 等六项污染物的污染程度，空气质量综合指数数值越大表明污染程度越重。

资料来源：河北省生态环境厅《2020 年河北生态环境状况公报》。

五 特色资源价值高，未来开发潜力大

张家口地区生态资源共 55 处，其中国家级自然资源共有 21 处，占自然资源总数的 38.2%，主要包括 8 个国家湿地公园（主要分布在坝上四县和坝下河流地带）、5 个国家级森林公园、3 个国家级自然保护区、2 个国家级水利风景区、2 个国家草原自然公园和 1 个国家沙漠公园。省级自然资源共有 34 处，占自然资源总数的 61.8%，省级自然资源中数量最多的是森林公园（19 个），其次为省级湿地公园（8 个），余下还有 3 个省级地质公园，2 个风景名胜区，1 个省级水利风景区和 1 个省级自然保护区。但同时我们也必须意识到，张家口景区众多，特色资源品质高，但无 5A 级景区，未来有很大开发空间。省级自然保护地的资源占总资源的 61.8%，未来这部分资源如果得到科学规划，将成为张家口生态资源新的增长点。

张家口林业用地面积占国土面积的 51.33%，森林生态资源面积广、动植物种类多，同地貌相结合，形成了独特的景观；坝上草原是距离京津地区最近的天然草原，草原和湿地的协调发展，有利于水源涵养、生态调节；湿地资源占到张家口国土面积的 6.3%，已申报成功的国家级公园（试点），占河北省总数 36%；冰雪资源借助冬奥会，已经取得了较大发展，得到了全国和世界滑雪爱好者的认可，中国冰雪旅游城市目的地排行榜中，张家口排第三；地质遗迹类资源类型多样，岩石、火山剖面、古人类、古生物和地层等资源具有特殊性，具有重要的科学研究价值；张家口九连城国家沙漠公园，以沙漠景观为主体，以保护荒漠生态、合理利用沙漠资源为目的，对于推动当地防沙治沙，构建绿色屏障，带动旅游产业，推进生态文明建设意义重大。这些自然资源在科学保护和开发前提下，将会极大促进张家口文化、地理和经济发展，有效缩短京津冀之间差距，在推动京津冀地区协同发展、发展高品位旅游方面将会作出重大贡献。

第四章　张家口特色产业资源调查与旅游开发评价

发展特色产业的实质就是深化地域分工，发挥比较优势，提高生产效率，进而获得市场竞争优势。张家口拥有发展特色产业独特的区位条件、自然地理条件及区域社会和文化条件，在区域社会经济发展战略的指导下，初步形成了以旅游业为引领，融合发展的特色产业体系。

第一节　特色产业内涵界定

围绕特色产业发展，工业革命以来西方先后出现了绝对优势理论、比较优势理论、竞争优势理论、要素禀赋论等理论，二战后又出现了跨越式发展理论、后发优势理论、起飞理论等[1]。国内对特色产业的广泛研究起自于20世纪末，集中于特色农产品内涵、特色产业形成演化机理、发展困境及升级等实践领域，取得了大量成果[2]。旅游业也是工业革命的产物，二战后获得长足发展。我国现代旅游业的发展和研究起自于改革开放，发展迅速，旅游业已经成为我国战略性支柱产业，旅游管理理论框架初步建立。探索特色产

---

[1] 张敏：《皖南地区发展特色产业问题研究》，硕士学位论文，安徽财经大学，2012年。

[2] 杨惠芳：《基于钻石模型的地方特色产业发展研究——以浙江嘉兴蜗牛产业为例》，《农业经济问题》2017年第3期。

业与旅游业的关系具有明显的理论和实践意义。

一 特色产业概念

关于特色产业概念的表述众多，主要观点可分为四类，一是侧重特色资源，二是侧重要素比较优势，三是侧重产业优势，四是侧重综合比较[1][2]。总的来看，从综合角度来定义特色产业比较有代表性。郭京福认为特色产业是围绕特色产品、特色资源进行综合开发而形成的具有鲜明的地域性、不可替代性、可持续发展性和竞争性，且经济效益较高，是发展前景广阔的产业[3]。

关于特色产业的发展条件和影响因素，王静认为县域特色产业的"特色"在于它是以县域独特的自然资源禀赋或独特的人文环境及传统习俗为基础，形成独特的产品或服务[4]。李研系统研究了地理位置、资源、气候等因素影响下的不同地区的资源禀赋，以及各县在发展过程中采取不同的发展路径，使得县域经济发展表现出明显的差异性，这种差异性具体演化为县域经济发展的地域特色，为特色发展奠定了重要基础[5]。甄鸣涛也认为资源禀赋是特色产业发展的基础和前提，同时指出市场创新是特色产业发展的源泉，技术创新是特色产业发展的关键，对特色产品的市场需求是检验特色产业竞争力的最好尺度[6]。在特色产业的培育和形成过程方面，连新建认为应从资源、政策、市场、技术及组织五个方面分析农业特色产业创新绩效的影响[7]。徐永毅从产业化角度，认为特色产业就是凭借地理环境、位置特点、技术水平、交通运输、管理能力等积淀下来的竞争优势，具备其他地区无

---

[1] 卿弯：《产业链视角下农村特色产业发展研究》，硕士学位论文，苏州科技大学，2016年。

[2] 彭四平：《特色产业发展理论研究》，《中国市场》2018年第1期。

[3] 郭京福等：《民族地区特色产业论》，民族出版社2006年版。

[4] 王静：《县域特色产业国内外研究综述》，《中国市场》2020年第22期。

[5] 李研：《张家口县域特色产业的经济效应》，《农村经济与科技》2020年第6期。

[6] 甄鸣涛、肖赫、崔佳硕：《河北省县域特色产业集群发展创新研究》，《合作经济与科技》2020年第17期。

[7] 连建新、杜云飞：《县域特色产业创新绩效影响因素分析》，《农业经济》2020年第5期。

法比拟的优势，竞争力强，是当地的核心产业，也会形成产业化集群[1]。张友良则认为特色产业通过对具有比较优势的地区资源进行挖掘改造，形成产业发展的基础，以市场为导向，让产业各要素在贫困地区聚集，最终培育成具有地方特色的产业[2]。

综上所述，特色产业是位于特定区域的，由独特的资源禀赋所决定的，具有明显比较优势，并且具备一定规模，已经或正在形成产业集群的产业形态。

二 特色产业特点

地域性，这是特色产业的空间属性。特色产业都是对应特定地理空间分布的，而不是均衡分布，这是比较优势形成的根本原因。

稀缺性，这是特色产业的资源属性。特色产业的发展离不开特色资源要素，特色资源要素大致可分三个方面，一是区域特色产业发展的物质基础，包括自然资源、自然条件、区域文化、历史沿革等；二是特色产业发展的实现条件，包括区位条件、地缘关系、制度保障、人力资源及经营管理能力等；三是特色产业发展的比较优势，包括特色产业发展模式、专业化程度、市场地位、产业竞争力、发展潜力等。产业资源的稀缺性决定着特色产业的差别化发展和比较优势的形成。

文化性，这是特色产业的文化属性。文化性不仅涉及区域历史文化，这是某些特色产业重要的原材料，特定区域及重点企业在特色产业经营管理过程中所折射出来的特定的经营理念、经营方针、经营模式及企业文化等，也是特色产业文化性的重要内容。

开放性，这是特色产业的功能属性和发展属性。特色产业是一个开放的系统和动态发展的过程，一方面成为串起上下游产业的节点，搭建与相关产业的融合发展的平台，具有较大的经济乘数，外部性非常明显；另一方面，区域特色产业与区域社会经济的发展历

---

[1] 徐永毅:《强化特色产业推进县域经济发展》,《现代经济信息》2020年第9期。
[2] 张友良、吕灵华:《推进湖南特色产业精准扶贫的对策》,《湖南社会科学》2020年第4期。

史和发展战略密切相关,能综合带动关联产业发展,实现区域经济、文化、生态和社会等综合效益。

三 特色产业分类

特色产业可分为第一产业特色产业、第二产业特色产业和第三产业特色产业(见图4-1)。

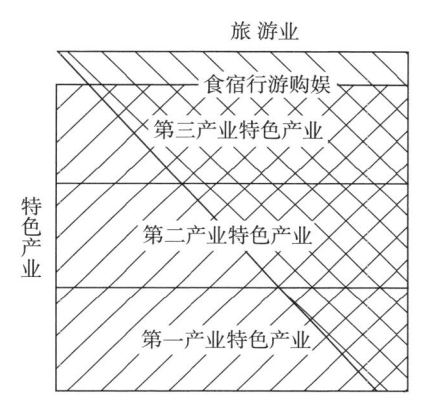

图 4-1 特色产业示意

旅游产业综合性强,与第一产业、第二产业、第三产业都有一定的交叉与融合。特色产业从生产、加工、销售,再到消费等众多环节,以及特色产业产品本身,甚至特色产业的赋存环境,都具有与众不同的特质,对游客有巨大的潜在吸引力,是形成旅游资源、开发旅游产品和拓展旅游市场的重要资源。

第二节 张家口特色产业形成与发展

张家口具有独特的地理位置和自然环境,拥有独特的发展历史和区域文化,自然地理条件和区域文化发展空间变化梯度大,特色资源禀赋优越,经过长期的探索和积淀,形成了地域特色鲜明、产业内容丰富、产业结构合理的特色产业体系,比较优势明显。

一　张家口特色产业探索积累期

张家口特色产业的起源和发展与其独特的地理位置关系密切。我国著名的地理分界线——25人/平方千米人口等密度线（即胡焕庸线）大致沿明长城一线穿过张家口，此线两侧自然地理环境和社会经济发展面貌迥异[1]。从地形地貌上看，此线南侧是冀北和冀西山地，北侧是内蒙古高原的南部边缘坝上高原。从气候带上看，此线南北侧气温分属暖温带和中温带，以降水状况分属半湿润区和半干旱区。胡焕庸线不仅是一条自然地理分界线，也是一条人文地理分界线[2]。此线两侧自然地理环境差别巨大，发育出了我国两大农业文化区——南侧的农耕文化区和北侧的游牧文化区[3][4]。张家口一直是我国重要的农牧交错过渡带。

这条线在历史上数次南北移动，而移动的根本原因就是气候变迁。就拿我国近5000年的气候变迁看，在最初的2000年，大部分时间平均气温高于现在2℃，此后在公元前1000年、公元400年、1200年和1700年分别出现四次明显的低温期，气温波动幅度1℃—2℃[5]。气温的波动，就意味着气候带的南北推移，对于张家口产业发展影响明显的就是农牧分界线的移动。就全国范围而言，农牧分界线的移动，不仅直接影响着区域农牧业的发展，还间接地影响了农牧文明的冲突、朝代的更迭乃至历史发展的进程[6][7]。自人类文明起源，张家口就开始了特色产业发展的探索与实践。

泥河湾文化与农业起源。泥河湾古人类遗址位于张家口阳原县桑

---

[1] 胡焕庸：《中国人口之分布——附统计表与密度图》，《地理学报》1935年第2期。
[2] 王开泳、邓羽：《新型城镇化能否突破"胡焕庸线"——兼论"胡焕庸线"的地理学内涵》，《地理研究》2016年第5期。
[3] 吴必虎：《中国文化区的形成与划分》，《学术月刊》1996年第3期。
[4] 王会昌：《中国文化地理》，华中师范大学出版社1992年版。
[5] 竺可桢：《中国近五千年来气候变迁的初步研究》，《考古学报》1972年第1期。
[6] 尹君、罗玉洪、方修琦：《西汉至五代中国盛世及朝代更替的气候变化和农业丰歉背景》，《地球环境学报》2014年第6期。
[7] 张亚玉：《浅论中国近五千年来北方气候变迁对王朝更替的影响》，《三门峡职业技术学院学报》2016年第3期。

干河河谷盆地中，历史上自然条件非常优越，在我国古人类起源及发展中有着独特的地位，最早可追溯到 200 多万年前，拥有完整的发展历史，向下一直到新石器时期初期，张家口最早的农业起源于此。

东胡林遗址的粟种植。东胡林遗址位于北京市西部，距离张家口不远，是距今 10000 年左右的新石器早期，与之前的山顶洞人遗址、北京人遗址，从发生上都与泥河湾一脉相承[1]。东胡林是中国北方较早种植粟（谷子）的地方[2]，与之毗邻的张家口也有着同样的农业种植起源，本地游牧及畜牧的出现比粮食种植略晚。

汉唐农耕区的"两进两退"。从商周到北宋，我国北方的农耕区随着中原汉族王朝的兴衰大致历经了"两进两退"[3][4]，分别对应着两次高温期[5]。商周时期农牧分界线在河北省南部太行山东麓一线，此后农耕区不断向北推移，到战国时期推到了保定与北京市交界处一带，西汉推进至张家口长城一线。此后农耕区又逐步南缩至河北省中部，直到唐朝再一次推到长城一线，此后又开始南缩一直到北宋，相应的这一时期的游牧（畜牧）区则"两退两进"。如前所述，农耕区和游牧区的进退是气候变迁和在此基础上的朝代更迭共同作用形成的。

明清边贸及工商业发展。进入明朝，张家口成为军事对峙前线，是都城北京通往西北及北方地区的必经之路，农耕区第三次推进到长城一线，种植业和畜牧业都得到长足发展。此外，边境贸易开始兴起，到了清朝，张家口的交通和边贸地位得到进一步巩固，成为草原丝绸之路——"张库大道"起点，城内汇集众多旅蒙商，基于

---

[1] 谢飞：《泥河湾旧石器时代考古的回顾与展望》，《河北师范大学学报（哲学社会科学版）》2018 年第 3 期。

[2] 张居中、陈昌富、杨玉璋：《中国农业起源与早期发展的思考》，《中国国家博物馆刊》2014 年第 1 期。

[3] 王会昌：《中国文化地理》，华中师范大学出版社 1992 年版。

[4] 尹君、罗玉洪、方修琦等：《西汉至五代中国盛世及朝代更替的气候变化和农业丰歉背景》，《地球环境学报》2014 年第 6 期。

[5] 竺可桢：《中国近五千年来气候变迁的初步研究》，《考古学报》1972 年第 1 期。

市场与资源优势，皮毛加工也得到发展，受山西影响，票号等金融业也有所发展，多样化的区域特色产业发展具备雏形。

清末民国区域经济现代化起步。1909年，詹天佑主持修建的京张铁路通车，1919年龙烟铁矿公司正式组建，1928年，张家口成为察哈尔省省会[1]，张家口各项现代产业都有所发展[2][3]。总的来说，这一时期前期区域经济发展迅速，后期战乱频仍，加之行政区划调整频繁，特色产业发展进展缓慢。

经过漫长的历史发展，张家口大致形成了南农北牧、中间河谷工矿商业的分布格局。截至1949年，受蒙汉互市和对外贸易的影响，张家口形成了皮毛加工、游牧服饰及工具制作等特色工业，旅蒙业及茶叶、粮食、杂货、口蘑交易等特色商业。

二 张家口特色产业起步发展期

这一时期从新中国成立到改革开放之前。新中国成立后，张家口的地缘关系、经济发展制度环境以及承载的主要地域功能都发生了巨大的变化。1952年张家口由省级行政单位变为河北省辖地市级行政单位。到1956年张家口完成了农业合作化和社会主义改造，张家口的特色产业发展环境发生了巨大的变化[4]，张家口农牧业及工矿业都得到了很大的发展。旱作种植业地位突出，宣化、涿鹿的葡萄、怀来苹果、鸭梨、蔚县杏、山楂等特色农林业，张北马、草原红牛、桑洋驴、阳原骡、坝上细毛羊等特色畜牧业，钢铁、机械、毛皮加工等特色工矿业，在张家口社会经济发展中作用突出，丰富了张家口特色产业的内涵。

三 张家口特色产业快速增长期

这一时期从改革开放到2010年前后。改革开放后，家庭联产承

---

[1] 张家口市地方志编纂委员会：《张家口市志》，中国对外翻译出版公司1998年版。

[2] 张懿德：《清末民初张家口经济繁荣的原因探析》，《河北北方学院学报（社会科学版）》2016年第5期。

[3] 朱文通：《1900—1930年张家口区域经济的近代转型》，《经济论坛》2019年第10期。

[4] 中共张家口市委党史研究室、中共张家口市委统战部：《张家口市资本主义工商业的社会主义改造》，河北人民出版社1992年版。

包责任制极大调动了张家口广大农民的生产积极性，农林牧渔等各个方面发展迅速，集约化、商品化成为张家口农业发展的主要动力。加工制造业形成了以能源工业为基础，机械、冶金、纺织等工业为支柱，皮毛加工为特色的工业体系[①]。积极调整产业结构，大力发展畜牧、果品等产业，推进宣怀涿葡萄基地、建设绿色食品生产基地、发展莜麦深加工等特色农业产业化。用先进、信息、高效节能等技术改造升级传统工业，努力发展电子信息、现代医药、环保等新兴产业。到2010年，各项特色产业在张家口社会经济发展中的占比不断提高，谷子和莜麦种植面积已占到谷物总面积的29%，马铃薯种植面积占粮食总面积的16.5%，葡萄产量占园林水果的60%，能源消耗中风能占9.4%，高速公路通车里程628千米，占全省15%，排河北省第一，旅游业收入58.8亿元，比上年增长56%，远高于河北省平均增长率29%。

四 张家口特色产业内涵提升期

2010年以来，我国社会经济发展面临的国际和国内形势都发生了重大的变化，产业结构转型升级，经济建设进入新常态。筹办2022年北京冬奥会，京津冀协同发展，乡村振兴战略实施，为特色产业发展提供了新机遇。张家口紧紧围绕冰雪经济、新型能源、数字经济、高端制造、文化旅游、健康养生、特色农牧七大主导产业，重点发展建设汽车、航空航天、信息产业、可再生能源、冰雪装备、生物医药医疗器械及装备制造、葡萄酒、马铃薯、乳制品、通用航空、皮毛加工等产业集群，初步建成了独特的特色产业体系（见表4-1）。

张家口特色产业数量众多，其分布与当地的自然地理条件密切相关，张家口自然地理环境大致可以分成三个单元：北部坝上及沿坝高原山地地区、中部河谷丘陵平原地区和南部坝下丘陵河谷盆地山地地区，第一产业特色产业主要分布于南北两个地区，第二产业特色产业主要分布于中部地区，第三产业特色产业则散布于整个张家口地区。

---

① 陈瑞卿：《张家口市经济发展战略初探》，《河北学刊》1987年第2期。

表 4-1　　张家口主要特色产业

产业分类	特色产业
第一产业	葡萄种植及葡萄酒酿造产业、马铃薯种植及加工产业、杂粮种植产业、畜牧业、原料奶及乳制品业
第二产业	皮毛生产及加工业、高端制造业、新能源产业
第三产业	交通运输产业、航空及通用航空产业、冰雪运动产业、大数据产业、文化产业、旅游产业

第三节　张家口主要特色产业资源发展状况分析

一　葡萄种植及葡萄酒酿造产业

葡萄种植及葡萄酒酿造产业一直是张家口的特色产业之一，主要分布于张家口中部偏东，洋河、桑干河下游，以及两河汇合后永定河等河流两岸河谷平原及丘陵地带，此处位于北纬40度全球葡萄种植黄金带上，拥有八百多年的种植历史。本地区地势平整，土壤沙质肥沃，灌溉便利，日照充足，昼夜温差大，是我国乃至全球优良的葡萄种植区域，所产葡萄不仅产量高，而且品质好，种类丰富，所产的优质白牛奶、龙眼、红地球、瑞必尔等先后十多次在全国获奖。

河北省葡萄种植面积长期以来位居全国前列，2019年种植面积4.39万公顷，排在新疆维吾尔自治区和陕西省之后，位居全国第三。而张家口一直是河北省葡萄的主产区，种植面积及产量长期占河北省的30%左右，是张家口著名的特色产业。近些年，由于工程及城镇建设、产业结构调整、外来产品竞争等多种原因，种植面积大幅度缩小。

表 4-2　　　　　　　张家口 2008—2018 年葡萄产量

年份	张家口产量(吨)	张家口前三县区产量(吨) 1	2	3	三县区合计(吨)	三县区占比(%)	河北省产量(吨)	张家口占比(%)
2008	23.85	13.00	10.04	0.34	23.37	97.98	90.74	26.29
2009	27.34	16.00	10.50	0.36	26.86	98.27	92.31	29.61
2010	29.24	16.50	11.88	0.15	28.53	97.60	90.37	32.35
2011	34.72	19.80	14.07	0.36	34.22	98.56	90.47	38.38
2012	38.83	22.37	15.44	0.36	38.17	98.31	95.48	40.67
2013	42.63	25.28	16.29	0.34	41.91	98.30	90.20	47.27
2014	45.97	27.81	17.15	0.34	45.30	98.55	97.60	47.10
2015	49.77	30.59	18.15	0.35	49.09	98.65	100.00	49.77
2016	51.29	31.51	18.65	0.78	50.94	99.31	109.52	46.83
2017	14.30	9.46	4.42	0.19	14.07	98.33	111.57	12.82
2018	12.52	8.85	3.16	0.25	12.26	97.88	113.41	11.04

注：张家口数据主要来源于《张家口经济年鉴》，个别数据来源于《河北经济年鉴》和张家口历年《国民经济和社会发展统计公报》，河北省数据来源于《河北经济年鉴》和国家统计局"数据查询"，下文如无特殊说明，数据来源均同此。

从具体分布来看，怀来县、涿鹿县和宣化区长期排张家口葡萄种植面积及产量前列，2018 年前三分别是怀来县、涿鹿县和阳原县，集中度近 98%。

沙城地区优质的葡萄生产，为葡萄酒加工奠定了坚实的基础。1983 年由张家口地区长城酿酒公司、中国粮油食品进出口总公司和香港远大公司三家合资，在怀来县成立"中国长城葡萄酒有限公司"。在中国长城葡萄酒有限公司的带动下，沙城地区的葡萄酒产业迅猛发展，该区葡萄酒加工企业已发展到 30 多家，葡萄酒酿造成为张家口著名特色产业之一。

张家口 2008—2018 年葡萄酒产量统计如表 4-3 所示。

表 4-3　　　　　　　张家口 2008—2018 年葡萄酒产量

年份	张家口产量（千升）	河北省产量（千升）	张家口占比（%）
2008	44946	99700	45.08
2009	54513	119400	45.66
2010	44706	100200	44.62
2011	50569	95500	52.95
2012	56737	107200	52.93
2013	49123	71200	68.99
2014	36750	103600	35.47
2015	44488	105000	42.37
2016	41458	69600	59.57
2017	34539	57500	60.07
2018	33421	58100	57.52

注：河北省为饮料酒总量减去白酒和啤酒产量。

二　马铃薯种植及加工产业

张家口马铃薯种植及加工产业主要分布于坝上地区，此处海拔和纬度较高，昼夜温差大，属于冷凉型气候，病虫害少、传毒媒介少，是我国北方重要的马铃薯主产区，与其他地区相比，具有种薯退化慢等优点，是进行马铃薯遗传改良和种薯繁育的天然优良基地。依托环京津区位和市场优势，张家口把马铃薯产业确定为张家口农牧经济四大优势产业之一。

2018 年，河北省的马铃薯产量居全国第七位，得益于独特自然地理条件，张家口马铃薯种植占据河北省的半壁江山，达到 45.4%，同时，坝上三县张北、康保、沽源的种植面积占到张家口的 63%。其中沽源县在 2013 年被评为"中国马铃薯之乡"，"张北马铃薯"于 2018 年被原中华人民共和国农业部正式批准实施农产品地理标志登记保护。

表4-4　　　　　　　　2008—2018年张家口马铃薯产量

年份	张家口产量(吨)	张家口前三县区产量(吨) 1	2	3	三县区合计(吨)	三县区占比(%)	河北省产量(吨)	张家口占比(%)
2008	234386	58215	46222	29103	133540	0.57	330300	0.71
2009	110270	16419	15476	143.5	32038.5	0.29	204900	0.54
2010	241920	62536	48256	23445	134237	0.55	405100	0.60
2011	345316	72045	68149	66177	206371	0.60	452800	0.76
2012	349310	80052	72131	64734	216917	0.62	546600	0.64
2013	407434	88808	83870	71484	244162	0.60	570900	0.71
2014	402725	80569	82436	82847	245852	0.61	497200	0.81
2015	410443	89647	85038	89294	263979	0.64	526100	0.78
2016	443495	88549	89552	95393	273494	0.62	884300	0.50
2017	446407	74249	41511	164830	280590	0.63	1027200	0.43
2018	481832	193625	79763	47637	321025	0.67	1060600	0.45

张家口马铃薯种植面积长期保持在100万亩左右，机械化种植程度达到世界水平，坝上马铃薯种植主产区，水资源有效利用率达到95%以上，单产达到3吨以上，实现全程机械化。2018年，沽源、张北、康保三县马铃薯产量占到张家口67%。

张家口拥有14家马铃薯种薯企业，形成了加工专用型、鲜食型、高淀粉型等多种类型的品种系列。11家马铃薯加工企业，已形成种薯培育、商品薯生产、产品加工为一体的完整产业链。

三　杂粮种植产业

张家口的粮食种植以旱作农业为主，一年一熟，适宜谷物生长，籽粒饱满，品质优良，代表性的种植品种有坝上地区的莜麦和坝下地区的谷子，其中又以"张北莜麦"和"蔚州贡米"最为著名。

莜麦是河北省张家口的特产，中国国家地理标志产品，主要生长在无霜期短的坝上山地区域。2004年，张北县被河北省农业厅命名为"河北莜麦之乡"。2018年，沽源、康保和张北三县莜麦种植面积和产量超过张家口84%，如表4-5所示。

表 4-5　　　　　　　　　2008—2018 年张家口莜麦产量

年份	张家口产量(吨)	张家口前三县区产量(吨)			三县区合计(吨)	三县区占比(%)	河北省产量(吨)	张家口占比(%)
		1	2	3				
2008	82134	27741	19240	18759	65740	80.04	77300	——
2009	17260	5893	4086	3857	13836	80.16	94100	18.34
2010	54016	27389	10916	5836	44141	81.72	93700	57.65
2011	58751	22437	12081	8758	43276	73.66	86900	67.61
2012	66290	20716	20432	13650	54798	82.66	160500	41.30
2013	88549	30312	21253	18604	70169	79.24	236400	37.46
2014	62007	25103	13560	10199	48862	78.80	190600	32.53
2015	60178	23472	10758	9935	44165	73.39	184700	32.58
2016	85350	25813	18215	17562	61590	72.16	364700	23.40
2017	141800	61276	33877	24736	119889	84.55	386700	36.67
2018	142145	52073	37228	30668	119969	84.40	330700	42.98

依托优质莜麦资源，张北县的莜麦加工产业也迅速发展，开发出燕麦方便面、裸燕麦米、高纤维燕麦素、免煮莜面方便面、燕麦锅巴、燕麦茶、燕麦糊糊等 10 多个品种。

谷子也是河北省张家口的特产，主要分布于蔚县和阳原等坝下地区。"蔚州贡米"是古时"四大贡米"之一，2010 年 12 月 15 日，原国家质检总局批准对"蔚州贡米"实施地理标志产品保护。阳原小米也原为皇家贡米，是该县主栽农作物之一。2018 年，蔚县、赤城、宣化三区县谷子种植面积和产量占到张家口近六成。

表 4-6　　　　　　　　　2008—2018 年张家口谷子产量

年份	张家口产量(吨)	张家口前三县区产量(吨)			三县区合计(吨)	三县区占比(%)	河北省产量(吨)	张家口占比(%)
		1	2	3				
2008	44476	16875	8379	5966	31220	70.20	330000	13.48
2009	32127	12739	6115	4850	23704	73.78	341300	9.41
2010	150389	35988	34200	33017	103205	68.63	410000	36.68
2011	155435	42954	29638	28534	101126	65.06	453300	34.29

续表

年份	张家口产量(吨)	张家口前三县区产量(吨) 1	2	3	三县区合计(吨)	三县区占比(%)	河北省产量(吨)	张家口占比(%)
2012	114224	28376	23944	16798	69118	60.51	427600	26.71
2013	115792	27929	21198	18408	67535	58.32	479500	24.15
2014	114411	24602	21325	17158	63085	55.14	511200	22.38
2015	135330	31417	24164	24095	79676	58.88	516900	26.18
2016	122527	31100	26903	26589	84592	69.04	457700	26.77
2017	89297	25625	16584	15265	57474	64.36	449600	19.86
2018	91793	24096	15730	14912	54738	59.63	436100	21.05

葡萄、马铃薯及杂粮特色种植业不仅凸显了张家口区域农业特色，也影响了区域饮食结构和饮食习惯，形成了独具张家口特色的饮食文化，丰富了特色产业的内涵。

四 畜牧业

张家口地处畜牧业向种植业两大农业区域过渡地带，作为内蒙古高原向南的延伸部分，坝上独特的地形和气候形成了广阔优质牧场，畜牧业是这里的主导产业和特色产业，在张家口乃至河北省都占据重要位置（见表4-7）。2018年，康保县、蔚县和宣化区牛羊肉产量占张家口的40%，除了坝上集中产区，畜牧业在张家口其他区县都有分布。

表4-7　　　　　　2008—2018年张家口牛羊肉产量　　　　单位：吨

年份	张家口产量(吨)	张家口前三县区产量(吨) 1	2	3	三县区合计(吨)	三县区占比(%)	河北省产量(吨)	张家口占比(%)
2008	72115	10805	10176	9361	30342	42.07	833100	8.66
2009	80951	16780	10509	10323	37612	46.46	832800	9.72
2010	91067	12493	11720	11593	35806	39.32	873900	10.42
2011	93013	12820	12781	11315	36916	39.69	828700	11.22
2012	93507	13033	12955	10772	36760	39.31	840000	11.13
2013	93311	12770	12782	10714	36266	38.87	813500	11.47

续表

年份	张家口产量(吨)	张家口前三县区产量(吨) 1	2	3	三县区合计(吨)	三县区占比(%)	河北省产量(吨)	张家口占比(%)
2014	96914	13387	13311	11400	38098	39.31	828400	11.70
2015	112782	14406	13690	11333	39429	34.96	848600	13.29
2016	108187	16719	12954	11732	41405	38.27	866200	12.49
2017	105716	12300	14300	11200	37800	35.76	857000	12.34
2018	84611	14907	9702	9153	33762	39.90	870000	9.73

五 奶产品业

张家口空气洁净，污染少，草场辽阔，牧草质量高，奶牛养殖品质好、牛奶产量高，吸引了蒙牛、伊利、君乐宝、现代牧业等多家国内知名奶业公司设厂。2018年，张家口原料奶产量占河北省的22.56%，是张家口重要的特色产业。

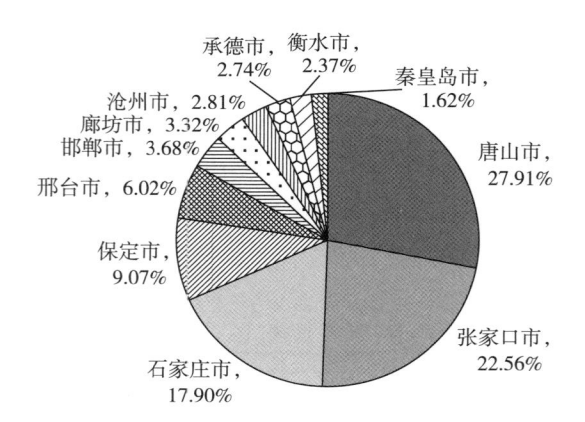

图4-2 2018年河北省原料奶产量分布

张家口牛奶生产主要集中在张北县、察北管理区和塞北管理区。2018年三地牛奶产量占张家口的60%。

表 4-8　　　　　　　　2008—2018 年张家口牛奶产量　　　　　　单位：吨

年份	张家口产量(吨)	张家口前三县区产量(吨) 1	2	3	三县区合计(吨)	三县区占比(%)	河北省产量(吨)	张家口占比(%)
2008	625138	106175	92931	70800	269906	43.18	4670018	13.39
2009	682473	102730	110512	80500	293742	43.04	4105517	16.62
2010	729146	112279	120425	75000	307704	42.20	3960112	18.41
2011	765604	124742	121453	71374	317569	41.48	4129638	18.54
2012	784600	130400	124500	74200	329100	41.94	4244960	18.48
2013	766700	128000	122100	72800	322900	42.12	4108333	18.66
2014	814500	137100	130100	77300	344500	42.30	4394391	18.53
2015	790600	136500	125600	84200	346300	43.80	3903125	20.26
2016	421500	63100	54200	48600	165900	39.36	3492574	12.07
2017	846100	161800	120900	115200	397900	47.03	3810100	22.21
2018	818513	187695	187211	115590	490496	59.93	3848100	21.27

注：张家口 2008—2011 年牛奶产量及河北省牛奶产量均根据 2018 年《张家口经济年鉴》的数据进行调整。

六　毛皮生产及加工

张家口皮毛加工产业发展历史悠久。发达的畜牧业，提供了大量皮毛加工的原材料，狩猎也曾经是获取皮毛的重要途径，加之较为寒冷的气候，因而本地有穿着毛皮服装的习惯，早在东汉时期就有了毛皮贸易。到了明清及近代，由于与西北、蒙古及俄罗斯等地区联系密切，这些地区对皮毛制品有着更大的需求，凭借着资源优势、市场优势以及技术工艺优势，成为中国皮毛产品集散地，是影响范围极大的传统特色产业。

张家口享有"皮都"美誉，当地的毛皮具有皮板洁净、皮毛丰厚舒展、富有弹性等特点，通称"口皮""口羔皮"，口羔皮的品种有羊、牛及各种野兽等百余种，产品有服装、床上用品、饰品等。

表 4-9　　2008—2018 年张家口制革皮毛产业发展情况

年份	张家口产值（亿元）	河北省产值（亿元）	张家口占比（%）
2008	29194	401.83	0.73
2009	22753	487.05	0.47
2010	239199	607.35	3.94
2011	21905	799.4	0.27
2012	21840	949.1	0.23
2013	9095	1145.7	0.08
2014	34152	1272.8	0.27
2015	33612	1340.73	0.25
2016	28148	1381.25	0.20
2017	23781	1204.54	0.20
2018	9784	838.95	0.18

张家口皮毛产业发展，以阳原县为代表，素有"皮毛之乡"之称。2012 年，被中国轻工业联合会和中国皮革协会联合授予"中国毛皮碎料加工基地"称号。目前，阳原县已形成了极具规模的产业集群，拥有 6 个毛皮业重点乡镇，已注册的毛皮企业和个体加工户达到 1100 多家，皮毛产品内销辐射北京、天津、内蒙古、山西、河北等地，远销欧、美、亚等 20 多个国家和地区，成为张家口著名的特色产业。

七　新能源产业

张家口地势较高，风力大，风日多，日照充足，是河北省乃至我国风能和太阳能蕴藏量非常丰富的地区。张家口的新能源产业从 2010 年开始起步，2015 年 7 月，国务院批复设立张家口可再生能源示范区，成为全国首个国家级可再生能源示范区，张家口政府也将其列为本市主导产业之一，2018 年，张家口风电装机占河北省三分之二以上，国电、华能、中广核、三峡、国华、龙源、大唐、中节能等能源开发国内龙头企业纷纷落户张家口。

张家口以风能和太阳能为主的新能源，主要分布于北部高原和沿坝地区，南部太行山地风能也比较丰富。目前北部开发比较深入，2017

年，尚义、张北、沽源三县风能装机容量占到了整个张家口的70%。

截至2019年底，张家口新能源装机容量占河北省总装机容量的49%。2020年河北省风电和光伏发电装机分别达到2080万千瓦、1700万千瓦，张家口风电和光伏发电分别占到河北省的48%和29%，优势和特色非常明显。

表4-10　　　　　　2008—2018年张家口风能装机容量

年份	张家口装机（万千瓦）	河北省装机（万千瓦）	张家口占比（%）
2008	100	111	90.09
2009	190.6	279	68.32
2010	344	492	69.92
2011	500	697	71.74
2012	571	707	80.76
2013	600	775	77.42
2014	656.7	913	71.93
2015	736	1022	72.02
2016	805	1188	67.76
2017	871.8	1181	73.82
2018	932.7	1391	67.05

资料来源：国家能源局、中国可再生能源学会风能专业委员会。

随着新能源产业迅速发展，张家口新能源产业链不断延长，布局新能源装备制造，优化产业结构，延长清洁能源利用链条。2019年，张家口发布了《氢能张家口建设规划（2019—2035年）》，提出利用本地丰富的清洁能源，发展氢产业，打造"氢能城市"。

八　大数据产业

张家口具有发展信息技术和大数据产业的独特优势。张家口具有邻近京津、气候冷凉、空气湿度小、空气质量优等优势，同时拥有丰富的清洁能源，2018年张家口新能源发电量已占到总发电量的45%，能够提供充足的绿色能源，建设大数据中心，具有得天独厚的条件。

2019年，张家口发布了《中国数坝·张家口大数据产业发展规划（2019—2025年）》，提出通过3—7年时间，将张家口打造成为世界级超大规模数据中心产业集群、国家级绿色数据中心创新示范区、国家级核心大数据装备制造基地、全国大数据创新应用先行区，建成"中国数坝"。截至 2020 年，张家口大数据签约项目超过 30 个，已经投入运营数据中心项目 5 个，张北县大数据产业集群签约项目 18 个（其中 9 个在张北县注册公司），洽谈推进项目约 20 个，建成数据中心项目 5 个，运营服务器约 30 万台，怀来县新一代信息技术产业集群签约上下游企业 56 家，投资额超过 1000 亿元。

九 高端制造业

张家口拥有良好的工业制造加工基础，在产业升级转型总体战略的指导下，工业制造迅速向高端化迈进，在风电装备和滑雪装备制造方面尤为突出。张家口积极发展滑雪装备的制造，规划建设高新区冰雪运动装备产业园、宣化冰雪产业园两个发展平台。目前，高端制造业主要布局于张家口中部地区，在积极打造新的增长点的同时，也促进了传统制造业的改造升级。

表 4-11　　2008—2018 年张家口高端设备制造总产值

年份	张家口产值（万元）	河北省产值（亿元）	张家口占比（%）
2008	112646	1143.4	0.99
2009	100226	2020.05	0.50
2010	146788	2952.9	0.50
2011	317638	3470.5	0.92
2012	307538	3749.7	0.82
2013	428646	4442.59	0.97
2014	477218	5035.7	0.95
2015	524327	5424.88	0.97
2016	578349	6008.15	0.97
2017	685513	5595.98	1.23
2018	1827019	4778.93	3.82

注：高端制造业为铁路船舶航空及其他运输设备制造、电气机械及器材制造、计算机通讯及其他电子设备、仪器仪表等几项产值之和。

十 交通运输产业

交通条件曾是张家口社会经济发展的制约因素之一，近些年张家口交通运输产业发展迅速。截至 2019 年，河北省高速公路通车里程达到 7500 公里，张家口达到 1242 公里，占河北省 17%，位居河北省第一。2019 年，京张高铁正式建成，是河北省最后一个通高铁的地级市。截至 2019 年底，张家口铁路通车里程已突破 1000 公里，占河北省 13%，其中，普速铁路通车里程 776 公里，高速铁路通车里程 247.5 公里。张家口已逐步构筑起以高速铁路和高速公路为骨干，以普通铁路和国道为补充，通用航空快速发展的立体化交通网络。

表 4-12 2008—2018 年张家口高速公路通车里程

年份	张家口通车里程（公里）	河北省通车里程（公里）	张家口占比（%）
2008	518	3234	16.02
2009	513	3303	15.53
2010	630	4307	14.63
2011	731	4756	15.37
2012	752	5069	14.84
2013	770	5618	13.71
2014	770	5888	13.08
2015	877	6333	13.85
2016	874	6502	13.44
2017	874	6531	13.38
2018	1130	7280	15.52

总体上看，张家口的交通发展速度很快，交通线路长度总长高，但线路密度比较低。另外，区域内交通发展状况也不均衡，中部河谷地区交通比较发达，南部地区稍差，北部沿坝及坝上地区相对落后。

十一 冰雪运动产业

张家口拥有发展冰雪运动产业的优良条件。首先就是优越的自然条件，张家口地区气温普遍较低，积雪期可以长达半年以上，在沿坝地区，尤其是燕山西部山区，降水比较充沛，地形条件良好，坡度适宜，是大规模开辟山地滑雪场的优良选址。其次就是其独特的区位条件，紧邻京津等优质客源市场。张家口在河北省冰雪运动开展较早，已经具备了一定的规模和基础，在行业内占据比较重要的地位。张家口冰雪运动资源比较集中，主要在崇礼区。

崇礼区冰雪运动发展非常迅速（见表4-14），在全国具有较大的影响力，在2020年第五届冬鼎奖评选中，张家口崇礼的万龙滑雪场、密苑云顶滑雪场、太舞滑雪小镇和富龙滑雪场名列十佳滑雪场。2022年北京冬奥会，崇礼是雪上项目举办地。冰雪运动产业具有较强的带动性和关联发展性，可带动冰雪旅游、体育文化、装备制造业的发展。

表4-14　　　　　　　张家口冰雪运动开展情况

雪季	注册冰雪运动员	举办冰雪赛事活动	"大好河山·激情张家口"冰雪季活动	冰雪运动参与人数
2014—2105		群众性冰雪活动8项	41项	
2015—2016	189	14项冰雪赛事活动	83项	
2016—2017	207	11项赛事	89项	
2017—2018	234	9项国际赛事，23项国家级赛事	143项	
2018—2019	325	9项国际级赛事，23项国家级赛事，20项省级赛事	143项	304万人次
2019—2020	325	11项国际级赛事，22项国家级赛事，29项省级赛事	143项	500万人次

十二　旅游产业

张家口旅游资源种类丰富、品质优良，旅游产业发展迅速，已成为张家口重要的支柱产业和特色产业（见表4-16）。

表 4-16　　　　2008—2018 年张家口国内旅游接待情况

年份	张家口接待（万人次）	张家口前三县区接待（万人次） 1	2	3	三县区合计（万人次）	三县区占比（%）	河北省接待（亿人次）	张家口占比（%）
2008	537.01	55.8	49	32.97	137.77	25.66	9822	5.47
2009	702.5	100	80	61.8	241.8	34.42	12248	5.74
2010	1034.7	122.4	103.1	72.4	297.9	28.79	14679	7.05
2011	1495.2	180.4	152.2	149.3	481.9	32.23	18741	7.98
2012	2109.7	364	291	171.6	826.6	39.18	23000	9.17
2013	2748.5	391.05	380.85	281.3	1053.2	38.32	27000	10.18
2014	3308.38	478.25	423.69	386.04	1287.98	38.93	31000	10.67
2015	3837.28	557.47	524.43	432.66	1514.56	39.47	37000	10.37
2016	5182.57	673.77	539.9	510.8	1724.47	35.43	47000	11.03
2017	6247.55	647.3	561.8	464	1673.1	41.98	57000	10.96
2018	7354.8	699.6	695	504	1898.6	46.38	68000	10.82

张家口旅游业的发展与其他特色产业的发展有着密切的内在联系。2018 年，张家口国内旅游接待 7354.8 万人次，除主市区外，排名前四位的分别是蔚县、张北县、怀来县和崇礼县，占张家口的 56.4%，旅游业分布相对集中。根据前述资料，这几个县的特色产业都比较突出，蔚县的杂粮种植产业和文化产业，张北县的畜牧业、大数据产业、新能源产业、奶产品业、马铃薯种植业和杂粮种植产业，怀来县的葡萄种植和酿造产业，崇礼县的冰雪运动产业，都是张家口重要的特色产业。旅游业与这些特色产业相互融合，构成了张家口旅游业及文化产业的重点内容，包括文化旅游、避暑旅游、乡村旅游、冰雪运动旅游等。

第四节 张家口特色产业资源旅游开发评价

一 张家口特色产业比较优势和关联度明显

1. 特色产业比较优势突出

衡量特色产业特色度及比较优势是深入认识特色产业的切入点，也是今后科学高效发展特色产业的出发点。本研究从张家口特色产业的区域集中度、特色产业份额占比、特色产业增长速度三个方面进行分析，这三者均与特色产业的特色度（比较优势）成正相关。

（1）张家口特色产业区域集中程度分析。张家口共 20 个县区，从前三县区占比来看，特色产业集中度大致可以分为三种情况。一是集中度比较高，主要是葡萄种植、莜麦种植、风电产业和冰雪运动产业，集中度均高于 70%。二是中等集中度，主要包括马铃薯种植、谷子种植、畜牧养殖、牛奶产量及国内旅游接待，集中程度在 40%—70% 之间。三是集中度比较低，低于 40%，只有高速公路通车里程一项。从特色产业集中度的变化来看，2008 年到 2018 年，总体集中度略有增加，平均倍数为 1.1301，有利于以后进一步集约化管理。

表 4-17　　　　2018 年张家口特色产业集中程度

产业指标	排名前三的县区	前三县区占比（%）C	C2018/C2008
葡萄产量	怀来、涿鹿、阳原	98	1.000
马铃薯产量	沽源、张北、康保	67	1.170
莜麦产量	沽源、康保、张北	84	1.054
谷子产量	蔚县、赤城、宣化区	60	0.849
牛羊肉产量	康保、蔚县、宣化区、	40	0.948
奶产品产量	塞北管理区、察北管理区、张北	60	1.388
高速公路通车里程	宣化区、沽源、涿鹿	37	0.703
举办冰雪赛事活动	崇礼区	100	——
国内游客接待量	蔚县、张北、怀来	46	1.807

（2）张家口特色产业份额占比分析。特色产业份额占比指其在区域大类产业的比例，通常情况下，占比越高，说明在此大类产业中的地位越高，从而拥有更多的比较优势。

表 4-18　　2018 年张家口特色产业占行业份额

特色产业指标	该特色产业占产业大类的比例 张家口 P1（%）	河北省 P2（%）	该特色产业张家口占河北省比例 P（%）	P1/P2	产业大类内容
葡萄产量	64.6	8.4	11	7.690	水果总产量
葡萄酒产量	32.4	3.1	57.5	10.451	酒类总产量
马铃薯产量	22.6	2.9	45.4	7.793	粮食总产量
莜麦产量	7.8	0.9	43	8.667	产业大类为粮食总产量，河北省以"其他谷物产量"代替"莜麦产量"
谷子产量	5	1.2	21	4.167	粮食总产量
牛羊肉产量	28.6	18.6	9.7	1.538	肉类总产量
奶产品产值	22.3	7.3	21.3	3.054	畜牧业总产值
皮毛生产加工产值	0.1	2.1	0.1	0.048	工业总产值
新能源发电量	44.9	11.5	76	3.904	总发电量
高端制造业产值	16.4	11.5	3.8	1.426	产业大类为工业总产值，构成内容见表 4-11
航空客运量	2.1	1.6	5.1	1.313	总客运量
冰雪运动赛事数量	100	——	100	——	体育赛事数量
旅游收入	60.1	21.2	11.3	2.835	产业大类以地区生产总值代替

根据张家口特色产业的区位熵（P1/P2）的差异性，张家口的特色产业可以分为以下四个类型：绝对比较优势的产业，主要是冰雪运动产业和葡萄酒产业，在河北省都处于绝对领先地位。突出比较优势的产业，主要是第一产业各产业和新能源产业，不仅在本市

优势突出，在河北省也具有明显的优势。优势产业，主要是旅游业，其区域内占比及发展速度都高于河北省平均水平。极具发展潜力的产业，主要是航空及通用航空产业和高端制造业，目前占本行业的比例不是太高，但是增长速度很快，具有非常好的成长性。航空客运尽管占比不高，但年增长速度达到124%，是河北省的6倍多，根据《河北省通用机场布局规划》，张家口今后通用航空产业发展也将大大高于河北省平均水平。高端制造业，由于数据限制，目前张家口与全省略有差距，但有新能源、大数据、通用航空等产业作为支撑，实际情况应该比较乐观，这两个产业发展前景良好。

2. 特色产业间关联性较强

将张家口特色产业2008—2018年数据进行相关性分析，分别计算两个特色产业之间相关系数（见表4-20）。

对上述相关分析进行显著性检验（T检验），检验结果显示，在全部105个相关分析中，约三分之二的能通过0.00001水平检验，有84个能通过0.01显著水平的检验，有7个能通过0.05水平检验，只有14个不能通过0.05水平检验，占全部分析的13%，因此，张家口特色产业相关性分析总体上是显著可信的。

从分析特色产业间相关系数明显看出：

张家口特色产业间存在一定的相关性。张家口特色产业所有相关系数的平均值为0.5188，共15个数据序列，每个序列数据个数为11，属于中等相关，除葡萄种植及葡萄酒生产、皮毛加工为负相关外，其他均为正相关，总体相关性比较明显。

第二、第三产业与其他产业相关性明显高于第一产业。第一产业及原材料加工类产业与其他产业间相关系数平均值为0.4006，相关性一般；第二产业与其他产业间相关系数平均值为0.6141，相关性显著；第三产业与其他产业间相关系数平均值为0.6698，相关性更为显著。

因此，张家口特色产业间关联性还是比较明显的，共同构成了一个特色产业体系，各特色产业间相互融合、互相促进，很好地发

表 4-20　张家口特色产业相关系数

特色产业类别	葡萄种植	葡萄酒生产	马铃薯种植	莜麦种植	谷子种植	牛羊肉生产	牛奶生产	皮毛加工	风能装机	高端制造业	高速公路里程	航空客运量	冰雪赛事	国内旅游接待
葡萄种植	1	0.31	0.15	-0.5	0.48	0.53	-0.34	-0.06	0.07	-0.37	-0.06	-0.68	0.93	-0.19
葡萄酒生产	0.31	1	-0.61	-0.72	-0.03	-0.25	-0.14	-0.01	-0.61	-0.66	-0.62	-0.73	-0.66	-0.76
马铃薯种植	0.15	-0.61	1	0.74	0.46	0.62	0.2	-0.34	0.93	0.69	0.9	0.72	0.89	0.84
莜麦种植	-0.5	-0.72	0.74	1	-0.02	0.15	0.22	-0.26	0.68	0.75	0.72	0.74	0.89	0.81
谷子种植	0.48	-0.03	0.46	-0.02	1	0.61	0.14	0.14	0.4	0.03	0.35	-0.64	-0.76	0.11
牛羊肉生产	0.53	-0.25	0.62	0.15	0.61	1	0.03	-0.04	0.7	0.11	0.5	0.18	-0.63	0.49
牛奶生产	-0.34	-0.14	0.2	0.22	0.14	0.03	1	-0.04	0.24	0.27	0.26	-0.01	0.37	0.15
皮毛加工	-0.06	-0.01	-0.34	-0.26	0.14	-0.04	-0.04	1	-0.3	-0.3	-0.29	0.04	-0.96	-0.33
风能装机	0.07	-0.61	0.93	0.68	0.4	0.7	0.24	-0.3	1	0.75	0.95	0.88	0.91	0.93
高端制造业	-0.37	-0.66	0.69	0.75	0.03	0.11	0.27	-0.3	0.75	1	0.9	0.4	0.91	0.87
高速公路里程	-0.06	-0.62	0.9	0.72	0.35	0.5	0.26	-0.29	0.95	0.9	1	0.5	0.91	0.93
航空客运量	-0.68	-0.73	0.72	0.74	-0.64	0.18	-0.01	0.04	0.88	0.4	0.5	1	0.61	0.85
冰雪赛事	0.93	-0.66	0.89	0.89	-0.76	-0.63	0.37	-0.96	0.91	0.91	0.91	0.61	1	0.93
国内旅游接待	-0.19	-0.76	0.84	0.81	0.11	0.49	0.15	-0.33	0.93	0.87	0.93	0.85	0.93	1

挥整体优势。从目前看，特色产业的带动效应更加突出，尤其是文化产业和旅游业，在张家口特色产业体系的形成和发展中，乃至张家口整个社会经济发展中，都发挥着重要的作用。

二 张家口特色产业链和县域集聚已形成

1. 多条特色产业链已形成

张家口立足区位优势，培育和形成了种类丰富，覆盖一二三产的特色产业体系（见表4-1），为张家口特色产业整体可持续发展奠定了基础。张家口特色产业的发展条件具有同源性和一致性，各特色产业间密切联系，形成了多条特色产业链条。特色产业链的构建与延长，产业链间的交叉与融合，成为张家口特色产业发展的比较优势。

2. 县域特色产业聚集区已形成

张家口特色产业区域分布规律非常明显，并且在长期的发展中，形成了以县域为主要基本地域单元，以相邻几个县域为辅的地域分布格局。具体来看，在第一产业特色产业中，葡萄种植主要集中在怀来县，同时相邻的涿鹿县和宣化区也较为突出。马铃薯和莜麦集中分布于张北县、沽源县和康保县。在第二产业特色产业中，高端制造业集中于张家口中部地区，新能源产业主要集中在张北县和蔚县，毛皮加工业集中于阳原县。在第三产业特色产业中，大数据产业集中分布于张北县，滑雪旅游集中分布于崇礼区。以县域为基本地理单元，一方面便于内部管理和协调，集中利用资源，提高特色产业培育、发展和壮大的效率。另一方面，也便于统筹合作，使特色产业合理有序地溢出和扩张，进一步提高特色产业的影响力和竞争力。

三 张家口特色产业与旅游融合发展初具规模

1. 旅游业在特色产业体系中具有联结作用

上海市发展改革研究院院长肖林，通过研究上海迪士尼乐园也发现旅游业可直接间接带动的产业可达上百个，包括核心带动产业、关联带动产业和延伸带动产业，其他学者对此有非常多的研究成果。所以旅游业是一个综合性、关联性、带动性很强的产业，进而使旅游业具有明显的外部性和溢出效应，具体表现为在收入和就业等方面具有较大的经济乘数，从而在区域社会经济发展中发挥着巨大的引领和带动作用。

具体到张家口的旅游业发展，从表4-20可以看出，旅游业与其他特色产业的相关性非常突出，相关系数平均值为0.65。另外，在张家口已经形成的比较成熟的特色产业链中，旅游业也处在核心和枢纽的位置（见图4-3）。这些特色产业链通过旅游业发生横向联系，进而以旅游业作为核心和枢纽，形成一个特色产业网络（见图4-4）。

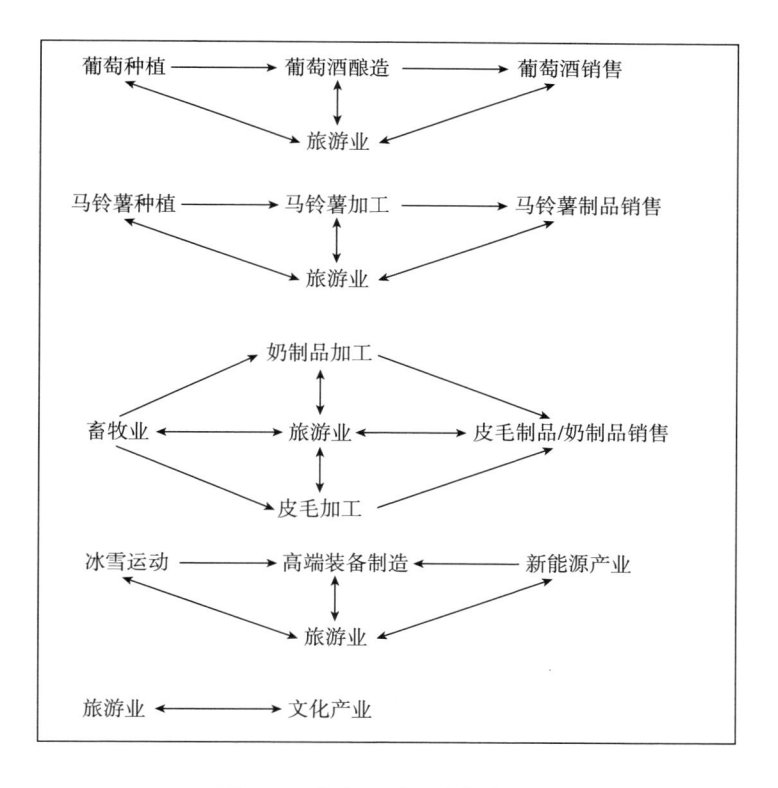

图4-3 张家口重要特色产业链

图 4-4 张家口特色产业网

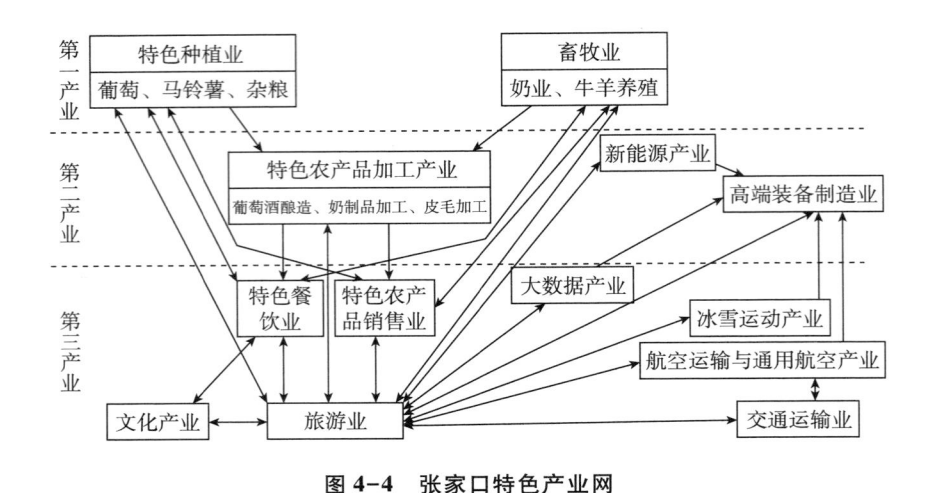

2. 旅游业在特色产业体系中的融合带动作用有待加强

相对来说，作为第三产业的一部分，旅游业与第三产业其他产业关系最为密切，其次是第二产业，最后是第一产业（见图 4-5）。从张家口特色产业相关系数分析来看，旅游业与第一产业相关系数平均值为 0.43，与第二产业相关系数平均值为 0.72，而与第三产业相关系数平均值达到了 0.92。

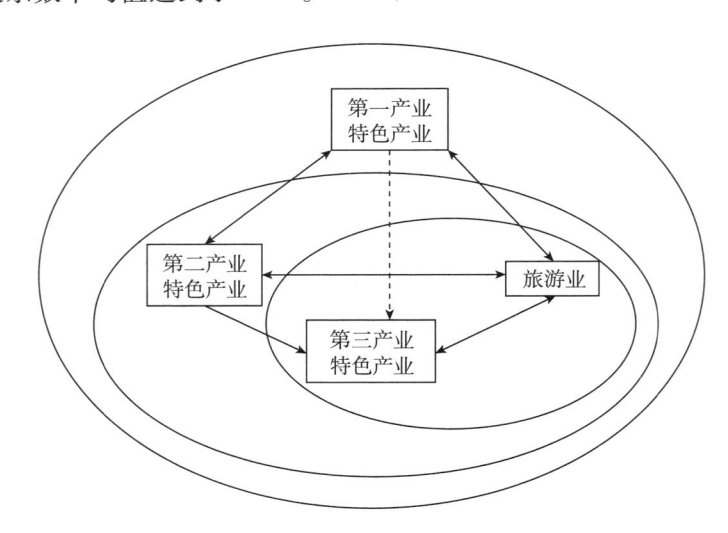

图 4-5 特色产业与旅游业关系

根据前述相关性分析，从张家口特色产业目前发展情况来看：

（1）旅游业对第三产业发展促进作用明显。首先，旅游业可以使餐饮业和住宿业直接受益，其次，交通运输业、航空运输和通用航空也直接受益于游客，而通过旅游购物，比如杂粮、毛皮及奶制品等，旅游业直接使商品销售受益，另外，旅游业本身具有很好的融合性，是众多第三产业实现价值的重要载体，比如蔚县剪纸、长城文化、泥河湾遗址等，可以借助旅游业，更好地实现经济效益和社会效益。通过直接带动第三产业的发展，旅游业进而间接带动一二特色产业发展。

（2）旅游业对第二产业有一定的促进作用。第二产业特色产业与旅游业关系相对疏远，但是随着人民知识水平和素质的提高，工业生产和制造对游客的吸引力也在不断提高，与第一产业一样，第二产业也会为游客提供更多的、专业化程度高的、有技术含量的参与体验活动，也让第二产业与旅游业的关系逐渐密切起来，比如风能、光伏发电场地本身就是吸引游客的重要因素，而葡萄酒及奶制品的生产、高端设备制造、大数据企业运行甚至汽车装配等工艺流程等，都会对游客产生越来越大的吸引力，张家口的工业旅游具有巨大的发展潜力。

（3）旅游业与第一产业有待进一步深度融合。第一产业特色产业为旅游业提供了大量的素材。首先，第一产业承载地为大部分的旅游提供了活动空间，比如骑马驰骋、休闲摄影、徒步骑行等，很多第一产业的生产过程本身就是重要的旅游资源。其次，随着人们对参与性、体验性旅游活动兴趣增高，对专业性要求不高、危险性不大、绿色环保、放松身心的参与性项目越来越感兴趣，越来越多的旅游者都希望去亲身体验一下第一产业生产过程，比如葡萄采摘、马铃薯收获、放牧挤奶等活动。再有，第一产业特色产业的大部分产品都是重要的旅游购物品，兼具实用、纪念、馈赠等多种功能。另外，第一产业的产品还影响着区域饮食结构，进而形成了独特的饮食文化，张家口地区的莜面、黄米、牛羊肉、奶制品、土豆制品等就构成了特色突出的地方饮食。目前旅游业与第一产业的融合仍处于发展初期，进一步加大与第一产业的融合，是张家口旅游业今后发展的重要任务之一。

总之，张家口特色产业比较优势突出，以旅游业为纽带，直接或间接地将他们连为一个整体，促进其进一步发展。

第五章　张家口文旅融合旅游新业态发展与产业集群形成

文化与旅游具有天然的内在关联性和价值相容性。文化是人类的价值创造，是一个国家、一个民族的精神和灵魂，是国家发展和民族振兴的强大动力，天然具有吸引物属性。旅游是一种走出去的体验活动，是人类追求精神享受、满足对于外部世界好奇心的重要方式，其价值表现在旅游的经济功能、文化交流与传播功能、户外环境教育功能、调节身心健康与友谊增进等多方面。文化和旅游统一于人的全面发展和社会进步，文化为旅游提供内容，让旅游的内涵更加丰富、更富魅力；旅游为文化提供渠道，以旅游为载体和平台，促进文化的传播、传承与交流，推进文化走向市场，实现经济效益和社会效益，文旅融合既是旅游经济高质量发展和提升文化影响力的必然选择，也是推进社会主义文化建设和文化强国建设的重要路径。

第一节　文旅融合发展模式与路径

一　文旅融合发展主要模式

从产业实践来看，文旅融合可以通过"文化+旅游""旅游+文化""文旅+其他"等不同方式，实现全产业链的融合发展。

"文化+旅游"：是文化的价值链向旅游延伸，对文化资源进行旅游开发，实现文化价值的旅游化转换。例如，长城文化旅游，是长城遗产+旅游的融合模式，长城文化遗产与旅游业融合，形成长城文化旅游景区，推动长城文化遗产的旅游化利用。

"旅游+文化"：在旅游产业价值链中融入文化元素，增加旅游产品的文化内涵，提升游客旅游体验的文化品质，从而提高游客的满意度和旅游的市场竞争力，实现旅游的文化性。比如，地质公园、森林公园、湿地公园、沙漠公园等自然保护地旅游，在开发利用自然生态和风景名胜区的游憩功能的同时，融入地域文化元素，提升生态旅游的吸引力和文化特色，扩大生态旅游产品供给和高质量旅游服务的提供。

"文旅+其他"：文旅融合深度发展还要积极和其他产业相结合。如"文旅+创意产业"，以特定文化为基础，通过文化创意，设计独特的旅游IP，让游客参与其间并获得愉悦体验，形成文化创意旅游。华谊兄弟近年推出的实景娱乐大受欢迎也是由于成功地将线上电影主题与线下游客体验结合起来，满足游客对电影旅游、科技旅游、非遗文化旅游、民俗风情体验的需求。美国迪士尼集团以动漫+主题公园+旅游的模式，让迪士尼旅游业在世界各地开花。文旅+农业形成农业文化旅游；文旅+工业形成工业文化旅游；文旅+健康产业形成健康旅游等。文旅与其他产业融合，将形成更多新型文旅业态，充分发挥张家口文化资源丰富的优势，促进张家口多元文化的保护和传承。

二 文旅融合发展主要路径

1. 地域文化与旅游融合发展

文旅融合要充分考虑地域文化在旅游发展中的嵌入性。每个地方都有独特的文化脉络，与地域空间结合，形成独特的地域文化。地域文化是重要的旅游资源，地域文化嵌入性对旅游开发具有规制作用，从地域物质文化遗产、非物质文化遗产、自然文化资源、文化设施资源的内容和形式中挖掘文化特色和文化亮点，并融入旅游项目设计，以突出项目旅游的历史延续感和地域文化特色。

2. 文化遗产与旅游融合发展

文化遗产具有较高的历史价值、审美价值、科教价值和社会价值，是旅游业赖以发展的重要资源，各个国家和地区都把文化遗产旅游作为区域旅游开发的重点。文化遗产旅游是将文化遗产保护和旅游产业发展相结合，通过对文化遗产资源的保护、解读和创新利用，既促进传统文化的复兴，构成独特性文化吸引力，又推动对文化遗产的活化，满足游客现代需求的一种文化旅游形式。文化遗产具有极强的旅游营销价值，是增强旅游目的地品牌识别度的核心要素，发展文化遗产旅游促进遗产地文化的活化进程，使遗产文化与生产生活密切结合，提升文化的体验性和传播性，既有利于传统文化的保护、传承与创新发展，也有助于保留旅游目的地文化品牌的原真性和传统特色，提升旅游目的地的吸引力和竞争优势。

3. 文化创意与旅游融合发展

文化创意与旅游的融合涉及影视、表演、设计、时尚、新媒体等与旅游的融合发展，主要有创意型融合、重组型融合、延伸型融合。创意型融合是通过创意设计将文化与旅游结合起来，形成新的文化创意产业。例如故宫的文创产品，将故宫的文化符号和文化内涵运用到创意设计中，以故宫传统文化为根源，融入时尚文化和高科技元素形成特色鲜明的故宫文化旅游购物产品；重组型融合是打破原有产业界限，将文化产业和旅游产业整合重组构成新的产业链。例如音乐节旅游、体育赛事旅游、文化演艺旅游、会展节事旅游等，形成跨产业重组文旅融合旅游形态；延伸型融合是文化产业和旅游产业通过产业要素互动和产业链延伸形成的交叉协调。例如，影视基地旅游、主题公园旅游、创意设计园旅游、会展中心旅游等，都属于文化产业向旅游产业延伸、旅游产业向文化产业渗透而形成的文化产业景点化模式。

三 文旅融合形成旅游新形态

文旅融合导向产品与市场的融合，文化遗产旅游、文化公园旅游、主题公园旅游、节事会展旅游、体育文化旅游、乡村文化旅游、影视文化旅游、生态旅游、休闲农业旅游等，都将是文旅融合后的主要产品形态。国外文旅融合产业实践起步较早，形成若干特色鲜明的文旅融合模式，邵明华等将国外文旅融合发展较为成熟和主流的模式总结为文化遗产旅游、主题公园旅游、乡村文化旅游、影视文化旅游、节事会展旅游和体育文化旅游六种类型[1]。文化和旅游的融合发展和协调创新已成为国际社会公认的必然趋势。

文化遗产旅游。文化遗产旅游基于遗产保护整合文化空间，既是遗产地保护的重要动力，也是文化遗产传承和综合推广的重要途径。按照文化遗产物质载体利用方式与表达重点的不同，世界遗产地、遗产廊道、文化线路、博物馆、考古遗址公园等构成了文化遗产旅游的重要空间和旅游形态。例如，美国的遗产廊道旅游，欧洲的文化线路旅游，中国的线性文化遗产旅游等。

主题公园旅游。主题公园旅游以特有的文化内容为主题，以现代科技和文化手段为表现，满足旅游者深度休闲体验的"畅爽"要求。依据体验类型，可以分为观光型（锦绣中华、北京大观园）、情景模拟型（横店影视城、无锡三国影视城）、风情体验型（杭州宋城、清明上河园）、主题型（香港海洋公园、长隆野生动物世界）、游乐型（迪士尼、欢乐谷、方特欢乐世界）等五种类型。

乡村文化旅游。乡村文化旅游基于乡村文化原真性和独特性，通过相应的旅游产品呈现给游客，是"留住乡愁"的重要载体，也是乡村振兴的重要途径。依托传统村落/历史文化名村、特色农业村、少数民族村以及生态村（美丽乡村）等资源，我国乡村文化旅游产品主要表现为古村落观光、农业观光体验、文化观光体验、生态休闲等类型。例如，农家乐（成都徐家大院）、文化名村名镇游（宏村西递古镇游）、古村落精品民宿（金华野马岭中国村）、主题农庄（北京田妈妈）等。

影视文化旅游。所有因影视活动的开展并引致的旅游成果皆为影视文化旅游，包括影视拍摄地旅游、影视节事活动地旅游、影视

---

[1] 邵明华、张兆友：《国外文旅融合发展模式与借鉴价值研究》，《福建论坛（人文社会科学版）》2020年第8期。

文化演绎出的旅游等，是丰富旅游目的地文化内涵、增强旅游目的地的文化吸引力的重要途径。按照产品功能的不同，可以将影视文化旅游分为观光型、娱乐型、度假型、商业型等四种类型。例如，横店影视城、环球影城、澳门电影主题度假村"新濠影汇"、海口华谊6条特色影视文化商业街等。

节事会展旅游。节事会展旅游是以各种节日、盛事的庆祝和举办为核心吸引力的一种特殊旅游形式，是提高旅游目的地知名度、增强旅游吸引力、打造城市品牌的有效途径，对旅游目的地具有深远的经济意义和社会意义。根据活动类型，节事会展旅游可划分为传统节庆类（节日和庆典活动等）、演艺类（音乐节、戏剧节等）、体育类（奥林匹克运动会、世界杯足球赛等体育活动）和商业类（广交会等展会）四种类型。根据开展形式，节事会展旅游可以简单划分为节事活动（张家口草原文化节、乌镇戏剧节）和展示旅游（长城、大运河国家文化公园）两种类型。

体育文化旅游。世界旅游组织的数据显示，体育旅游是旅游市场增长速度最快的细分市场之一。从市场角度看，体育旅游是体育产业和旅游业深度融合的新兴产业形态。美国学者 Heather J. Gibson 提出体育旅游的三种类型：一是运动型体育旅游，指亲身参与体育项目的旅行活动；二是事件型体育旅游，指观看体育比赛的旅行活动；三是怀旧型体育旅游，如参观体育博物馆、著名体育场等[1]。目前来看，赛事体育旅游是最热门、市场规模最大的体育旅游类型。核心赛事是体育旅游的助推器和催化剂，是体育旅游产业链前后向延伸、旁侧延展关键节点。奥运会、世界杯以及美国四大职业联赛、欧洲五大足球联赛等具有国际影响力的知名赛事，为举办国体育文化旅游发展提供了良好的内部环境和强大的文化吸引力。核心赛事带来的门票、转播、服务消费以及旅游接待等收入十分可观。国外体育文化旅游发展历史悠久，依托发达的体育产业和高度

---

[1] 罗秋菊：《事件旅游研究初探》，《江西社会科学》2002年第9期。

市场化的体育文化氛围，欧美国家的体育文化旅游持续快速发展。

文旅融合是一个逐步转化和演进的发展过程。马波等提出文旅融合四象限模型（见图5-1），认为QⅢ是一种低势能的过渡状态，应当导入社会共同体有机文化理念，通过政策调节与制度调适，激发内部动力，实现向QⅡ演进，进而随着国际化、全球化发展向QⅠ演进，实现全球尺度的文旅融合，旅游成为人类现代文明进步的标志。QⅣ反映着文化遗产主导的旅游目的地形式，如西安、敦煌，出于双重发挥文化价值和经济价值的逻辑，遗产的旅游利用成为应有之意。促进QⅣ向QⅠ升华，应从艺术品、文物、建筑、博物馆等物质的层面提升到彰显软实力的文化高度，在尊重产业规律的基础上赋予旅游"诗和远方"。经济发展市场竞争的驱动力和社会伦理进步先进价值观的拉动力，促进文旅融合四象限的转化与演进。

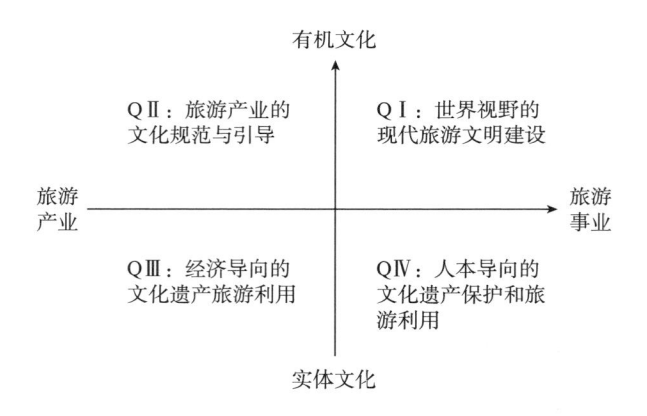

图 5-1 文旅融合的四象限模型

第二节 张家口文旅融合发展旅游新业态类型

文旅融合结果是新业态的产生，不同类型的文化与旅游融合会产生不同的业态类型。张家口具有丰富的多元文化资源，典型的区域特色文化资源主要有：长城文化资源、草原文化资源、冰雪文化资源、葡萄（酒）文化资源、剪纸文化资源以及生态文化资源，与旅游融合发展形成多种类型的旅游新业态。

一　张家口长城文化旅游

文化遗产旅游是基于遗产保护利用的文化空间和旅游形式，既是遗产地保护的重要动力，也是文化遗产传承和综合利用推广的重要途径。按照文化遗产物质载体利用方式与表达重点的不同，世界遗产地、遗产廊道、文化线路、博物馆、考古遗址公园等构成了文化遗产旅游的重要空间和旅游形态。

1. 张家口长城遗址旅游开发价值

张家口境内现存有战国（燕、赵）、秦、汉、北魏、北齐、唐、金、明8个朝代修筑的长城，总长度达1476公里，包括敌台、烽火台、马面、关堡及相关遗存3400余处，其中主要是明长城遗址遗存。明长城的修筑始于洪武初年，完善于隆庆、万历年间，前后共修建长城18次，吸取各代长城构造特点，经过多次的改进创新，东起山海关，西至嘉峪关，筑成了烽火相望、敌台林立、用险制塞、关隘城堡、军事重镇有机结合的巨大军事防御体系。明朝统治者将长城沿线划分为九个军事防务管理区，称九镇或九边，自东向西分别为：辽东镇、蓟镇、宣府镇、大同镇、山西镇（又称太原镇）、延绥镇（又称榆林镇）、宁夏镇、固原镇、甘肃镇。

张家口境内的长城在明代属宣府镇管辖（镇治设在今张家口宣化区），所辖长城分南、北两线。北线长城东起北京延庆县，经过张家口市的赤城县、沽源县、崇礼区、宣化区、张家口市区、万全县、张北县、怀安县等地，向西进入山西省，有连绵不断的石砌、砖砌和土筑城墙；南线长城东起北京延庆县，经过张家口市怀来县、涿鹿县、蔚县、阳原县，西抵阳原西部，这一线多数地段没有城墙，以连绵不断的烽火台构成一条烽火传递路线。宣府镇长城线路绵长，关隘城堡密集，长城关隘 156 处，关堡营城 36 处①，无论是建筑材料还是建筑形制，几乎囊括了明长城所能见到的所有类型，是明长城中极富特点、精华汇聚的地段，可谓是坐落于张家口的一座大型长城遗址博物馆，具有极强的展示体验、参观游览价值。

2. 张家口长城文化旅游开发路径

从世界范围看，许多重要的自然资源和文化资源都集中于一定的线性区域。比较典型的形式是以历史时期人类迁徙和交流形成的通道文化为基础的线性文化遗产，例如欧洲运用于遗产保护领域的文化线路（Cultural Route）和美国的遗产廊道（Heritage Corridor）是线性遗产的两种主要形式。遗产廊道是遗产区域的线性形式，也是发端于美国的一种区域化遗产保护战略方法。1984 年，美国第一个遗产廊道—伊利诺伊和密歇根国家遗产廊道（lilinois and Michigan Canal National Heritage）诞生，不仅强调遗产保护的文化意义，而且非常重视其生态价值和旅游经济价值。文化线路具有欧洲特色，1964 年，由欧洲理事会首次述及，1994 年国际古迹遗址理事会提出文化线路的概念，界定为："文化线路是一条交流之路，可以是陆路、水路或其他形式，具有实体界限，以其特有的动态和历史功能特征，服务于特定、明确的目的"②。

无论是遗产廊道的概念，还是文化线路的概念，都是一种线性文化遗产区域旅游开发的途径和方法。长城是大型的线性文化遗产，不仅具有自身固有的厚重历史和文化价值，而且还具有显著的社会、生态、经济、旅游等价值，特别是旅游景观价值杰出。在张家口区域范围内，借鉴遗产廊道和文化线路的理念，以长城文化为核心，以长城走向分布区域为空间结构，将长城遗产、城镇村落、生态环境、设施服务通过跨越历史的长城故事联系起来，建构长城

---

① 河北省地方志编纂委员会：《河北省志》，文物出版社 2011 年版。
② 陶犁：《"文化廊道"及旅游开发：一种新的线性遗产区域旅游开发思路》，《思想战线》2012 年第 2 期。

文化旅游带，形成长城文化旅游新业态。

3.张家口长城文化旅游发展态势

张家口在明代是宣府镇长城重要关隘（位于今张家口市区），现已发展成为一个地级市，市辖10个县（张北、康保、沽源、尚义、蔚县、阳原、怀安、怀来、涿鹿、赤城），6个区（桥东、桥西、宣化、下花园、崇礼、万全）。在张家口10县6区中，除中康保县、尚义县和桥东区外，其他13个县（区）都有长城遗址遗存，长城文化旅游成为张家口主要旅游业态之一。

目前，张家口长城文化遗产的活化利用形式主要是旅游开发，以长城遗址遗存为旅游吸引物开发旅游景区，在张家口桥西区、崇礼区、宣化区、蔚县、张北县等5个县（区）开发A级景区9个（见表5-1），结合国家长城文化公园的建设，建设以长城文化为主题的文化旅游综合体——明城墙遗址公园，建成大境门长城历史文化体验区、清河影视基地，为游客提供真实体验长城文化的场所。通过举办旅游产业发展大会和创意文化节等节事活动，对长城文化旅游品牌进行宣传推广。张家口的长城文化遗产通过旅游开发得到一定程度的活化利用，促进了其保护与传承，逐步形成长城文化旅游新业态。

表5-1　　　　张家口主要长城文化旅游景区

序号	景区名称	景区特征	等级	所在地市
1	大境门风景区	以长城遗址为主	4A	张家口市桥西区
2	张家口堡（堡子里）	以长城遗址为主	3A	张家口市桥西区
3	宣化文化古城	以长城遗址为主	3A	张家口市宣化区
4	崇礼翠云山景区	含有长城遗址	4A	张家口市崇礼区
5	崇礼长城岭滑雪场景区	含有长城遗址	3A	张家口市崇礼区
6	蔚县飞狐峪—空中草原	含有长城遗址	3A	张家口市蔚县
7	蔚州古城	以长城遗址为主	3A	张家口市蔚县
8	蔚州博物馆	含有长城遗存	3A	张家口市蔚县
9	张北野狐岭要塞军事旅游区	以长城遗址为主	3A	张家口市张北县

在张家口的下花园、万全、阳原、涿鹿、怀安、怀来、沽源、赤城等8个县（区），广泛分布的长城遗址遗存，旅游开发不足，尚未形成长城文化遗产展示体验游览区，长城文化遗产的旅游利用不够，主要表现在两方面。一是利用不足。前期对长城文化遗产的深入研究不够，缺乏对长城修筑历史、建筑艺术、军事文化、商贸流通等文化价值的深度挖掘，这就表现为在后续的利用中缺少统筹的规划和设计，无法直抵长城文化遗产的内涵核心，文化价值无法系统展现，利用形式表现为平淡化、扁平化，缺乏深意，造成长城文化资源的闲置与浪费，没有能带来更多文化利用的利益，当地社区和居民参与长城文化遗产保护利用意识不强。二是利用不当。目前，主要的利用方式是开发旅游景区，由于对长城文化遗产利用研究不够，没有充分了解长城遗产的历史内涵和遗产所承载的核心价值，导致长城文化遗产的利用存在简单化、雷同化问题，遗产展示形式单一，停留在单一化的游览观光层面，缺乏深度体验和观赏。另外，一些偏远地段的野长城，由于位置偏远，交通等配套设施落后，旅游开发意识淡薄，导致一些野长城遗址未得到保护和利用。

所以，长城文化资源的开发，单靠政府投资保护，难以形成市场运营；由单一企业主导，以景区开发思路发展，业态单一，难以形成综合效益。长城遗产的活化，促进长城文化与旅游融合发展，不能缺失当地社区居民，只有让社区居民真正地从长城遗产保护利用中获得利益，才能真正地调动他们参与长城遗产保护利用的积极性和主动性，才能真正地促进长城文化与当地生产生活的有机结合，形成在生产生活中保护利用的良性循环，提高长城文化遗产的活化利用程度，为长城文化旅游带的建设提供扎实的社区基础。

二 张家口坝上草原文化旅游

1. 坝上草原文化旅游开发价值

张家口有广阔的坝上高原地貌，覆盖张家口市坝上地区的沽源、康保、张北、尚义4县，区域面积为12480平方千米，海拔1300—1600米，地势较平坦，草原广阔，多湖泊、滩地、山林，属温带大陆性季风气候，为寒温区，冬季寒冷，夏季凉爽，是天然的避暑胜地。广阔的草原资源，孕育了独特的草原文化。

早在4000年前张家口草原之上就有了人类活动，中原农耕文化与北方游牧文化融合形成了独特的蒙元文化。蒙元民族的融合彰显了多民族开放包容、交流互鉴等民族文化精神。这一文化精神在元中都遗址和元中都博物馆得到了集中展现。奶茶、手把肉、羊肉蘑菇汤、莜面窝窝体现了草原独特的饮食文化。蒙古包展现着草原独特的建筑文化。草原文化中更蕴含着天人合一、尊重自然、敬畏自然的天人思想。草原生态环境优美，但是生态环境也相对脆弱，草原人民一直保持着对大自然的敬畏，与自然和谐相处，这种思想正是今天绿水青山就是金山银山发展理念的渊源。生活在草原的人民自然形成了豪放、顽强拼搏、奋发图强的精神，人们追求亲情和睦、友情和美、爱情和合，形成了人与人的交往文化，也是草原文化的重要组成部分。草原文化与草原景观有机结合形成极高的文化体验、休闲度假旅游开发价值。

2. 坝上草原文化旅游发展态势

目前，张家口草原文化的旅游开发形式主要有三种：一是以草原文化资源和草原景观为吸引物开发旅游景区；二是利用交通路线与草原风光的有机结合开发景观廊道；三是借助草原环境举办节事活动。采取多种形式将草原文化资源、草原自然景观转化为旅游资源予以开发形成草原文化旅游新业态。

张家口坝上草原文化旅游景区开发，主要是利用了草原田野景观、湿地景观、民俗民风等文化资源，开发出A景区16个，其中4A景区4个、3A景区7个、2A景区5个（见表5-2），主要分布在张北县和沽源县，尚义县、康保县草原文化旅游发展落后。2019年张北县旅游收入达到68.7亿元，国内外游客接待量达到750万人次，带动了全县5.2万人就业，极大解决了张北县农村劳动力的就业问题。

表 5-2　　　　　　　　张家口坝上草原旅游景区

序号	景区名称	资源特征	所在地	等级
1	沽源塞外庄园		张家口市沽源县	4A
2	沽源沽水福源度假村		张家口市沽源县	4A
3	沽源天鹅湖旅游度假村		张家口市沽源县	4A
4	张北中都原始草原度假村		张家口市张北县	4A
5	张北安固里草原度假村		张家口市张北县	3A
6	元中都博物馆		张家口市张北县	3A
7	张北县元中都考古遗址公园		张家口市张北县	3A
8	塞那都庄园		张家口市张北县	3A
9	蒙牛乳业（察北）工业园区		张家口市察北管理区	3A
10	察北旗帜乳品工业园区		张家口市察北管理区	3A
11	蒙牛塞北乳业有限公司工业旅游园区		张家口市塞北管理区	3A
12	尚义察汗淖蒙古大营		张家口市尚义县	2A
13	张北中都游牧源度假村		张家口市张北县	2A
14	张北县水云间假日会馆		张家口市张北县	2A
15	张北伊利乳业工业园		张家口市张北县	2A
16	张家口蒙古大营		张家口市塞北管理区	2A

3. 形成的草原文化旅游品牌

草原天路。位于张家口市张北县和崇礼区的交界处，是连接崇礼滑雪区、赤城温泉区、张北草原风景区、白龙洞风景区、大青山风景区的一条重要通道。西起尚义县城南侧的大青山，东至崇礼县桦皮岭处，全长约 323.9 公里，公路沿线分布着古长城遗址、桦皮岭、野狐岭、张北草原等众多优质旅游资源，形成草原天路特色旅游品牌。

草原音乐节。张北草原音乐节创办于 2009 年，是目前国内规模最大的户外音乐节。张北依托自身独特生态资源，选择暑期举办，以"草原摇滚"为主题，用坦荡无边的草原来象征性地诠释音乐节所提倡的自由生活理念①。旅游者去草原避暑的同时，还能欣赏到摇滚乐的激情与魅力。首届张北草原音乐节历时三天，创下了户外音乐节的新标杆，被誉为"最凉爽音乐节"。2017年，张北草原音乐节更是以三天30万人次的实际到达人数打破了亚洲纪录。张北草原音乐节作为一种全新的、健康的、时尚的、自然环保的活动已在乐迷心中留有不可替代的位置，成为亮丽的草原文化节事活动品牌。

中都草原度假村。位于张北县境内的中都原始草原，是至今保存最完整的原始草原，草原纯美、壮阔、凉爽，是内蒙古大草原的精华，是距北京最近（250公里）、纬度最低的原始天然草原。中都草原度假村于1993年建成营业，景区草原总面积3万亩，度假村占地面积2500亩。度假村拥有蒙古包特色民宿，集住宿、餐饮、表演等功能于一体，打造草原文化风情体验场景，形成草原休闲度假品牌。

三　张家口崇礼滑雪体育文化旅游

体育文化旅游盛行有三方面的原因：需求侧，随着生活水平提高和消费层次升级，运动与健康理念深刻融入个人生活与出行中；供给侧，体育活动在世界范围内的普及和流行，国际体育赛事在全球的影响力增强，观赛型体育旅游占比不断提高；供需连接，完善的产业配套政策、先进的体育营销体系、有效的运营管理组织，推动体育文化旅游市场规模的壮大。

1. 崇礼冰雪文化旅游开发价值

崇礼区位于内蒙古高原与华北平原过渡地带，海拔从2174米到814米之间，山势陡缓适中，坡度多在5°—35°之间，冬季平均温度在-12℃左右，年均降雪量达到63.5厘米，存雪期长达150天，雪的颗粒硬度、黏度各项雪质参数均符合滑雪标准。崇礼的地形、气候、雪质等各种资源条件非常适合滑雪运动，自1996年第一家塞北

---

① 金燕：《大型露天摇滚音乐节可以盈利吗——迷笛音乐节个案分析》，《艺术评论》2008年第4期。

滑雪场选址兴建，经过20多年发展，现已成为既能举办国际高端赛事，又能满足广大滑雪爱好者需要的优质滑雪胜地。

崇礼区冰雪文化源于20世纪90年代，伴随着塞北滑雪场的兴建，冰雪文化开始形成。冰雪文化在存在形式上分为三个层次——冰雪实体、冰雪民俗和艺术、冰雪体育精神。崇礼自然的冰雪环境使得冰雪建筑、冰雕等冰雪实体能够产生，并承载建筑、雕塑等文化艺术。冰雪民俗和艺术是人们在适应自然、改造自然的过程中，长期积累下的民俗艺术，崇礼缺乏土生土长的冰雪民俗和艺术，但是崇礼善于学习借鉴，将全国各地的冰雪绘画、冰雪文学、冰雪游乐、冰雪饮食等文化汇集到崇礼，打造最全面的冰雪文化艺术集聚地。冰雪体育精神是崇礼冰雪文化的核心，崇礼的冰雪产业源于冰雪运动，因而不懈奋斗、永不放弃等不服输精神，友谊团结、和平公平、关爱尊重的体育竞技精神，健康生活、积极乐观的生活精神共同构成了崇礼冰雪精神。崇礼的冰雪文化内涵丰富，极具旅游开发价值。

2. 崇礼滑雪体育文化旅游发展态势

滑雪体育文化旅游新业态是以冰雪文化+旅游融合而形成的旅游新业态，崇礼作为2022年冬奥会雪上项目举办地，迎来了滑雪旅游和滑雪产业快速发展的重要机遇期。崇礼区具有发展冰雪旅游的天然优势，崇礼滑雪旅游发展起步于1996年塞北滑雪场选址兴建，1997年翠云山滑雪场开始投资兴建，2003年是崇礼成功举办首届国际滑雪节，吸引了全球滑雪爱好者，为崇礼滑雪运动旅游品牌的建设奠定了的基础。随后，万龙、长城岭、多乐美地等多个滑雪项目快速发展。崇礼国际滑雪节被授予"2014年中国体育旅游十佳精品赛事"，万龙、云顶景区被授予2014年中国体育旅游十佳精品景区，崇礼冰雪运动线路被授予2015年中国体育旅游十佳精品线路。2017年崇礼区被国家体育总局命名为"崇礼国家体育产业示范基地"。目前，崇礼区已建成滑雪场、冰雪小镇、冰雪文化园区等冰雪文化旅游综合体项目20余个，其中大型滑雪场有7家（见表5-3）。

建有全国规模最大的冰雪文化博物馆，冰雪主题酒店，各类滑雪培训学校 20 余所，崇礼职教中心也增设了旅游服务与管理专业来满足旅游人才需求。2019 年崇礼国际滑雪节期间，崇礼区共举办承办了国际雪联自由式滑雪世界杯、首届京津冀冰球邀请赛等冰雪体育赛事、群众性冰雪节活动及传统民俗文化等活动 138 项。同时，衍生出崇礼非雪季山地越野、山地自行车、森林探险、户外露营、攀岩等山地运动旅游项目，形成了以滑雪运动为核心、体育赛事活动为主题，涵盖食、住、行、游、购、娱的冰雪体育文化旅游产业体系。

表 5-3　　　　　　　　张家口崇礼区大型滑雪场概况

滑雪场名称	雪道面积（万平方米）	海拔（米）	雪道（条）	雪道总长度（千米）	索道、拖牵、魔毯（条）	运力（人/小时）
万龙	250	1592—2110	22	40	7	9100
密苑云顶	262	1571—2101	35	19.5	22	18270
多乐美地	35	1633—1955	10	8.1	4	8145
长城岭	15	1673—2011	7	10	5	4500
太舞	400	1600—2169	31	30	19	7000
富龙	80	1571—1900	37	15	15	4000
翠云山银河	30	1633—2100	12	7	3	3500

资料来源：根据各滑雪场官网公布的相关数据整理。

截至 2020 年 5 月张家口市已签约冰雪项目 66 项，累计完成投资 331 亿元。滑雪体育文化旅游新业态不断发展壮大，2010—2018 年，崇礼区游客接待量由 83 万人次增长至 416 万人次，旅游收入由 4.98 亿元增长至 29.2 亿元，分别增长了 4.01 倍和 5.86 倍（见表 5-4）。旅游产业地位不断提升，2019 年旅游产业增加值占地区生产总值的比重达到了 85.03%，旅游业已经成为崇礼区经济发展的支柱产业，张家口崇礼区发展成为以滑雪体育文化旅游为引领的全国知名旅游目的地。

表 5-4　　　　张家口崇礼区 2010—2018 年游客接待量、
旅游收入及占地区生产总值比重

年份	游客接待量 （万人）	旅游收入① （亿元）	地区生产总值② （亿元）	③=①/②（%）
2010	83.00	4.98	23.77	20.95%
2011	106.00	6.90	30.53	22.60%
2012	125.00	8.40	33.89	24.79%
2013	157.60	11.00	38.37	28.67%
2014	201.50	14.10	36.22	38.93%
2015	277.00	19.60	34.34	57.08%
2016	351.60	24.90	33.84	73.58%
2017	390.20	26.10	32.17	81.13%
2018	416.00	29.20	34.34	85.03%

资料来源：《崇礼区国民经济统计年鉴》（2011—2019 年）。

四　张家口怀来葡萄（酒）文化旅游

1. 怀来葡萄（酒）文化旅游开发价值

怀来县被誉为"中国葡萄之乡"，葡萄栽培历史有 700 余年。黄金的种植条件，造就了高品质的葡萄，怀来葡萄历代都是进献宫廷的贡品，新中国成立之后依旧是国宴佳品，怀来出产的长城葡萄酒一直是国宴指定用酒。葡萄本身富含维生素、微量元素等营养物质，葡萄酒具有美容养颜、预防疾病、增强记忆等功效，因而康养文化成为葡萄（酒）文化的重要内容。葡萄种植的技艺以及人们在葡萄种植过程中形成的农耕文化也是葡萄（酒）文化的一部分。葡萄酒源于西方，近代传入中国，新中国成立后才开始发展起来，怀来县长城桑干酒庄是我国第一瓶干型葡萄酒的诞生地，也见证并引领了新中国葡萄酒的发展。

2. 怀来葡萄（酒）文化旅游发展态势

葡萄（酒）文化旅游新业态是以葡萄（酒）文化为核心，通过文旅融合形成的文化旅游新业态，集中分布于张家口市怀来县。怀来县被誉为"中国葡萄之乡",葡萄种植历史悠久,形成了怀来特色葡萄文化,葡萄产业也成为当地特色产业。近年来,怀来县依托自身的特色资源,通过产业链延伸和产业融合,以葡萄种植业为基础,向前延伸至葡萄种植技术、葡萄酒及葡萄产品研发,向后延伸开展葡萄深加工、创新葡萄销售渠道,形成一条完整的葡萄产业链。同时将旅游融入葡萄(酒)发展全环节。葡萄园的独特景观为开展生态观光旅游提供了良好的条件,怀来县规划建设葡萄酒庄酒堡60个,目前已建成包括长城桑干酒庄、瑞云酒庄等在内的37个酒庄,打造葡萄(酒)文化休闲基地。整合地热温泉、自然生态、葡萄种植、酒庄酒堡等资源,修建了集葡萄庄园、葡萄酒加工及葡萄生态旅游为一体的葡萄廊道,实施了容辰葡萄文化产业园、京北国际葡萄及葡萄酒文化城等一批文化生态休闲旅游项目。建成游客服务中心3个,智慧旅游平台1个,农家饭店、乡村酒店100余家,连接各酒庄和酒堡的旅游公路、葡萄酒文化博物馆等综合配套建设项目已基本建成。连续举办21届中国·怀来葡萄节为葡萄文化旅游聚集人气的同时更成为怀来县葡萄(酒)文化旅游品牌。2006—2017年间,怀来县高度重视旅游业发展,旅游收入由0.39亿元增长至26.1亿元,增长了65.92倍。游客接待量由26.3万人次增长至500万人次,增长了近20倍。旅游产业占全县生产总值的比重不断提升,旅游业在县域经济发展中的地位越来越重要。不断发展壮大的葡萄(酒)文化旅游新业态成为张家口文旅融合产业集群的重要组成部分。

表 5-5　　　　　怀来县 2016—2017 年游客接待量、
旅游收入及占地区生产总值比重

年份	游客接待量（万人）	旅游收入①（亿元）	地区生产总值②（亿元）	③=①/②（%）
2006	26.3	0.39	44.77	0.87
2012	296	10	112.11	8.92

续表

年份	游客接待量（万人）	旅游收入①（亿元）	地区生产总值②（亿元）	③=①/②（%）
2016	500	15	132.76	11.30
2017	500	26.1	135.36	19.28

资料来源：根据2006年、2012年、2016年、2017年《怀来县国民经济和社会发展统计公报》整理。

五 张家口蔚县年俗文化旅游

1. 蔚县年俗文化旅游开发价值

张家口市蔚县古称蔚州，曾是古"燕云十六州"之一，历史文化源远流长。数千年的文明延续，蔚县汇聚中原文化、东北文化与河套文化的精华，吸纳游牧民族、农耕民族的多种文化营养，形成了独树一帜的蔚州文化，尤其以年俗文化最具代表性。每年从腊月二十三中国的传统小年开始，一直到二月初七代王城点杆结束，充满浓郁年味的写春联、剪纸展销、打树花、拜灯山、焰火、灯会、扛搁、抬搁、背搁、点杆等活动轮番上演，被誉为传统民俗演绎的"中国式狂欢节"。蔚县因此被誉为"中国北方年节之都"，被网友称为"中国十大最具年味的地方"之一。

剪纸在蔚县又叫作"窗花"，过年过节或逢喜庆日子人们贴在窗户上用以祈福、辟邪或装饰。其中蕴含着人们追求美好生活、祈求生活幸福的中华民族传统美德。剪纸本身作为一种民间技艺，是人们智慧的结晶，其制作技艺和剪纸产品就是一种民俗技艺文化。剪纸呈现出的率真、质朴、单纯、细腻的特征，体现了剪纸艺人率真、质朴的人生态度和精益求精的工作精神，正是当今所宣扬的工匠精神文化。

打树花是蔚县暖泉镇的一项具有特色的古老节日社火，至今已有500余年的历史。它是用熔化的铁水泼洒到古城墙上，迸溅形成万朵火花，因其炸开后犹如枝繁叶茂的树冠而称之为"树花"。打树花是人们为了庆贺丰收并祈求国泰民安、风调雨顺在元宵节开展的一项延续至今的民俗活动，"火树金花不夜天"的场景十分壮观，被现代人称为"暗夜精灵"。另外，因被泼洒的铁水温度高达1600多摄氏度，打树花也被称为"勇敢者的游戏"。2016年7月19日，"打树花"艺人一改以往正月表演的传统，身着厚重羊皮袄，用新出炉1600多摄氏度的铁水打出万朵金花，为观众送上了一场视觉盛宴，展示和传播独具魅力的非遗文化。2020年12月，蔚县"打树花"成功入选国家级非物质文化遗产名录。传统村落、古城古镇是传统文化的重要载体，是民俗传承的空间和场所，是当地发展古城古镇旅游良好的文化资源基础。

2. 蔚县年俗文化旅游发展动态

剪纸文化旅游新业态。剪纸是我国一项宝贵的传统文化，蔚县剪纸是我国剪纸文化中的一个重要流派，已具有200多年的历史。为了更好地传承和发扬剪纸文化，以剪纸文化为核心的剪纸文化旅游新业态应运而生。蔚县政府积极实施"文旅兴蔚"战略，将文化旅游业作为主导产业精心培育打造。深挖剪纸文化，促进剪纸产业化发展。通过旅游开发的方式，打造剪纸文化一条街，将剪纸产品、剪纸技艺、剪纸文物等集中于一条街内，通过现场展陈、演艺的方式集中展示，建成了中国剪纸文化博物馆、蔚州寺庙壁画艺术馆等非物质文化遗产展馆。此外，完成古城真武庙修复等11项古建工程，打造蔚州古城、蔚州博物馆、北方城古堡、重泰寺等文化旅游景区，打造中国·蔚县国际艺术小镇等旅游综合体，精心打造《天下第一堡》《火树金花》《蔚州·风情》等大型民俗演出，在各景区注入民俗文化内涵，增强旅游产品的吸引力、竞争力，形成以剪纸文化为核心的多种传统文化集聚地，进而形成文化旅游产业"黄金带"。2018年首届张家口年俗国际旅游节暨第八届蔚县民俗文化旅游节的55天时间内，蔚县接待国内外游客达到154万人次，实现旅游收入10亿元。第六届中国剪纸艺术活动期间吸引游客12.9万人次，实现旅游收入8385万元。这些活动仅仅是蔚县文旅融合旅游新业态蓬勃发展的一个缩影，未来随着文旅融合旅游新业态的进一步产业化发展，蔚县将形成以剪纸文化为亮点的蔚州文化旅游大品牌。

打树花民俗旅游。蔚县打树花是传统的民俗文化活动，每年正月十五进行社火表演，祭祀火神，表达对火神的崇拜、敬畏、感恩，至今已有500余年历史。目前，蔚县打树花已成为一项旅游表现项目，以当地的民俗文化和传统为基础，结合舞台、灯光、音响等现代元素以及场景空间载体，形成地方特色文化旅游产品，为游客提供了参与体验机会，不仅为当地旅游增加了新名片，而且丰富了当地社区居民的文化休闲需要，同时保护了传统民俗的传承，表达了人们欢度节日和向往甜美生活的美好愿望。

第三节　张家口文旅融合产业集群的形成与集群效应

一　张家口文旅融合旅游新业态空间集聚

1. 旅游景区县（区）域分布

截至2020年，张家口共有A级景区62个，其中4A景区15个，占比24.19%；3A景区30个，占比48.39%；2A景区17个，占比27.42%。但5A景区仍是空白（见图5-2）。

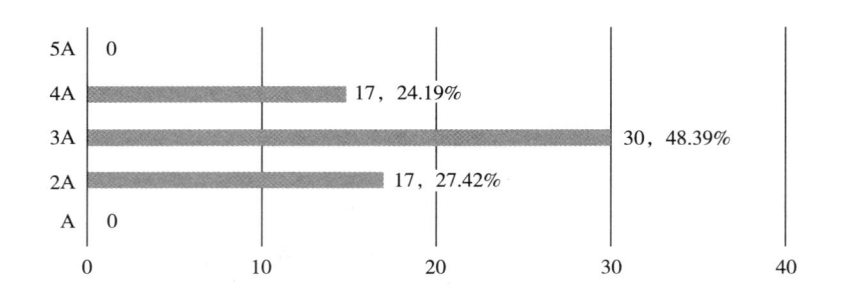

图5-2　张家口A级旅游景区数量统计分布

张家口A级旅游景区的县（区）域分布不平衡，A级景区数量较多的是张北县12个、蔚县11个，高等级景区最多的是崇礼区，有4A级景区3个（见表5-6）。

表 5-6　　　　　　张家口 A 级旅游景区县（区）域分布统计

县（区）＼景区等级	赤城县	沽源县	怀来县	康保县	尚义县	阳原县	蔚县	张北县	涿鹿县	崇礼区	桥东区	桥西区	万全区	下花园区	宣化区	怀安县	合计
2A	-	-	1	2	-	3	5	3	-	-	1	1	1	-	-	-	17
3A	-	1	2	2	1	1	5	7	1	1	-	3	1	1	4	-	30
4A	1	2	2	-	-	-	1	2	1	3	-	2	-	-	1	-	15
5A	-	-	-	-	-	-	-	-	-	-	-	-	-	-	-	-	0
合计	1	3	5	4	1	4	11	12	2	4	1	6	2	1	5	0	62

资料来源：河北省文化和旅游厅官网。

2. 旅游新业态空间分布

张家口文旅融合形成多种旅游新业态，从空间区域分布状态来看，长城文化旅游主要以张家口桥西区的大境门为中心，向东西方向延伸，主要分布在宣化区、崇礼区、赤城县、沽源县、万全区、张北县、怀安县等沿线地带；草原文化旅游主要分布在坝上草原地区，以张北草原天路、中都草原、中都草原文化节以及沽源的草原湿地等尤为典型；滑雪体育文化旅游主要分布于崇礼区，葡萄（酒）文化旅游集中于怀来县，年俗文化旅游蔚县具有典型性。综上，多种旅游新业态空间分布主要位于张家口中部旅游游密集区和南部旅密集区，形成空间上的规模聚集和业态上优势互补。

张家口文旅融合旅游新业态形成"中心—网络式"产业集聚特征，以张家口市区为基地中心，通过交通网络与各县（区）旅游地相连接，形成区县次中心地，进而辐射带动区县及周边旅游发展，以此形成网状结构和空间集聚。文旅融合旅游新业态的空间结构是文旅活动在空间上的投影，每个文旅融合旅游新业态内集聚有满足旅游活动需要的食住行游购娱等配套支撑要素，其空间结构决定着信息、知识、技术等资源的空间流动、旅游企业之间的空间关系、旅游者的空间移动，对旅游资源的配置、旅游产业的发展等具有重大影响。因此，文旅融合旅游新业态中心—网络式的空间聚集分布状态，为张家口文旅融合产业集群形成奠定了良好基础。

二 文旅融合产业集群度测评与结构特征

选取区位熵指数对张家口文旅融合产业集群的集群度进行测评。

1. 张家口文旅融合旅游产业集群度测评

区位熵反映某一产业部门在某一区域内的专业化程度，旅游产业区位熵衡量旅游产业在某一区域的专业化程度，本文采用旅游总收入进行区位熵的计算，其计算公式为：

$$LQ = \frac{T_1/G_1}{T_2/G_2} \quad (4-1)$$

式中 LQ 指旅游产业区位熵，T_1 指要衡量地区旅游总收入，G_1 指要衡量地区生产总值（GDP），T_2 指参照系的上级区域范围内的旅游总收入，G_2 指参照系上级区域范围内的生产总值。当 LQ 大于1时，表示要衡量区域的旅游产业相对规模化，存在产业集群现象；当 LQ 大于1.12时，表示要衡量区域的旅游产业已高水平规模化。

本书以全国作为高层次区域，对张家口旅游产业区位熵进行测算。由表5-7可知，2009—2019年间张家口市旅游总收入占地区生产总值的比重不断上升，从4.72%提升至66.86%，尤其是2015年张家口申奥成功后，每年以10%的速度快速增长。由此可知张家口旅游产业实现了快速发展，旅游产业已成为张家口的优势主导产业，未来仍将保持快速发展的态势。由区位熵结果可知，2009—2019年张家口旅游产业区位熵整体上呈现稳步增长的态势，且区位熵值均大于1.12，表明张家口旅游产业存在产业集群现象且已实现高水平集聚。到2019年区位熵值达到9.99，年增长69.92%，说明张家口文旅融合产业集群快速发展，产业集聚度逐步增强。综上所述，旅游产业已成为张家口的主导产业，并实现了高水平的集群化发展。

表 5-7　　2009—2019 年张家口旅游产业区位熵测算结果

年份	张家口 旅游总收入①	GDP②	③=①/②	全国 旅游总收入④	GDP⑤	⑥=④/⑤	区位熵
2009	37.80	800.49	4.72%	12896	340506.90	3.79%	1.25
2010	58.80	966.12	6.09%	15680	401512.80	3.91%	1.56
2011	86.50	1124.87	7.69%	22500	472881.60	4.76%	1.62
2012	128.00	1233.67	10.38%	25900	519470.10	4.99%	2.08
2013	183.53	1317.00	13.94%	29500	568845.20	5.19%	2.69
2014	237.60	1358.51	17.49%	37300	643974.00	5.79%	3.02
2015	301.67	1363.54	22.12%	41300	685505.80	6.02%	3.67
2016	519.24	1461.05	35.54%	46900	743585.50	6.31%	5.63
2017	696.50	1555.60	44.77%	54000	827121.70	6.53%	6.86
2018	859.40	1536.60	55.93%	59700	919281.10	6.49%	8.61
2019	1037.00	1551.06	66.86%	66300	990966.10	6.69%	9.99

资料来源：《张家口市国民经济和社会发展统计公报》（2009—2019 年）、《中华人民共和国国民经济和社会发展统计公报》（2009—2019 年）。

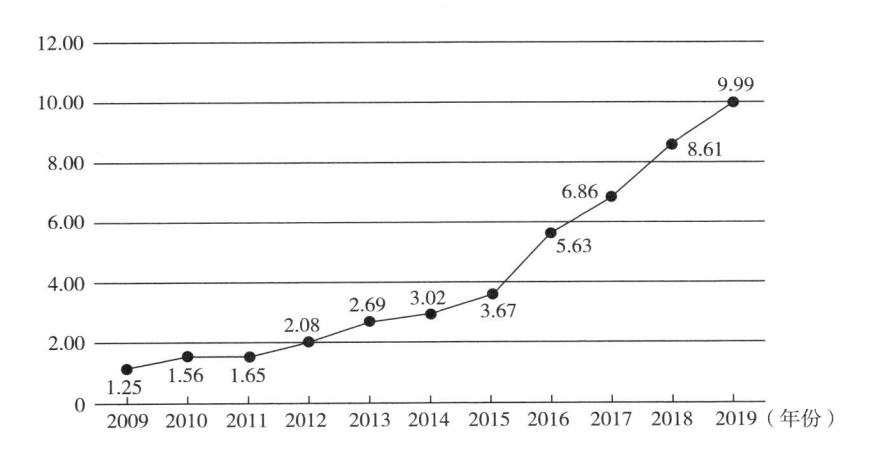

图 5-3　2009—2019 年张家口旅游产业区位熵变动趋势

2. 张家口文旅融合产业集群结构特征

文旅融合旅游新业态的空间集聚从地理空间上为文旅融合产业集群的形成提供了条件，通过前文对文旅融合产业集群度的测算可以判断文旅融合产业集群已经形成，并实现了高度规模化。文旅融合产业集群内部以冰雪文化旅游新业态、草原文化旅游新业态、葡萄（酒）文化旅游新业态、剪纸文化旅游新业态、长城文化旅游新业态五种旅游新业态为基础，带动相关上下游产业，形成以各种旅游新业态为核心，上下游相关产业为衍生，旅游餐饮住宿业、旅游出行业、邮电通信业、现代物流业、金融业为支撑产业，在县域范围内集聚的文旅融合产业集群。旅游新业态和衍生产业相互协作共同为游客提供旅游服务，相关支撑产业为其提供保障，构成了完整的产业间分工协作体系（见图5-4）。

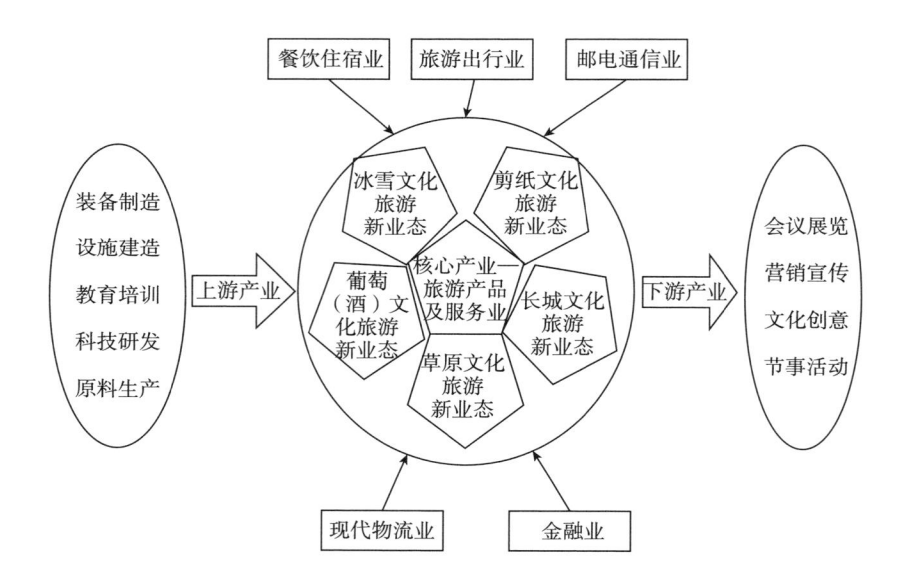

图5-4 张家口文旅融合产业集群结构

具体呈现出以下特征。

（1）地域多元文化特征

文化资源是文旅融合产业集群形成的核心资源，因而文化特征是文旅融合产业集群的突出特征，并且这种文化具有地域性和多元性。张家口拥有独具特色的地域文化，其中作为五种旅游新业态形成与发展基础的长城文化、草原文化、葡萄文化、冰雪文化、剪纸文化五种文化资源，地域特征明显。怀来葡萄是国家地理保护标志产品，蔚县剪纸是我国剪纸文化中独具一格的剪纸流派，由此而产生的文化具有显著的地域特色。此外，张家口文化资源类型丰富多样，涵盖古建筑、古遗址、民间技艺等类型。文旅融合产业集群是建立在多元文化基础上，因此，张家口文旅融合产业集群具有地域多元文化特征。

（2）区域绿色生态特征

文旅融合产业集群区域绿色生态特征明显。首先，文化、生态资源具有绿色性，旅游产业是公认的绿色环保产业，因而文旅融合产业集群必然也是绿色的。然后，文旅融合产业集群是在张家口良好的生态环境基础上发展起来的，旅游新业态的发展与生态环境相互促进，良好的生态环境为旅游新业态提供了环境基础，旅游新业态的发展推动生态环境治理，进一步提升生态环境质量。所以文旅融合产业集群自产生之初即具有绿色生态特征。最后，文旅融合产业集群将走绿色发展之路。文旅融合产业集群的可持续发展不能只追求经济效益，在发展过程中要以保护生态环境为前提。绿色生态特征体现着文旅融合产业集群绿色发展的本质，其影响着文旅融合产业集群的绿色发展。

（3）集群关联效应特征

旅游产业具有强关联性，因而文旅融合产业集群是一个由多产业构成的集聚体。每一种文旅融合旅游新业态的发展都会产生前向、后向、旁侧关联效应。以冰雪文化旅游新业态为例，冰雪文化旅游通过前向关联带动了以滑雪场为代表的冰雪运动基础设施产业、冰雪装备制造业等产业发展，后向关联冰雪文化创意业、冰雪体育竞赛、冰雪旅游地产等产业的发展，形成了一条以冰雪文化旅游为核心的产业链。餐饮住宿业、旅游出行业、金融业、通信业等作为旅游产业的相关支撑产业也会在文旅融合产业集群内聚集，同为旅游者提供服务。同时产业的发展也会促进当地发展，人口素质提升、经济结构升级、出行条件的改善、邮电通信的便利充分体现了旁侧关联效应。

三　张家口文旅融合产业集群的市场效应

在市场经济环境下，强大的市场需求是文旅融合发展的根本动力，影响着旅游产业的发展空间。文旅融合发展形成的旅游新业态只有得到市场的认可才能拥有进一步发展的空间，才能推动文旅融合产业集群的形成。

1. 旅游经济快速增长，旅游产业地位显著提高

游客接待量和旅游收入呈快速增长。随着人们生活水平的提高，旅游成为人们提升幸福感与获得感的重要方式，文化旅游消费需求与日俱增。近年来，张家口市依托自身优质的资源和优越的地理区位已发展成为国内知名的旅游目的地，旅游市场不断扩大。2009—2019 年间，张家口市全年接待游客量从 694 万人增长至 8605.06 万人，增长了 11.4 倍。2019 年张家口市旅游总收入达到 1037 亿元，是 2009 年 37.8 亿元的 27.43 倍。由数据可知，近十年来张家口市旅游市场一直保持着强劲的增长态势。在旅游产业不断提质升级和 2022 年冬奥会的带动下，张家口市旅游市场规模和范围将进一步扩大，不仅成为国内知名的旅游目的地，更成为具有世界影响力的旅游胜地。不断扩大的市场需求将促使旅游业及其相关产业在张家口市的集聚，拉动张家口文旅融合产业集群的发展。

表 5-8　　　　2009—2019 年张家口市旅游业发展情况

年份	国内外接待游客量（万人次）	同比增长（%）	旅游总收入（亿元）	同比增长（%）
2009	694.00	28.52	37.80	26.85
2010	1040.00	47.20	58.80	46.90
2011	1502.68	44.50	86.50	47.00
2012	2118.00	40.30	128.00	47.00
2013	2748.50	30.30	183.53	44.90

续表

年份	国内外接待游客量（万人次）	同比增长（%）	旅游总收入（亿元）	同比增长（%）
2014	3318.00	20.33	237.60	28.46
2015	3848.00	16.00	301.67	27.00
2016	5193.77	35.00	519.24	45.70
2017	6259.80	20.50	696.50	34.10
2018	7354.80	17.50	859.40	23.40
2019	8605.06	17.00	1037.00	20.70

数据来源：《张家口市国民经济和社会发展统计公报》（2009—2019年）。

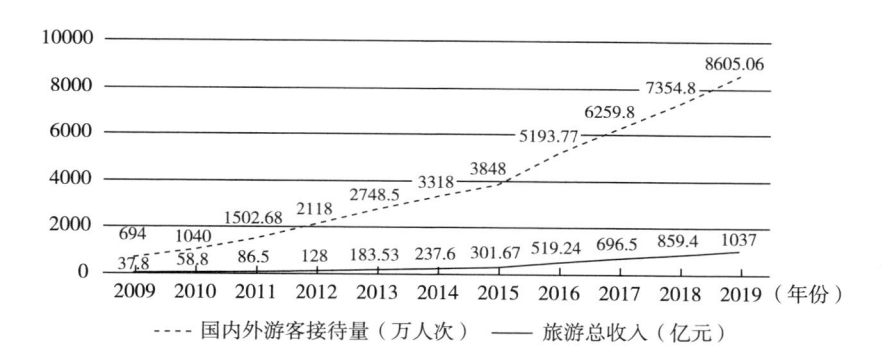

图 5-5　2009-2019 年张家口市旅游业发展情况

2. 生态环境不断改善，旅游产业的生态价值功能显著增强

良好的政策环境是产业发展的重要外部支撑，因而政府在文旅融合产业集群的形成和绿色发展过程中的统筹协调与引领作用就显得尤为重要。党的十八届五中全会提出以绿色发展理念作为党和国家的执政理念。党的十九大提出推动经济高质量发展，绿色发展是高质量发展的路径选择。《京津冀协同发展规划纲要》将河北省定位为京津冀生态环境支撑区，张家口市作为北京的"后花园"，生态功能是其首要功能。2019 年印发的《张家口首都水源涵养功能区和生态环境支撑区建设规划（2019—2035 年）》，强调要坚持"绿水青山就是金山银山"的理念，将张家口市打造成北京市的水源涵养功能区和生态环境支撑区，这为张家口市产业绿色发展提出新要求，旅游业作为绿色朝阳产业成为张家口市经济发展的新引擎。张家口市政府将旅游业作为张家口经济发展的支柱产业，出台相应扶持政策。通过制定《张家口市全域旅游发展规划（2018—2035）》《张家口市文化和旅游十四五发展规划》等科学合理的旅游产业发展规划，引导旅游企业的地理集中，突出强调大力发展崇礼冰雪文化旅游、张北草原文化旅游、怀来葡萄（酒）文化旅游等县域特色旅游，促进县域特色文化旅游产业集群的形成。通过出台《张家口市文化和旅游市场黑名单管理办法》建立张家口市文化和旅游市场经营主体守信联合激励和失信联合惩戒管理制度，通过政策制度来规范文化旅游市场的发展，促进旅游产业集群的健康发展。国家及张家口市政府的各项政策为文旅融合产业集群的形成提供了良好的政策环境。

文旅融合背景下，张家口市遵循"宜融则融，能融尽融"的发展要求，不断优化整合文化和旅游资源，积极推进文旅深度融合，创新文旅融合旅游新业态。结合文旅融合旅游新业态发展的现实状况，从发展规模、知名度、发展潜力三方面考量，本文选取了五种最为典型的新业态以代表张家口市文旅融合旅游新业态发展态势。分别为冰雪文化旅游新业态、草原文化旅游新业态、葡萄（酒）文化旅游新业态、长城文化旅游新业态、剪纸文化旅游新业态。

3. 消费环境改善升级，旅游富民作用不断提高

广阔的市场前景是张家口文旅融合产业集群化发展的重要条件。张家口市毗邻京津，因而京津冀是张家口市旅游的主要客源地。截至2019年底，京津冀三地年末常住人总口数为11307.4万人，约占全国人口总数的8%，京津冀庞大的人口基数，为张家口市旅游产业发展提供了客源基础。伴随着人们收入水平的提高，越来越多的人具备了旅游消费的经济实力，旅游消费需求越来越多。由表5-9可知，2013—2019年间，北京市居民人均可支配收入由40321元增

长至 62361 元，天津市居民人均可支配收入由 26359 元增长至 39506 元，河北省居民人均可支配收入由 15190 元增长至 23446 元，分别增长了 54.66%、49.88%、54.35%。北京市居民人均消费支出由 26275 元增长至 39843 元，天津市居民人均消费支出由 20419 元增长至 29903 元，河北省居民人均消费支出由 10872 元增长至 16722 元，分别增长了 51.64%、46.45%、53.81%。因此，京津冀三地居民人均可支配收入和人均消费支出均实现了快速增长。京津冀三地居民收入的快速增长为三地居民旅游消费提供了经济支撑。同时京津冀三地居民消费支出的增长表明居民愿意将更多的收入用于消费，旅游消费成为人们的重要选择。综上所述，京津冀三地居民收入支出水平的进一步提升，将为张家口市旅游业发展提供拥有巨大发展潜力的客源市场。

表 5-9　京津冀居民人均可支配收入及人均消费支出水平　　单位：元

年份	北京 人均可支配收入	北京 人均消费支出	天津 人均可支配收入	天津 人均消费支出	河北 人均可支配收入	河北 人均消费支出
2013	40321	26275	26359	20419	15190	10872
2014	43910	28009	28832	22343	16647	11932
2015	48458	33803	31291	24162	18118	13031
2016	52530	35416	34074	26129	19725	14247
2017	57230	37425	37022	27841	21484	15437
2018	62361	39843	39506	29903	23446	16722

资料来源：《北京统计年鉴》（2014—2019 年）、《天津统计年鉴》（2014—2019 年）、《河北经济年鉴》（2014—2019 年）。

第六章　张家口旅游中心地建设及其空间结构

张家口地区经济基础相对薄弱，如何利用现有资源，推进生态产业化、产业生态化，实现创新发展、绿色发展、高质量发展，是亟待解决的现实问题。在首都"两区"建设背景下，深入研究张家口旅游空间结构的合理性，探寻张家口旅游空间结构优化策略，具有重要的现实意义。

第一节　旅游空间分布特征及其影响因素模型

区域旅游空间结构是学术界关注的热点领域之一，相关研究主要集中在区域旅游空间结构的特征、影响因素、演变趋势、发展机理、优化策略等方面，并取得了一定的研究成果[1][2][3]。空间错位理论是在1969年美国学者卡因在研究"空间错位假设"的基础上逐渐发展形成的[4][5]。旅游空间错位则指的是旅游资源、旅游市场、旅

---

[1] 黄爱莲、朱俊蓉、彭聪：《中国边境省域旅游经济空间结构演变及特征研究》，《经济问题探索》2021年第1期。

[2] 林章林、程智：《黄山市旅游要素空间结构与旅游环境的耦合关系》，《地域研究与开发》2020年第2期。

[3] 肖刚、李文明、章辰：《江西省旅游线路网络空间结构及影响因素研究》，《地域研究与开发》2020年第5期。

[4] 李强、谭红日、李伯华等：《资源非优区县域旅游资源空间结构优化研究——以湖南省祁东县为例》，《资源开发与市场》2021年第4期。

[5] 陈晟、董桂才：《安徽省城市旅游经济带空间结构研究》，《合肥工业大学学报（社会科学版）》2020年第2期。

第六章　张家口旅游中心地建设及其空间结构 / 161

游经济和区域经济发展水平等要素在空间分布上相互不匹配的现象。国外有关旅游空间错位的研究起步较早，发展成熟。国内旅游空间错位的研究起步虽晚但发展迅速，研究内容上，主要集中于旅游资源与旅游经济、旅游资源与旅游质量、旅游服务、交通区位与旅游经济等方面的空间错位研究。在测量指标上，多以两个层面的错位研究为主，指标选取多集中于旅游资源与旅游经济、旅游流或旅游质量等方面。

张家口旅游资源丰富，但区域内发展差异显著，鉴于此，本文以张家口 16 个县（区）作为研究对象，构建旅游空间错位的判断标准和测评模型，定量测评张家口旅游业发展的空间错位程度，分析不同区域错位的影响因素，识别其中存在的深层问题及根源，提出优化张家口旅游空间结构的对策，以期推动张家口旅游产业高质量发展，并为同类型地区旅游发展提供借鉴参考。

一　指标体系构建

旅游空间结构受到诸多因素的影响和制约。根据对已有文献的梳理，本研究认为这些因素主要包括资源赋存、基础设施、经济发展、生态环境、社会支持、科技支撑等，这些因素既相互影响、又相互制约，共同推动着旅游空间结构的演变和发展。考虑数据的可得性、有效性和科学性，参考陈晟等[①]、王新越[②]和王冠孝等[③]的研究，旅游空间结构用旅游接待规模来表示，资源赋存、基础设施、经济发展、生态环境、社会支持和科技支撑等 6 个维度，选取 10 项评价指标，构建旅游空间结构影响因素的评价指标体系，指标权重采用熵值赋权法（见表 6-1）。分析判断张家口旅游空间结构的合理性，若空间错位程度越小，说明旅游空间结构合理；反之，则说

---

① 陈晟、董桂才：《安徽省城市旅游经济带空间结构研究》，《合肥工业大学学报（社会科学版）》2020 年第 2 期。
② 王新越、赵文丽：《山东半岛城市群旅游空间结构分析》，《地域研究与开发》2018 年第 2 期。
③ 王冠孝、李小丽、晋迪等：《供给侧改革视角下山西省旅游空间结构的合理性研究》，《地域研究与开发》2020 年第 1 期。

明旅游空间结构不合理。

表 6-1　旅游空间结构影响因素评价指标体系及其权重

目标层	准则层	权重	评价指标	单位	权重
旅游空间结构影响因素	资源赋存	0.348	相对丰度	分	0.528
			绝对丰度	分	0.472
	经济发展	0.172	第三产业占GDP比重	%	0.438
			人均生产总值	元/人	0.562
	基础设施	0.050	公路里程	公里	1.000
	社会支持	0.248	服务业行政事业单位从业人员	人	0.206
			城镇单位从业人员劳动报酬	元	0.337
			社会消费品零售总额	万元	0.456
	生态环境	0.108	规模以上工业企业综合能源消费量	吨标准煤	1.000
	科技实力	0.074	中学专职教师	人	1.000

二　数据来源与处理

数据主要来源于《张家口经济统计年鉴（2019）》，文化与旅游部、河北省文化与旅游厅和张家口文化广电和旅游局官方网站公布的资料（见附表1和附表2）。为了消除量纲影响和变量自身变异大小和数值大小的影响，对数据进行标准化处理（见附表3）。

三　方法选取

1. 旅游资源丰度

考虑到不同等级资源对地区旅游的影响有显著差异，引入资源丰度的概念，文化资源选取世界级文化遗产、世界级非物质文化、国家文保单位、国家级非物质文化遗产、历史文化名村名镇等，自然资源选取国家级沙漠公园、水利风景区、自然保护区、湿地公园、国家草原自然公园、森林公园、地质公园等，A级景区仅采用4A级及以上景区。参考喻琦、马仁锋等[1]的研究成果，对文化资源

---

[1] 喻琦、马仁锋、叶持跃等：《长三角城市群旅游空间结构分析》，《统计与决策》2018年第13期。

第六章 张家口旅游中心地建设及其空间结构 / 163

和自然资源采用不同等级赋值法,世界级赋值 3 分,国家级赋值 1 分;5A 级景区值 3 分,4A 级景区值 1 分,根据等级资源数量计算总得分。

运用旅游资源丰度指数模型分析各县(区)旅游资源丰度情况。资源丰度指标借鉴王新越等的计算方法①。旅游资源丰度是指旅游资源种类和数量的丰裕程度。包含绝对丰度和相对丰度两方面,绝对丰度是一个绝对量,相对丰度是一个均量。

$$p_i = \frac{(mn - \sum_{j=1}^{m} d_{ij})}{(mn - n)} \tag{1}$$

式中:p_i 为第地区旅游资源相对丰度和绝对丰度;m 为参与对照节点数量,取 16;n 为资源种类数;$\sum_{j=1}^{m} d_{ij}$ 为第 i 个地区 n 种资源占张家口名次之和。

2. 综合得分计算

运用综合评价函数②,分别计算出张家口各区域的综合得分。计算公式为:

$$T_{1i} = \sum_{j=1}^{m} \omega_j \mu_{ij} \tag{2}$$

$$\sum_{j=1}^{m} \omega_j = 1 \tag{3}$$

$$T_{2i} = \sum_{k=1}^{m} \omega_k \mu_{ik} \tag{4}$$

$$\sum_{k=1}^{m} \omega_k = 1 \tag{5}$$

式中:T_{1i} 指第 i 个区域在旅游空间结构状况测评中的综合得分;T_{2i} 指第 i 个区域在旅游空间结构的影响因素状况测评中的综合得分;ω_j 和 μ_{ij} 分别指旅游空间结构状况测评中第 j 项评价指标的权重和第 i 个区域在第 j 项指标的功效系数(初始值经无量纲化后的

---

① 王新越、赵文丽:《山东半岛城市群旅游空间结构分析》,《地域研究与开发》2018 年第 2 期。

② 王新越、赵文丽:《山东半岛城市群旅游空间结构分析》,《地域研究与开发》2018 年第 2 期。

值）；ω_k 和 μ_{ik} 分别指旅游空间结构的影响因素状况测评中第 k 项评价指标的权重和第 i 个区域在第 k 项指标的功效系数[①]。

3. 空间错位分析

运用空间错位分析法来反映旅游与其发展环境之间的空间错位程度，进而判断旅游空间结构的合理性。为便于比较分析张家口各区域旅游产业与发展环境之间空间错位程度的差异，对空间错位指数的计算公式进行了修正，对结果扩大 100 倍[②]。修正后的计算公式为：

$$S_{MI} = \frac{1}{2nP} \sum_{i=1}^{n} \left| \frac{E_i}{E} \times P - P_i \right| \times 100 \quad (6)$$

$$S_{Mi} = \frac{1}{2P} \left(\frac{E_i}{E} \times P - P_i \right) \times 100 \quad (7)$$

式中：S_{MI} 指张家口整体的空间错位指数，S_{Mi} 指第 i 个区域的空间错位指数；E_i 和 E 指第 i 个区域旅游产业的得分和各区域旅游产业的得分之和；P_i 和 P 指第 i 个区域旅游产业的得分和各区域旅游产业的得分之和；n 为张家口的区域总数量（16）。

S_{MI} 值越大，说明各区域旅游产业与其发展环境之间的关系越不协调，即旅游空间结构越不合理；反之，旅游空间结构越合理。根据空间错位指数计算结果，可将各区域划为 5 个类型：即旅游明显超前型、旅游轻度超前型、旅游轻度滞后型、旅游明显滞后型（见表 6-2）。

表 6-2　　　　　　　空间错位类型划分依据和代表意义

错位类型		划分依据	代表意义
旅游重度超前型	Ⅰ 类	SMi>0，且 SMi>SMI	区域旅游大幅超前
旅游轻度超前型	Ⅱ 类	SMi>0，且 SMi<SMI	区域旅游小幅超前

[①] 王新越、赵文丽：《山东半岛城市群旅游空间结构分析》，《地域研究与开发》2018 年第 2 期。

[②] 王冠孝、李小丽、晋迪等：《供给侧改革视角下山西省旅游空间结构的合理性研究》，《地域研究与开发》2020 年第 1 期。

续表

错位类型		划分依据	代表意义
旅游轻度滞后型	Ⅲ类	SMi<0，且｜SMi｜<SMI	区域旅游小幅滞后
旅游重度滞后型	Ⅴ类	SMi<0，且｜SMi｜>SMI	区域旅游大幅滞后

第二节　张家口旅游空间结构及其错位分析

依据上述方法，分别计算出张家口各县区在旅游空间结构状况及其影响因素状况中的综合得分（见图6-1和表6-3）。

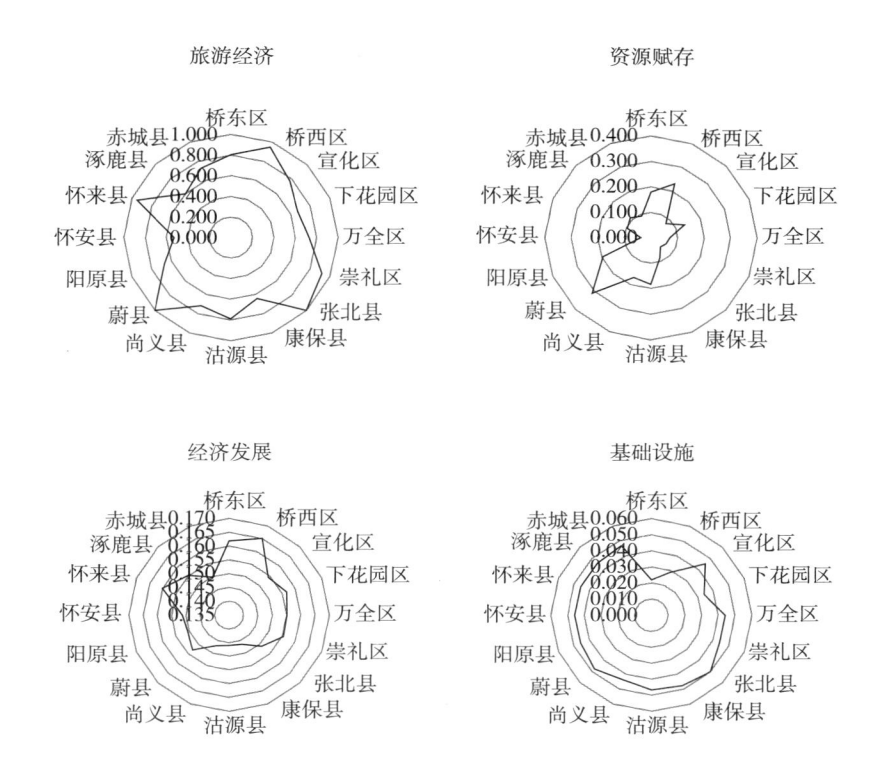

图 6-1　张家口各区域在旅游空间结构状况及其影响因素状况测评中的得分

166 / 文旅融合绿色发展研究报告（张家口篇）

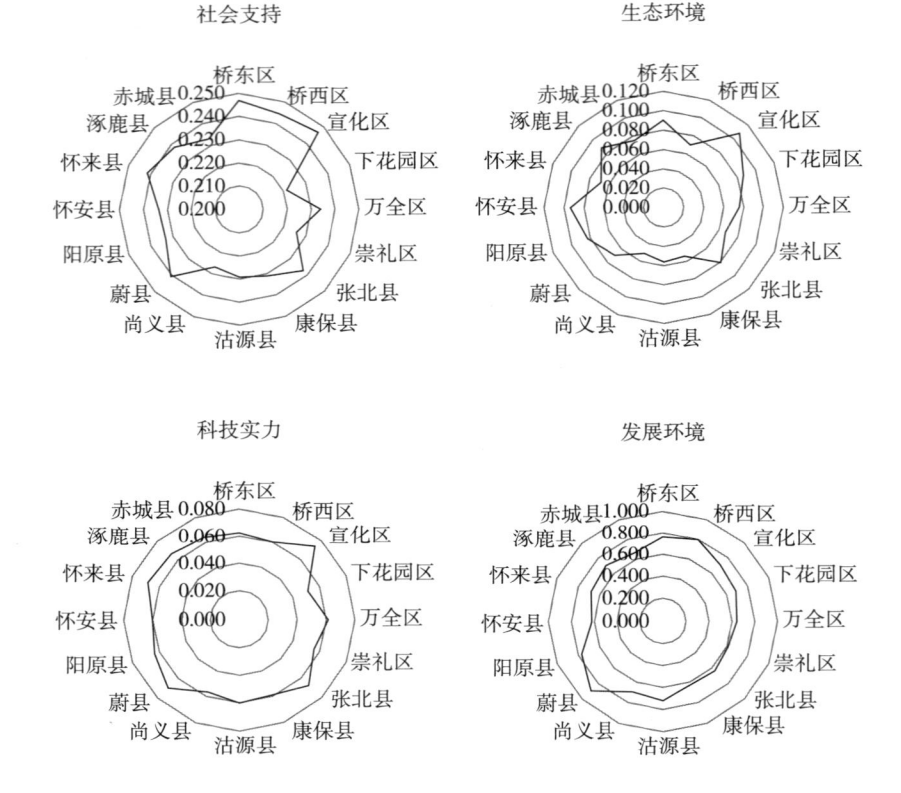

图 6-1　张家口各区域在旅游空间结构状况及其影响因素
状况测评中的得分（续）

表 6-3　　张家口各区域在旅游空间结构状况及其
影响因素状况测评中的得分

区域	旅游经济	资源赋存	经济发展	基础设施	社会支持	生态环境	科技支撑	旅游环境综合得分
桥东区	0.805	0.544	0.064	0.867	0.926	0.438	0.981	0.994
桥西区	0.950	0.695	0.255	1.000	0.860	0.576	0.981	0.970
宣化区	0.773	0.151	0.173	0.878	0.844	0.909	1.000	0.980
下花园区	0.672	0.530	-0.096	0.911	0.843	0.680	0.824	0.991
万全区	0.731	0.255	-0.047	0.883	0.849	0.884	0.920	0.982

续表

区域	旅游经济	资源赋存	经济发展	基础设施	社会支持	生态环境	科技支撑	旅游环境综合得分
崇礼区	0.921	0.175	0.012	0.886	0.850	0.882	0.900	0.984
张北县	0.999	0.042	0.177	0.806	0.865	1.000	0.960	0.992
康保县	0.641	0.081	0.076	0.785	0.838	0.953	0.910	0.985
沽源县	0.789	0.263	0.583	0.740	0.866	0.934	0.905	0.976
尚义县	0.718	0.228	0.319	0.796	0.834	0.878	0.895	0.987
蔚县	1.000	0.504	1.000	0.918	0.803	0.957	0.992	0.969
阳原县	0.669	0.297	0.577	0.874	0.812	0.911	0.947	0.964
怀安县	0.528	0.120	-0.167	0.832	0.850	0.914	0.941	0.978
怀来县	0.949	0.184	0.301	0.941	0.855	0.910	0.970	0.978
涿鹿县	0.598	0.107	0.227	0.905	0.834	0.910	0.955	0.977
赤城县	0.728	0.058	0.160	0.847	0.824	0.936	0.943	0.972

一 张家口旅游空间结构分析

结合图6-1、表6-3分析可知，2018年张家口旅游接待人次排在前5名的分别是蔚县、张北县、桥西区、怀来县、崇礼区，其中蔚县（699.6）和张北县（695）最高，接待人次接近700万人次，属于第一梯队；桥西区、怀来县、崇礼区，旅游接待分别为504万人次、500万人次、416.1万人次，属于第二梯队；桥东区（195）、沽源县（175.9）、宣化区（158）、万全区（120）、赤城县（117.9）、尚义县（110），旅游接待介于100万—200万人次之间，属于第三梯队；第四梯队为下花园区（81.7）、阳原县（80）、康保县（66.6）、涿鹿县（50.3）、怀安县（31.7），旅游接待低于100万人次。反映出张家口各县（区）之间旅游产业发展差异明显，旅游空间分布不平衡。

二 张家口旅游业空间结构错位分析

1. 张家口旅游空间结构错位分析

依据上述空间错位分析方法，计算出得空间错位指数（见表6-4）。由图6-1和表6-4可知，张家口旅游产业与其发展环境之间的整体空间错位指数达 0.375，说明二者之间的空间错位达到较高水平，旅游空间结构中存在一定的不合理。旅游产业与 6 个影响因素之间的错位指数差别明显，空间错位最大的是资源赋存，达到 1.422，说明张家口资源赋存空间差异大，尚未得到有效开发和利用，发展提升空间较大；其次是生态环境（0.839）和社会支持（0.667），说明张家口在这两方面的空间差异较为明显，良好的生态环境和社会支持需进一步加强利用；科技支撑（0.461）、经济发展（0.457）、基础设施（0.449），三者的空间错位指数较小，说明这三个要素的空间分布差异较小，尽管基础较为薄弱，但是对旅游发展起到了一定的支撑作用。

2. 张家口各县（区）旅游空间错位分析

根据表 6-4，张家口各县（区）旅游空间结构可划分为 4 种类型。

旅游重度超前型区域（Ⅰ类）。这类区域的旅游空间错位指数要大于张家口平均水平 0.375，包括阳原县、涿鹿县、怀安县 3 个县，错位指数分别为 0.792、0.674、0.637，说明 3 个县旅游产业已大幅超前于发展环境，其旅游产业在目前的发展环境状况下已经得到了充分发展。其中，阳原县旅游产业已大幅超前于其资源赋存、科技支撑，轻度超前于其基础设施、经济发展、社会支持、生态环境；涿鹿县和怀安县的旅游产业发展均大幅超前于其经济发展、基础设施、社会支持、生态环境、科技支撑。不同的是，涿鹿县轻度超前于资源赋存，而怀安县则是轻度滞后于资源赋存。

旅游轻度超前型区域（Ⅱ类）。这类区域旅游空间错位指数介于 0—0.375 之间，包括下花园区（0.365）、宣化区（0.135）、沽源县（0.118）、康保县（0.103）、尚义县（0.085）、桥东区（0.079）、蔚县（0.014）八个区县，这 8 个区县旅游产业发展在较小幅度上超前于发展环境，说明旅游产业在目前的发展环境状况下已经得到了较为充分的发展。其中，下花园区旅游产业发展大幅超

第六章　张家口旅游中心地建设及其空间结构 / 169

表 6-4　张家口旅游产业与发展环境之间空间错位状况

区域	资源赋存 错位度	资源赋存 错位类型	经济发展 错位度	经济发展 错位类型	基础设施 错位度	基础设施 错位类型	社会支持 错位度	社会支持 错位类型	生态环境 错位度	生态环境 错位类型	科技支撑 错位度	科技支撑 错位类型	旅游环境综合得分 错位度	旅游环境综合得分 错位类型
桥东区	1.070	Ⅱ	0.101	Ⅱ	-1.625	Ⅴ	0.017	Ⅱ	0.474	Ⅱ	-0.107	Ⅲ	0.079	Ⅱ
桥西区	1.681	Ⅰ	-0.506	Ⅴ	-1.702	Ⅴ	-0.606	Ⅴ	-0.932	Ⅴ	-0.795	Ⅴ	-0.284	Ⅲ
宣化区	-1.213	Ⅲ	0.029	Ⅱ	0.224	Ⅱ	0.140	Ⅱ	1.345	Ⅰ	0.598	Ⅰ	0.135	Ⅱ
下花园区	0.557	Ⅱ	0.468	Ⅰ	-0.207	Ⅲ	0.283	Ⅱ	0.856	Ⅰ	-0.136	Ⅲ	0.365	Ⅱ
万全区	-1.239	Ⅲ	0.218	Ⅱ	0.303	Ⅱ	0.177	Ⅱ	0.178	Ⅱ	0.139	Ⅱ	-0.034	Ⅲ
崇礼区	-2.218	Ⅴ	-0.538	Ⅴ	-0.465	Ⅲ	-0.650	Ⅴ	-0.943	Ⅴ	-0.913	Ⅴ	-0.914	Ⅴ
张北县	-2.790	Ⅴ	-0.899	Ⅴ	-0.349	Ⅲ	-0.843	Ⅴ	-0.695	Ⅲ	-0.631	Ⅴ	-1.051	Ⅴ
康保县	-0.503	Ⅲ	0.442	Ⅰ	0.917	Ⅰ	0.515	Ⅰ	-0.339	Ⅲ	0.376	Ⅱ	0.103	Ⅱ
沽源县	1.233	Ⅱ	-0.128	Ⅲ	0.251	Ⅱ	-0.104	Ⅲ	-0.852	Ⅴ	-0.150	Ⅲ	0.118	Ⅱ
尚义县	1.173	Ⅱ	0.138	Ⅱ	0.333	Ⅱ	0.171	Ⅱ	-0.777	Ⅴ	-0.048	Ⅲ	0.085	Ⅱ
蔚县	3.431	Ⅰ	-0.942	Ⅴ	-0.510	Ⅲ	-0.829	Ⅴ	-1.163	Ⅴ	-0.519	Ⅴ	0.014	Ⅱ
阳原县	1.985	Ⅰ	0.359	Ⅱ	0.649	Ⅱ	0.417	Ⅱ	0.725	Ⅱ	0.491	Ⅰ	0.792	Ⅰ
怀安县	-1.198	Ⅲ	0.977	Ⅰ	1.226	Ⅰ	0.997	Ⅰ	1.741	Ⅰ	0.887	Ⅰ	0.637	Ⅰ
怀来县	-1.495	Ⅴ	-0.579	Ⅴ	-0.477	Ⅲ	-0.620	Ⅴ	-1.011	Ⅴ	-0.388	Ⅲ	-0.661	Ⅴ
涿鹿县	0.246	Ⅱ	0.735	Ⅰ	0.929	Ⅰ	0.753	Ⅰ	1.216	Ⅰ	0.923	Ⅰ	0.674	Ⅰ
赤城县	-0.721	Ⅲ	0.125	Ⅱ	0.502	Ⅱ	0.183	Ⅱ	0.177	Ⅱ	0.276	Ⅱ	-0.059	Ⅲ
张家口	1.422	—	0.449	—	0.667	—	0.457	—	0.839	—	0.461	—	0.375	—

前于其经济发展、生态环境，小幅超前于其资源赋存、社会支持，小幅滞后于其基础设施、科技支撑；宣化区旅游产业发展大幅超前于其科技支撑和生态环境，轻度超前于其经济发展、基础设施、社会支持，但是小幅滞后于其资源赋存；沽源县旅游产业发展小幅超前于其资源赋存、基础设施，但是小幅滞后于其经济发展、社会支持、科技支撑，大幅滞后于其生态环境；康保县旅游产业发展虽大幅超前于其经济发展、基础设施、社会支持，小幅超前于其科技支撑，但小幅滞后于其资源赋存和生态环境；尚义县旅游产业发展小幅超前于其资源赋存、经济发展、基础设施、社会支持，但小幅滞后于其科技支撑，大幅滞后于其生态环境；桥东区旅游产业发展小幅超前于其资源赋存、经济发展、社会支持、生态环境，但是小幅滞后于其科技支撑，大幅滞后于其基础设施；蔚县旅游产业发展大幅超前于其资源赋存，但是却大幅滞后于其经济发展、社会支持、生态环境、科技支撑，小幅滞后于其基础设施。

旅游轻度滞后型区域（Ⅲ类）。这类区域旅游空间错位指数在-0.375—0之间，包括桥西区（-0.284）、赤城县（-0.059）和万全区（-0.034）3个区县，其旅游发展水平略低于其环境条件，处于旅游轻度滞后发展阶段。其中，桥西区旅游产业虽然大幅超前于其资源赋存，但也大幅滞后于其经济发展、基础设施、社会支持、生态环境和科技支撑等其他发展环境；赤城县旅游产业小幅超前于其经济发展、基础设施、生态环境、科技支撑，但是小幅滞后于其资源赋存和社会支持；万全区旅游产业发展小幅超前于其经济发展、基础设施、社会支持、生态环境、科技支撑，但小幅滞后于其资源赋存。

旅游重度滞后型区域（Ⅳ类）。这类区域的空间错位指数均为负值，且绝对值小于张家口整体空间错位指数-0.375，包括张北县（-1.051）、崇礼区（-0.914）、怀来县（-0.661），这3个区县旅游产业较大幅度上滞后于发展环境，其旅游产业在目前的发展环境状况下明显尚未得到充分发展。其中，怀来县旅游发展轻度滞后于其基础设施和科技支撑，重度滞后于其资源赋存、经济发展、社会支持和生态环境；崇礼区旅游发展轻度滞后于其基础设施，重度滞后于其资源赋存、经济发展、社会支持、生态环境和科技支撑；张北县旅游发展轻度滞后于其基础设施和生态环境，重度滞后于其资源赋存、经济发展、社会支持、科技支撑。

第三节　张家口旅游空间开发模式及结构优化策略

鉴于区域之间旅游空间错位的显著差异，应根据各区域面临的具体情况，科学地制定旅游空间结构优化对策，以提升旅游空间结构的合理性。依据张家口资源禀赋、发展环境要素的空间分布特征及交通体系格局，利用中心地理论构建旅游中心地概念及不同等级旅游中心地序列，形成张家口基地辐射型旅游模式，以区域中心城市张家口为高等级旅游中心地，通过发挥旅游集散、旅游服务、产业组织与协调等功能，辐射更广阔的市场腹地范围，带动区域内的次等级旅游中心地发展，形成基地辐射型旅游目的地空间模式开发类型，支撑文旅融合多业态旅游体系发展。因此，做强张家口市，增强旅游中心城市的枢纽作用和辐射能力，提升旅游带的产业集聚和产品支撑作用；通过京张文化体育旅游产业带和草原天路旅游带，完善旅游城镇体系建设，合理布局生产力，带动沿线区县的旅游发展；打破区域行政区划，实现区域强强联合，在区域内建设若干专项旅游目的地；优先打造一批具有竞争力精品旅游项目，集中精力、确保重点、以点带面、梯次推进，着力构建全域旅游发展新格局。

一　旅游综合服务中心

做强张家口主城区，以张家口桥东区、桥西区为核心，辐射张家口全域，增强旅游中心城市的枢纽作用和辐射能力，提升旅游产业集聚和产品支撑作用，打造集旅游、休闲、度假等多功能于一体的城市旅游综合体，使其成为张家口旅游综合服务中心。加强现代交通建设，构建铁路、公路、航空旅游综合性立体化交通网络，形成功能齐全、设施完善、服务优良的立体化交通网络枢纽和智慧交通体系。深入挖掘张家口历史文化，以长城文化为核心，红色文化、工业文化为特色，融入现代城市建设，大力推进大境门段长城国家文化公园、詹天佑文化轴、文化艺术中心等一批重点文旅工程项目和公共服务设施建设，积极搭建长城、非遗等各类主题文化展演活动平台，成为张家口城市文化溯源体验核心和当代城市文化展示体验新地标。做优主城区，强化旅游集散中心、咨询中心、大数据中心、营销中心、创意研发中心、购物中心、会展中心等八个中心建设，大力发展旅游总部经济和夜游经济；加快现代服务业发展，构建以科技服务为引领，以现代物流和商贸商务为主导，特色旅游和健康养老协调推进的服务业发展格局，形成高端旅游综合服务中心。

二　冰雪产业旅游片区

打造冬奥会冰雪旅游产业中心。在崇礼区，以云顶滑雪场、万龙滑雪场、太舞滑雪场、多乐美地滑雪场、长城岭滑雪场、翠云山滑雪场为龙头，推动完善建设不同主题、风格各异的高标准滑雪区，满足冬奥会雪上项目比赛要求和每年2000万人次的滑雪需求，建设中国最大的滑雪产业集聚区。同时，延伸滑雪运动产业链，引导发展滑雪文化创意、专业训练、滑雪用具和设备制造等关联产业，打造国内一流的滑雪教学、科研、培训基地和冬季体育用品研发、生产和交易中心。

建设塞北特色冰雪度假小镇。以崇礼为引领，突出张家口滑雪、赏雪、玩雪的冰雪文化，在崇礼、沽源、康保等地建设一批具有塞北特色的高品质冰雪度假小镇，丰富星级宾馆、主题酒店、乡村旅馆、农家客栈等餐饮住宿设施，同时积极承办国际国内滑雪领域的赛事、会议、培训和展览，形成特色鲜明、经济繁荣的旅游度假地。

建设文化体育旅游产业中心。重点发展户外体育运动和冰雪旅游装备制造业，在张家口万全区形成体育旅游装备制造基地和产业聚集区；在张家口中心城区建设明湖室内大型滑雪场、张家口冰雪奥运主题公园、室内标准滑冰场，发展滑冰旅游；依托张家口大境门、张家口堡、宣化区古建筑群、万全区右卫城、下花园鸡鸣驿等长城、古城堡等国家级历史文化资源，建设创意文化产业集聚区，积极培育新兴文化业态和商业模式，培育大型文化旅游项目，增强张家口文化和旅游产业综合实力。

三 坝上草原休闲片区

包括张北县、沽源县、康保县、尚义县等张家口坝上地区。依托草原天路沿途蜿蜒曲折的优美线条、坝缘山地的独特地貌、农牧文化的神奇交融、世界商旅古道的历史遗迹与森林草原的壮美景观，通过整合打造、综合开发，将草原天路打造成为国家1号风景大道、世界最美的草原风情度假带。

挖掘地方文化特色，实施差异化发展，打造张北中都草原、沽源湿地草原、康保生态草原、尚义运动草原4个旅游度假区。从建筑景观、生态景观、节庆活动上突出差异，使游客在不同空间充分领略不同文化、不同风格的草原风情，将本区域建设成为国家草原公园、国家牧场、坝上草原旅游示范区、国际消夏避暑旅游胜地。

以张北中都草原度假村、仙那都国际旅游度假村、沽源闪电湖景区等坝上拥有湖淖的景区为带动，在夏季草原旅游基础上丰富冬季冰雪娱乐产品，打造北方冰雪创意基地，形成四季旅游格局。建设冰雪体育公园、冰雪餐厅、冰雪酒店、冰雪酒吧、冰雪高尔夫、冰雪艺术公园，打造北方冰雪创意基地，形成四季旅游格局。

四 历史文化体验片区

包括张家口主城区、阳原县、涿鹿县、蔚县、怀来县、下花园区、宣化区、万全区、怀安县。以"泥河湾古人类文化""中华三祖文化""蔚县古堡民俗"为文化核心吸引，加强文化活化，加大文化体验，发挥阳原、涿鹿、蔚县三地历史文化资源优势，强强联合，强化目的地吸引力、聚集力，构筑历史文化旅游金三角，打造世界著名的古人类遗址体验地、世界级民族文化亮丽名片、国家级文化旅游创新示范区。依托张家口城区，加上怀来县、涿鹿县北部、下花园区、宣化区、万全区、怀安县，合力打造长城古道旅游产业片区。依托北京至张家口的交通主动脉，整合沿途优势资源，强化区域吸引力，积极对接京津冀协同合作，打造产业创新引领区、产业创新特色功能区、京张协同发展先行示范区；重点开发长城文化旅游产品，建设国家长城文化旅游目的地。

五　桑洋葡萄（酒）文化片区

桑干河流域，包含阳原县、宣化区、涿鹿县、怀来县。洋河流域，包含怀安县、万全区、城市区、宣化区、下花园区、怀来县。围绕建设首都水源涵养功能区和生态环境支撑区的目标，加强桑干河水系和洋河水系（以下简称桑洋水系）的生态保护与治理，把生态旅游作为桑洋水系开发利用的基本业态，让桑洋水系的生态环境得以保护和延续，通过旅游业，带动沿线经济全方位发展，建设京西北的水源涵养带、生态效益带、旅游观光带、富民产业带。

以桑干河和洋河为纽带，利用沿途的村庄、景区、生态资源等打造一批重要的旅游节点。开发"水系"为主线的旅游产品，重点打造水上运动、滨水旅游、水岸休闲、滨水度假、滨水综合娱乐、乡村旅游等六大核心旅游产品，夏季产品与冬季产品双轮驱动，夏季推出滨水亲子游、避暑休闲游、漂流、垂钓、皮划艇等旅游项目；冬季产品推出冰雪运动小镇、峡谷踏冰、滑冰等特色娱乐项目，配套滨水特色餐饮、滨水休闲酒吧、滨水特色商店等商业业态项目，丰富滨水度假酒店、自驾营地、滨湖客栈与民宿等接待设施。注重沿河各县（区）河段的特色化开发，依托桑干河流域、洋河流域特有的资源，发展地方特色优势种植业、林业和旅游业，构建差异化的产业布局，打造不同主题化的游览体验，激活两岸活力，构筑桑洋水系绿色产业经济带。

依托宣化和怀来丰富的葡萄资源，打造葡萄小镇。依托宣化区世界农业文化遗产——牛奶葡萄种植技艺及区内大面积优质葡萄种植基地，深入挖掘葡萄文化及养生文化，积极融入旅游元素，实现生产、生活、生态三生融合，产加销游四位一体开发，打造集葡萄种植、加工、研发、销售、生态观光、休闲度假、健康养生、中西文化合璧等功能于一体的葡萄文化风情小镇。依托桑园镇优越的气候和土壤环境，悠久的葡萄种植历史及技艺，将酒庄与周边乡村资源进行整合，内设葡萄生态观光区、休闲养生区、葡萄酒文化体验区、葡淘乐园区，建设服务中心、会展中心、葡萄酒窖、萄艺公社、葡萄餐厅等项目，打造为集葡萄生态观光、种植加工、游乐体验等功能于一体的主题酒庄，全国休闲农业与乡村旅游示范点，中国葡萄酒产业领军品牌。

六 温泉康养度假片区

以赤城的冰雪温泉资源为引领，结合森林、山地、凉爽气候等其他旅游资源，瞄准高端市场，打造国际品质，构建张家口旅游发展的温泉康养度假龙头集群。依托大海陀国家级自然保护区、冰山梁风景区、黑龙山森林公园周边生态环境优势，重点突出生态文化主题，打造成为集休闲度假、艺术运动、文化传承为一体的生态度假小镇，打造京北国际高端生态旅游度假区。

第七章 张家口文旅融合旅游产业集群绿色发展评价

绿色发展是一种新发展理念，也是一种具体的产业发展方式。文旅融合产业集群绿色发展其实质仍是旅游产业及其相关产业的绿色发展，不仅强调旅游经济的增长，更强调旅游经济生产过程及其产品的资源节约和绿色生态，是经济、社会、生态、文化多元价值实现的高质量发展。

第一节 文旅融合产业集群绿色发展影响因素分析

谷树忠等提出绿色发展是以资源节约、环境友好、生态保护为主要特征的发展方式和生活方式[①]。唐承财等基于两山理论和绿色发展理论，构建了旅游产业的绿色发展模式[②]。文旅融合产业集群的绿色发展，要求旅游产业与经济增长、资源利用、生态保护、社会发展相协调，促进旅游经济发展的可持续、旅游文化传承的可持续、旅游生态环境的可持续以及旅游服务社会和美好生活的可持续，并提出影响文旅融合产业集群绿色发展的因素，具体为旅游经

---

① 谷树忠、谢美娥、张新华等：《绿色发展：新理念与新措施》，《环境保护》2016年第12期。
② 唐承财、郑倩倩、王晓迪等：《基于两山理论的传统村落旅游业绿色发展模式探讨》，《干旱区资源与环境》2019年第2期。

济发展、旅游相关支撑产业、绿色旅游资源禀赋、居民消费结构、科技投入、环境治理水平等六大因素。

一 旅游经济发展

在张家口文旅融合产业集群区域内，聚集着丰富的旅游资源、多样化的旅游新业态以及大量的旅游企业、中间组织和相关支撑机构，形成紧密的经济关系和产业分工协作体系，旅游经济发展是文旅融合产业集群绿色发展的重要内容。

旅游经济发展对文旅融合产业集群绿色发展的影响表现在四个方面：一是旅游经济发展促进旅游产业规模的扩大，推动旅游产业集群规模的扩张，实现旅游经济总量和地区经济总量的增长；二是旅游经济发展促进旅游产业主导地位的形成，旅游经济在区域经济中的占比不断提高，带动产业结构的调整和转型升级，提高经济发展水平和质量；三是旅游产业的综合性和关联性强，对工业、运输业、住宿业、金融业等相关产业的关联程度高，旅游经济发展对产业集群及区域经济的拉动作用显著；四是旅游产业属于劳动密集型产业，旅游产品主要用于消费者最终消费，旅游经济发展具有较强的就业带动效应和扩大消费效应。所以，旅游经济的发展从多方面直接作用和影响着文旅融合产业集群的绿色发展水平。

二 旅游相关支撑产业

从旅游活动过程中"食、住、行、游、购、娱"六要素的关系来看，"食、住、行"居于基础地位，是"游、购、娱"的支撑条件和服务保障，"食、住、行"的供给质量直接影响着游客的出行体验和"游、购、娱"活动的开展。因此，从旅游产业体系供给结构来看，旅游餐饮、旅游住宿、旅游交通、旅行社市场中介服务、旅游参观游览、旅游商贸流通、旅游文化娱乐、旅游综合服务等各环节各部门，以满足共同的旅游市场需求为纽带形成关联关系，相互分工协作、相互配套支撑，形成旅游产业链和旅游产品服务供应链。

在旅游产业链体系中，旅行社、住宿和餐饮业、旅游交通等旅游相关支撑产业,为旅游市场组织、游客出行、目的地接待等提供服务供给和设施条件,是制约和影响旅游经济发展的重要因素,对张家口文旅融合产业集群绿色发展的影响具体表现为:旅行社作为旅游市场中介组织,发挥着旅游市场的组织功能,提供旅游客源组织、旅游线路设计、导游服务、旅游接待服务等,旅行社的营销理念、服务质量和经营效果,直接作用和影响着旅游经济的发展,进而对文旅融合产业集群绿色发展产生影响;餐饮住宿业作为旅游接待的基本条件,反映着旅游目的地的接待能力和接待服务条件水平,住宿餐饮消费是旅游的基本消费,住宿餐饮业的绿色生产和游客的绿色消费是旅游经济绿色发展的重要内容,对文旅融合产业集群绿色发展产生着重要影响;旅游活动是伴随着游客的移动而发生空间位移的一项活动,旅游交通是旅游活动实现空间位移的技术支撑条件,交通的通达性、便捷性影响旅游运行的效率和旅游活动的实现,关系着产业要素的流动和市场的辐射范围,交通消费也是旅游的基本消费,旅游交通的绿色发展和高效便捷成为影响张家口文旅融合产业集群绿色发展的重要因素。

三 绿色旅游资源禀赋

旅游资源是旅游经济发展的重要因素。根据不同的目的,旅游资源分类可以有多种多样的分类标准和方法。按照资源的属性和成因,可将旅游资源划分为自然旅游资源和人文旅游资源两大类。按照《旅游资源分类、调查与评价》(GB/T 18972-2017)关于旅游资源基本类型释义,可将地文景观、水域景观、生物景观、气候景观等归纳为自然旅游资源,建筑与设施、历史遗迹等归纳为人文旅游资源。旅游资源是旅游开发与旅游产品转化的资源要素,旅游资源的地域分异规律为资源的产品适宜性开发提供了总体方向[1],自然旅游资源的自然景观特征和生态环境特征鲜明,对自然旅游资源的保护和旅游开发利用是形成生态旅游新业态的基础,构成生态环

---

[1] 吴必虎等:《旅游规划原理》,中国旅游出版社2010年版。

境保护和旅游经济绿色发展的重要内容；人文旅游资源的文化景观特征和遗产文化特征突出，对人文旅游资源的保护和旅游活化利用是发展文化旅游的前提和核心要素，成为文化遗产保护与传承、文化与旅游融合发展的重要内容。

结合本书对张家口文化资源、生态资源的调查，现将自然旅游资源和人文旅游资源中生态价值、文化价值品级较高的资源统称为绿色旅游资源，绿色旅游资源禀赋决定着张家口旅游业的发展方向。张家口丰富的生态资源、文化资源，形成优越的绿色旅游资源禀赋，成为张家口文旅融合产业集群绿色发展的核心资源，为张家口文旅融合产业集群绿色发展提供了优质的资源条件和产业基础。

四 居民消费结构

消费需求是拉动旅游产业发展和文旅融合产业集群发展的重要动力。居民收入水平不断提升，才能拥有更多可支配收入用于高层次消费，因而居民的收入水平对于旅游消费的产生与发展具有重要影响。居民具备旅游消费的能力还需要产生旅游消费的动机才能够真正实现旅游消费活动，旅游消费是一种高层级的服务性消费，根据马斯洛的需要层次理论，旅游消费是为了实现自尊的需要和自我实现的需要，是在基本的生理需要得到满足的基础上才会产生动机的需要。居民消费结构水平改善与提升可以促进旅游消费动机的增加，居民恩格尔系数可以反映居民的消费结构水平，尤其是居民服务性消费支出水平可以更为直接反映居民旅游需求。因而消费结构升级对文旅融合产业集群绿色发展具有促进作用。

五 科技投入水平

科技是绿色发展的核心动力，文旅融合产业集群的集群产业数字化特征决定了文旅融合产业集群的绿色发展需要科技条件的支撑。一方面科技投入越多，发展水平越高，能够为产业集群绿色发展提供越多的绿色科技成果，并转化为生产力，直接推动产业集群的绿色发展。另一方面科技能够动态反映文旅融合产业集群内部产业发展效率，提升产业资源投入产出效率，进而提升产业集群绿色化水平。科技投入主要体现在以互联网为代表的基础设施建设、社会科技成果、科技人才、企业科技投入这四方面。互联网是现代科技发展的基础条件，任何科技成果的运用和发展都需要畅通的网络条件为前提，因而互联网的覆盖是文旅融合产业集群绿色发展的重要条件。社会科技成果代表了社会科技创新能力和科技创新的热情，表征着社会总体的科技创新环境状态。一般而言，社会科技成果越多，区域的科技创新能力越强，越有利于文旅融合产业集群绿色发展。人才是科技创新的主力军，人才数量的多少和人才素质的高低直接影响当前科技发展水平和未来发展潜力。科技人才通过自身知识去影响技术、生产等要素，利用高科技知识去解决绿色发展过程中的难题，推动着产业集群的绿色进程。产业集群内的企业是科技创新最活跃的主体，企业在科技方面的投入水平决定了企业的科技成果数量和质量，进而影响产业集群整体的科技水平高低。企业的科技发明专利越多，代表绿色发展技术水平的突破就越大，对产业绿色发展的影响就越强烈。

六 环境治理水平

环境是围绕某一事物的外部总和，生态环境主要指外部生态因素构成的环境。文旅融合产业集群的绿色生态特征决定了生态环境会影响文旅融合产业集群的绿色发展。区域绿色生态环境治理水平和状态是文旅融合产业集群发展的区域宏观生态环境基础。生态环境主要体现在水、空气等方面。良好的空气和植被绿化为文旅融合产业集群绿色发展提供了绿色环境。生态环境状态是动态变化的，良好的区域生态环境治理能力，能够高效处理产业集群产生的污水、废气等污染物，减少产业集群发展带来的负面环境问题。通过加大绿化投入力度，提升区域的植被覆盖，也能够改善区域生态环境质量，提升产业集群绿色化水平。

第二节　文旅融合产业集群绿色发展评价指标体系构建

一　指标体系构建原则

1. 科学性原则

科学性原则强调指标的来源、获取、定义、计算口径必须有相应的科学依据，所选择的指标要以可持续发展理论和绿色发展内容为支撑，同时结合张家口文旅融合产业集群绿色发展的实际需要。所构建的指标体系要规范、标准，能够客观真实地反映张家口文旅融合产业集群的绿色化发展水平。

2. 系统性原则

文旅融合产业集群绿色发展系统是一个复杂的系统，包含经济、生态、文化等各方面，各方面之间相互联系、相互影响。要对其绿色发展水平做出准确、合理、全面的评价，就需要使各方面所涵盖的内容在指标体系中得到充分合理的体现。通过设置不同层级的指标，反映指标间的层次递进关系和支配关系，从而构建起层次清晰的指标系统，实现评价指标体系的整体评价效果客观、全面。

3. 可获取原则

指标的可获取性是操作层面的要求，也是指标体系是否具有实践价值的关键。需要选择可操作性强的指标，选取的指标要能够提取到相应数据，或者可以进行量化，保证数据来源的真实性与可靠性，并且数据容易处理、容易评估，能够对文旅融合产业集群绿色发展水平进行有效评价。不能用具体数据衡量的指标，即使能够反映文旅融合产业集群绿色发展水平，也无法应用到指标体系中去。

4. 可比性原则

指标体系构建时需要在考虑指标一致性、可测性和规范性的基础上选取在相关统计资料中具有统一口径的指标。这一方面便于指标数据的获取，另一方面能够实现不同时空范围结果间的分析比较。使所构建的指标体系不仅能够评价张家口文旅融合产业集群绿色化水平，还能够广泛地应用于其他地区，使所构建的指标体系具有更高的理论价值和更广泛的实践意义。

二 评价指标选取及评价指标体系的构建

1. 评价指标的选取

结合张家口区域经济发展状况、文旅融合产业集群发展态势以及绿色发展影响因素的分析，现对张家口文旅融合产业集群绿色发展水平的指标体系进行分析并筛选相应的评价指标。

张家口文旅融合产业集群绿色发展的影响因素主要有旅游经济发展、旅游相关支撑产业、绿色旅游资源禀赋、居民消费结构、科技投入、环境治理水平等六个方面，各影响因素的评价指标选取如下。

旅游经济发展影响因素指标选取。选取旅游总收入、国内外游客接待量来反映文旅融合旅游产业的发展规模水平；用旅游总收入占地区生产总值的比重来反映旅游产业发展对地区经济发展的贡献和促进作用；选取基于区位熵测算方法的旅游产业集群度来反映产业集群的发展水平。

旅游相关支撑产业影响因素指标选取。选取旅行社数量反映旅行社的产业规模水平；选取限额以上住宿业和餐饮业营业额反映餐饮和住宿业的服务接待能力和水平；选取公路客运量、铁路客运量、航空客运量之和构成客运量指标反映旅游交通的服务承载能力；选取公路总里程反映旅游交通的基础设施条件。

绿色旅游资源禀赋影响因素指标选取。选取 4A 级以上旅游景区数、国家级旅游示范点数、省级以上森林公园数、省级以上自然保护区数来反映文旅融合产业集群绿色发展的生态旅游资源条件，其中国家级旅游示范点数为全国休闲农业与乡村旅游示范点数、全域旅游示范点数之和；选取省级以上重点文物保护单位数、省级以上非物质文化遗产项目数来反映文旅融合产业集群绿色发展的文化旅游资源条件；生态旅游资源条件和文化旅游资源条件构成绿色旅游资源禀赋。

居民消费结构影响因素指标选取。选取恩格尔系数反映居民食品支出占总消费支出的比重，限于数据的可获得性，采用城镇居民恩格尔系数和农村居民恩格尔系数反映居民总体的消费结构水平；选取城镇居民人均可支配收入和农村居民人均可支配收入反映居民收入水平和消费能力；选取城镇居民和农村居民人均服务性消费支出反映旅游等服务性消费占居民消费支出的比重，表示消费结构的升级。

科技投入影响因素指标选取。选取互联网用户数反映当地互联网覆盖水平和信息化程度；选取高等学校在校生人数反映高素质人力资源的供给能力和科技创新发展的潜力；选取规模以上工业企业R&D经费支出反映产业集群内企业的科技创新能力；选取专利申请授权量表明社会整体科技创新能力和创新环境状态。

环境治理水平影响因素指标选取。选取森林覆盖率反映当地的绿化水平以及森林生态资源覆盖情况，表示产业集群所在区域整体的生态环境状态；选取空气质量达标率反映当地的大气环境质量和空气污染治理能力；选取城市污水处理率反映当地污水处理能力及企事业单位的绿色生产，特别是住宿餐饮业的绿色生产水平。

2. 评价指标体系的构建

构建包含1个目标层、6个要素层、27个指标层的张家口文旅融合产业集群绿色发展评价指标体系（见表7-1）。

表 7-1　张家口文旅融合产业集群绿色发展评价指标体系

目标层	要素层	指标层	指标性质
文旅融合产业集群绿色发展水平	旅游经济发展（X_1）	旅游总收入（X_{11}）	正
		国内外游客接待量（X_{12}）	正
		旅游总收入占地区生产总值比重（X_{13}）	正
		旅游产业集群度（X_{14}）	正
	旅游相关支撑产业（X_2）	旅行社数（X_{21}）	正
		限额以上住宿业和餐饮业营业额（X_{22}）	正
		客运量（X_{23}）	正
		公路总里程（X_{24}）	正
	绿色旅游资源禀赋（X_3）	4A级以上旅游景区数（X_{31}）	正
		国家级旅游示范点数（X_{32}）	正
		省级以上森林公园数（X_{33}）	正
		省级以上自然保护区数（X_{34}）	正
		省级以上重点文物保护单位数（X_{35}）	正
		省级以上非物质文化遗产项目数（X_{36}）	正
	居民消费结构（X_4）	城镇居民恩格尔系数（X_{41}）	负
		农村居民恩格尔系数（X_{42}）	负
		城镇居民人均可支配收入（X_{43}）	正
		农村居民人均可支配收入（X_{44}）	正
		城镇居民人均服务性消费支出（X_{45}）	正
		农村居民人均服务性消费支出（X_{46}）	正
	科技投入（X_5）	互联网用户数（X_{51}）	正
		普通高等学校在校生人数（X_{52}）	正
		专利申请授权量（X_{53}）	正
		规模以上工业企业R&D经费支出（X_{54}）	正
	环境治理水平（X_6）	森林覆盖率（X_{61}）	正
		空气质量达标率（X_{62}）	正
		城市污水处理率（X_{63}）	正

三　评价指标赋权

采取层次分析方法对评价指标体系进行赋权。

1. 层次分析法

层次分析法基本思路是把多目标、多准则的复杂系统内的影响因素进行层次化分析，按照重要性排列影响因素间的相对重要层次，构

建层次结构模型,把定性研究转化为定量分析。该方法将主观的定性判断进行量化,适用于复杂的社会经济系统研究。其基本步骤为:

第一,构建两两指标的比较判断矩阵

确定指标之间两两比较的标度值,根据专家的判断结果构造体现指标间相对重要性的判断矩阵。其形式如下:

表 7-2　　　　　　　　判断矩阵标度及其含义

D_{ij} 的取值	含义
1	D_i 和 D_j 同等重要
3	D_i 比 D_j 略微重要
5	D_i 比和 D_j 比较重要
7	D_i 比和 D_j 非常重要
9	D_i 和比 D_j 绝对重要
2,4,6,8	分别介于 1-3、3-5、5-7,以及 7-9 之间
$D_{ji} = 1/D_{ij}$	表示 j 比 i 不重要程度

第二,判断矩阵的一致性检验

用 yaahp 软件来计算出判断矩阵特征向量及最大特征根 λ_{max}。

计算判断矩阵的一致性,公式为:

$$CI = \frac{\lambda_{max} - n}{n-1} \qquad (4-1)$$

式中 CI 为一致性指标;n 为判断矩阵的阶数;一致性指标的值越大表明判断矩阵的一致性越差,反之,一致性就越好。

计算随机一致性比率,公式为:

$$CR = CI/RI \qquad (4-2)$$

表 7-3　　　　　　　　n 阶判断矩阵的 RI 值

n	1	2	3	4	5	6	7	8	9	10	11
RI	0.00	0.00	0.58	0.90	1.12	1.24	1.32	1.41	1.45	1.49	1.51

式中,CR 指一致性比率;R1 值可查表获得。当 CR<0.1 时,判断矩阵具有满意的一致性,反之,则向专家反馈,调整判断矩阵直至使值达到满意范围。

2. 评价指标权重确定

为了准确确定指标体系要素层的权重,本书广泛征求了文旅管理部门、拥有旅游管理学科专业的高校、研究机构、文旅企业等方面的专家、学者、科研人员及管理人员的意见，组织了调查问卷。根据调查问卷的数据，运用yaahp10.3软件对问卷数据进行处理，得到评价指标体系权重（见表7-4）。

表7-4　张家口文旅融合产业集群绿色发展评价指标体系权重

目标层	要素层	指标层
张家口文旅融合产业集群绿色发展水平	旅游经济发展（X_1）0.2047	旅游总收入（X_{11}）0.2879
		国内外游客接待量（X_{12}）0.2354
		旅游总收入占地区生产总值比重（X_{13}）0.2161
		旅游产业集群度（X_{14}）0.2606
	旅游相关支撑产业（X_2）0.1430	旅行社数（X_{21}）0.2476
		限额以上住宿业和餐饮业营业额（X_{22}）0.2498
		客运量（X_{23}）0.2590
		公路总里程（X_{24}）0.2436
	绿色旅游资源禀赋（X_3）0.2031	4A级以上旅游景区数（X_{31}）0.1905
		国家级旅游示范点数（X_{32}）0.1835
		省级以上森林公园数（X_{33}）0.1845
		省级以上自然保护区数（X_{34}）0.1524
		省级以上重点文物保护单位数（X_{35}）0.1342
		省级以上非物质文化遗产项目数（X_{36}）0.1549
	居民消费结构（X_4）0.1520	城镇居民恩格尔系数（X_{41}）0.1928
		农村居民恩格尔系数（X_{42}）0.1928
		城镇居民人均可支配收入（X_{43}）0.1820
		农村居民人均可支配收入（X_{44}）0.1820
		城镇居民人均服务性消费支出（X_{45}）0.1252
		农村居民人均服务性消费支出（X_{46}）0.1252
	科技投入（X_5）0.1410	互联网用户数（X_{51}）0.2524
		普通高等学校在校生人数（X_{52}）0.2455
		专利申请授权量（X_{53}）0.2365
		规模以上工业企业R&D经费支出（X_{54}）0.2656
	环境治理水平（X_6）0.1561	森林覆盖率（X_{61}）0.3511
		空气质量达标率（X_{62}）0.3330
		城市污水处理率（X_{63}）0.3159

第三节　张家口文旅融合产业集群绿色发展评价

一　数据来源、处理与评价方法

1. 数据来源

数据来源：一是相关年份的各类统计年鉴，具体包括《张家口年鉴》《张家口经济年鉴》《河北经济年鉴》《中国统计年鉴》《中国旅游年鉴》，个别指标数据有作者根据统计年鉴数据计算所得，如旅游总收入占地区生产总值比重；二是相关年份的各类统计公报和报告，具体包括《张家口市国民经济和社会发展统计公报》《河北省国民经济和社会发展统计公报》《河北省生态环境质量状况公报》；三是各地方政府及相关部门官网公布的统计数据。数据采集的时间段为2009—2018年，在收集数据过程中，个别指标数据在某年份出现数据缺失情况，对此类数据采用均值法予以补齐。

2. 数据标准化处理方法

由于指标体系涉及多个计量单位不同、量纲不同的指标，数据间不能进行直接的比较分析，因此应首先对数据进行标准化处理，即将指标的实际数值转化为指标评价值的过程。结合数据自身特性，本文采用离差标准化方法。标准化处理公式为：

$$\text{正向指标：} Y_{ij} = \frac{X_{ij} - min(X_{ij})}{max(X_{ij}) - min(X_{ij})} \quad (5-1)$$

$$\text{负向指标：} Y_{ij} = \frac{max(X_{ij}) - X_{ij}}{max(X_{ij}) - min(X_{ij})} \quad (5-2)$$

式中：X_{ij}为原始数据，表示第i年的第j个指标值；Y_{ij}为数据进行标准化处理后的值；$max(X_{ij})$为第j个指标值的最大值；$min(X_{ij})$为第j个指标值的最小值。

3. 综合评价法

文旅融合产业集群绿色发展水平可以通过评价指标体系中所有

指标的综合得分来反映，即对各项指标进行线性加权，从而得到反映系统整体状况的综合得分，以此为依据对文旅融合产业集群绿色发展水平进行定量评价。综合评价法总体分为两步。

第一步，确定要素层的相应得分。公式为：

$$F_k = \sum_{i=1}^{n} I_{ki} \cdot U_{ki} \tag{5-3}$$

式中 i 代表每一要素层下具体指标的个数，i = 1，2，3，⋯n；I_{ki} 指某单项指标的数值；U_{ki} 指某单项指标在要素层下的权重；F_k = 1、2、3、4、5、6 分别代表旅游经济发展量、旅游相关支撑产业、绿色旅游资源禀赋、居民消费结构、科技投入、环境治理水平各要素层指标的评价得分。

第二步，由各要素层得分及各要素在目标层的权重得出最终的综合评价分数。公式为：

$$Y = \sum_{k=1}^{m} K_k \cdot U_k \tag{5-4}$$

式中 Y 指综合得分；F_k 指各要素层得分；U_k 指每一要素层指标相对目标层的权重。

二　评价结果分析

1. 总体评价分析

运用综合评价法对原始数据进行处理，计算得到张家口文旅融合产业集群绿色发展水平评价得分（见表7-5），为便于观察数据变化情况和对数据结果进行分析，对评价得分数据进行扩大100倍的处理。张家口文旅融合产业集群绿色发展水平评价得分，2009—2018年变化巨大，由2009年的5.33分增长至2018年的89.45分，提升84.12分，呈现出快速发展提升的态势（见图7-1）。

表7-5　张家口文旅融合产业集群绿色发展水平综合评价得分

年份	旅游经济发展	旅游相关支撑产业	绿色旅游资源禀赋	居民消费结构	科技投入	环境治理水平	综合评价得分
2009	0.00	1.15	0.00	0.06	0.87	3.26	5.33

续表

年份	旅游经济发展	旅游相关支撑产业	绿色旅游资源禀赋	居民消费结构	科技投入	环境治理水平	综合评价得分
2010	0.75	4.73	3.48	1.33	1.66	6.78	18.74
2011	1.48	6.85	4.06	2.07	1.36	9.31	25.14
2012	2.80	7.94	6.12	2.82	2.09	10.53	32.30
2013	4.41	8.68	8.75	6.73	4.95	8.15	41.66
2014	5.77	6.90	9.43	8.21	5.93	10.55	46.78
2015	7.49	8.89	9.94	9.91	6.31	9.91	52.44
2016	12.58	9.12	11.97	11.09	7.07	9.70	61.53
2017	16.28	9.78	15.74	13.46	9.71	10.57	75.54
2018	20.47	10.59	20.31	15.06	10.58	12.43	89.45

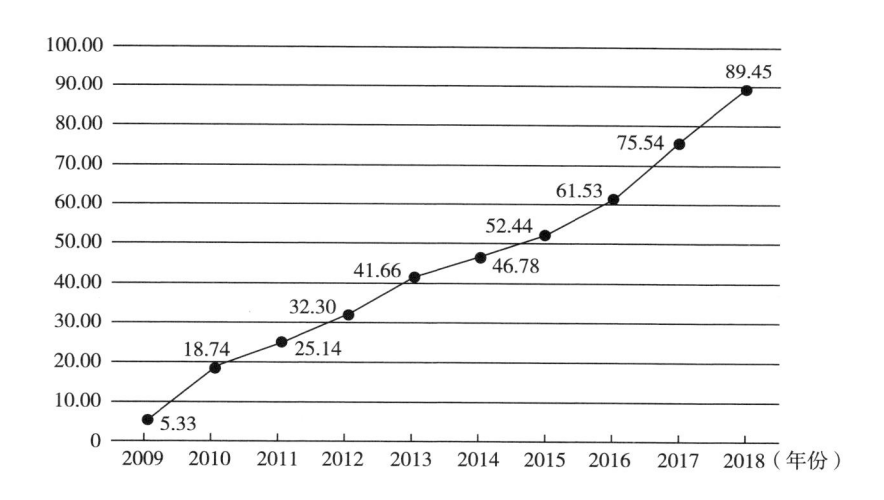

图 7-1 张家口文旅融合产业集群绿色发展水平增长趋势

从各要素的发展情况及贡献来看，根据表 7-5 计算，旅游经济发展、绿色旅游资源禀赋两个要素指标的贡献率逐年增长，2018 年分别是 20.47% 和 20.31%，达到指标权重占比分值水平，说明旅游经济自身发展和旅游资源禀赋对张家口文旅融合产业集群绿色发展贡献显著；居民消费结构要素指标的贡献率为 15.06%，接近指标权重的设置水平，反映出居民收入水平的不断提高和消费结构的升级对旅游产业发展产生着重要影响；旅游相关支撑产业、科技投入、环境治理水平三个要素指标的贡献率分别为 10.59%、10.58%、12.43%，尚未达到指标权重占比分值水平，且差距较大，反映出这三个要素指标发展不足，制约着张家口文旅融合产业集群绿色发展水平（见图 7-2）。

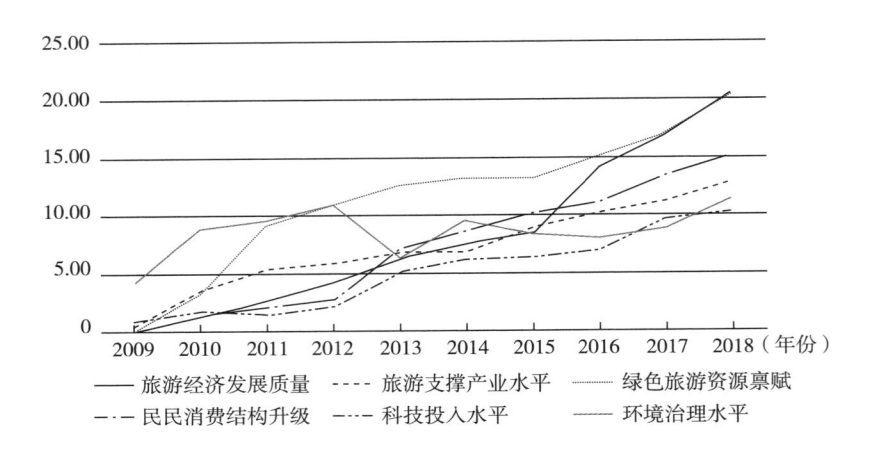

图 7-2 张家口文旅融合产业集群绿色发展影响要素发展状况

2. 各要素评价分析

（1）旅游经济发展要素分析

2009-2018 年张家口旅游经济得到快速发展，旅游经济发展要素评价得分呈快速增长趋势，特别是 2015 年以后增长速度加快（见图 7-3）。反映旅游经济发展要素的四个评价指标均呈现良好的增长趋势，旅游总收入由 2009 年的 37.80 亿元增长至 2018 年的 859.40 亿元，年均增长速度 37.71%；旅游总收入占地区生产总值比重由 4.72% 上升至 55.93%，旅游产业集中度由 1.25 提高到 6.81，旅游业已成为张家口的主导产业，并且旅游产业集群程度不断提高（见表7-6），为张家口文旅融合产业集群绿色发展提供了强大的旅游产业基础。

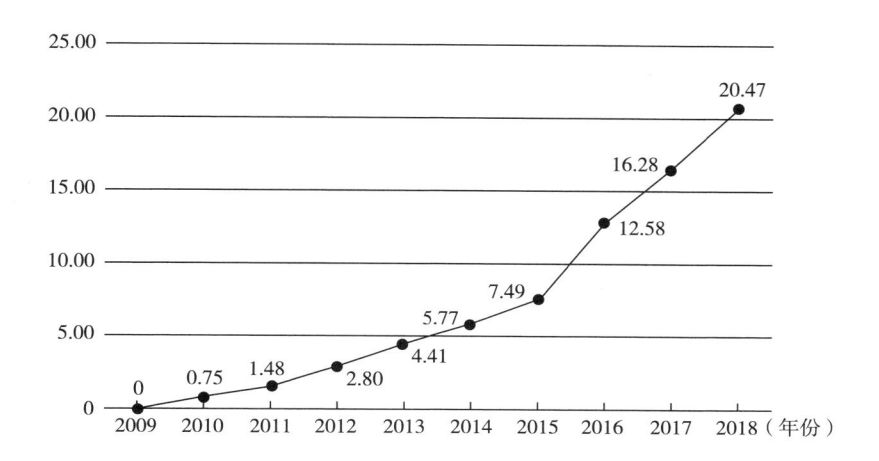

图7-3 旅游经济发展要素评价结果

表7-6　　　　　　　　旅游经济发展要素指标值

年份	旅游总收入（亿元）	国内外游客接待量（万人次）	旅游总收入占地区生产总值比重（%）	旅游产业集度（区位熵）
2009	37.80	694.00	4.72	1.25
2010	58.80	1040.00	6.09	1.56
2011	86.50	1502.68	7.69	1.62
2012	128.00	2118.00	10.38	2.08
2013	183.53	2748.50	13.94	2.69
2014	237.60	3318.00	17.49	3.02
2015	301.67	3848.00	22.12	3.67
2016	519.24	5193.77	35.54	5.63
2017	696.50	6259.80	44.77	6.86
2018	859.40	7354.80	55.93	8.61

资料来源：《张家口经济年鉴》（2010—2019年）、《张家口市国民经济和社会发展统计公报》（2010—2018年）。

（2）旅游相关支撑产业要素分析

2009—2018 年张家口旅游相关支撑产业要素评价得分总体上呈增长趋势，但 2014 年出现波折（见图 7-4）。从反映旅游相关支撑产业要素指标来看，旅行社数量稳步增长，2009 年 63 家，2018 年发展到 92 家，旅行社行业规模不断扩大；限额以上住宿业和餐饮业营业额出现波动性增长，2009—2011 年呈现快速增长，2012—2016 年出现负增长，2017—2018 年逐步恢复正增长，年均增长速度 7.61%，远远落后旅游总收入的增长速度；旅游交通方面，公路总里程增加 2820 公里，其中高速公路里程增加 618 公里，公路交通设施得到明显改善。2013 年张家口机场建成通航，随着自驾车的增长和航空的发展，张家口公路客运量 2014 年以后出现下降趋势。2019 年之前，张家口高铁尚未通车，铁路客运量保持平稳态势（见表 7-7）。尽管数据显示旅游相关支撑产业发展相对落后，但是随着 2022 年冬奥会的临近，2019 年张家口高铁的开通运营，延庆崇礼高速公路的建设使用以及航线航班的不断增多，高铁、高速公路、航空现代交通体系的形成对张家口文旅融合产业集群的绿色发展将起到积极促进作用。

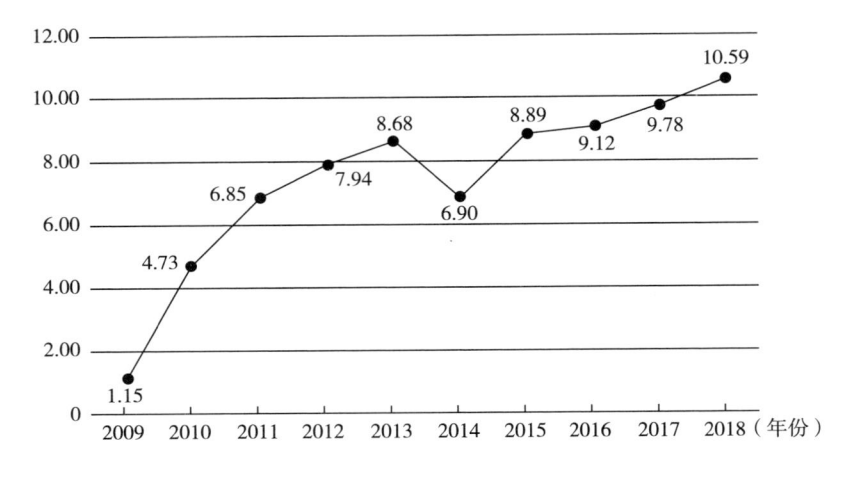

图 7-4 旅游支撑产业水平要素评价结果

表7-7　　　　　　　　旅游支撑产业水平要素指标值

年份	旅行社数（家）	限额以上住宿业和餐饮业营业额（亿元）	公路客运量（万人）	铁路客运量（万人）	航空客运量（万人）	客运总量（万人）	公路总里程（公里）	高速公路里程（公里）
2009	63	4.95	2574	391	0	2965	19053	513
2010	64	7.62	3535	427	0	3962	19240	628
2011	65	9.37	3889	416	0	4305	19410	728
2012	68	9.22	4461	399	0	4860	19606	752
2013	68	8.70	4794	439	2	5236	20204	769
2014	73	8.15	2642	457	14	3113	20447	769
2015	83	8.19	2780	472	21	3273	20892	877
2016	92	7.99	1731	497	35	2263	21175	877
2017	92	8.53	1663	509	60	2232	21372	874
2018	92	9.21	1383	405	103	1891	21873	1131

资料来源：《张家口经济年鉴》（2010—2019年）。

（3）绿色旅游资源禀赋要素分析

张家口文旅资源存量丰富，品质高，2009—2018年绿色旅游资源禀赋要素评价分值呈不断增长趋势（见图7-5）。从绿色旅游资源结构来看，截至2018年，张家口有4A级以上旅游景区12家，有全国休闲农业与乡村旅游示范点3个，全域旅游示范点3个，说明旅游景区景点数量和质量明显提升；在国家级各类自然公园中，有国家级森林公园3个、国家级湿地公园8个、国家级地质公园1个、国家级自然保护区3个，反映张家口生态旅游资源丰富；在历史文化遗产中，有省级以上重点文物保护单位148处、非物质文化遗产48项，提供了重要的人文旅游资源。发挥绿色旅游资源禀赋优势，加强保护和旅游开发利用，将为张家口文旅融合产业集群绿色发展提供重要的资源条件和发展基础。

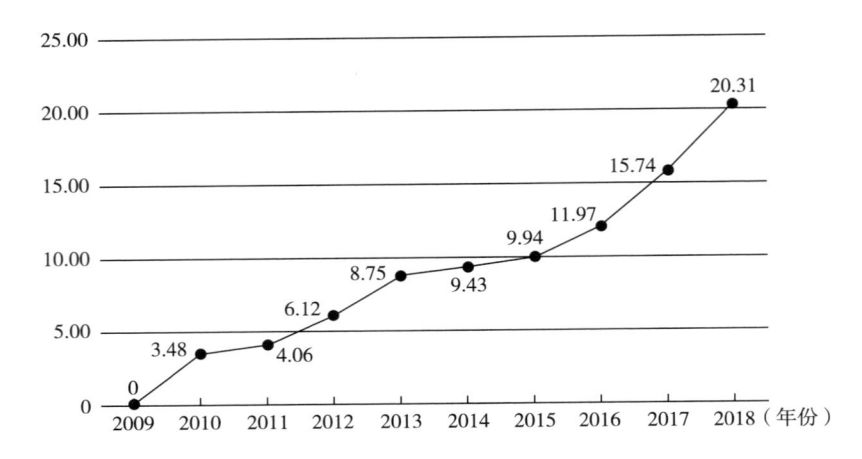

图 7-5　绿色旅游资源禀赋要素评价结果

表 7-8　　　　　　　　绿色旅游资源禀赋要素指标值

年份	4A级以上旅游景区数（家）	国家级旅游示范点数（个）	全国休闲农业与乡村旅游示范点数（个）	国家级全域旅游示范点数（个）	省级以上重点文物保护单位数（处）	省级以上非物质文化遗产项目数（项）
2009	5	0	0	0	128	24
2010	11	0	0	0	128	24
2011	12	0	0	0	128	24
2012	12	1	1	0	128	27
2013	12	2	2	0	128	32
2014	12	3	3	0	128	32
2015	12	3	3	0	128	32
2016	12	6	3	3	128	32
2017	12	6	3	3	128	38
2018	12	6	3	3	148	38

资料来源：《河北经济年鉴》（2010—2019年）、《张家口经济年鉴》（2010—2019年）、河北省重点文物保护单位名录、中国非物质文化遗产网。

表 7-8　　　　　　　绿色旅游资源禀赋要素指标值（续）

年份	国家级自然类公园数（个）	国家级森林公园数（个）	国家级湿地公园数（个）	国家级地质公园数（个）	国家级自然保护区数（个）
2009	7	2	1	1	3
2010	7	2	1	1	3
2011	7	2	1	1	3
2012	8	2	2	1	3
2013	9	2	2	1	3
2014	9	2	3	1	3
2015	10	2	4	1	3
2016	10	2	4	1	3
2017	14	3	7	1	3
2018	15	3	1	1	3

资料来源：《河北经济年鉴》（2010—2019 年）、《张家口经济年鉴》（2010—2019年）、河北省重点文物保护单位名录、中国非物质文化遗产网。

（4）居民消费结构升级要素分析

2009-2018 年张家口居民消费结构要素评价分值由 0.06 增长至 15.06，反映出居民消费结构升级对张家口文旅融合产业集群绿色发展具有积极的促进作用（见图 7-6）。从居民消费结构来看，随着居民收入的不断增长，2009—2018 年城镇居民和农村居民恩格尔系数不断降低，城镇居民和农村居民服务性消费支出不断增长，反映出无论城市居民消费还是农村居民消费都呈现出消费结构升级发展（见表 7-9）。旅游经济发展带动当地居民收入的增加，居民消费结构升级又将拉动旅游消费和旅游市场的发展，从而促进张家口文旅融合产业集群绿色发展。

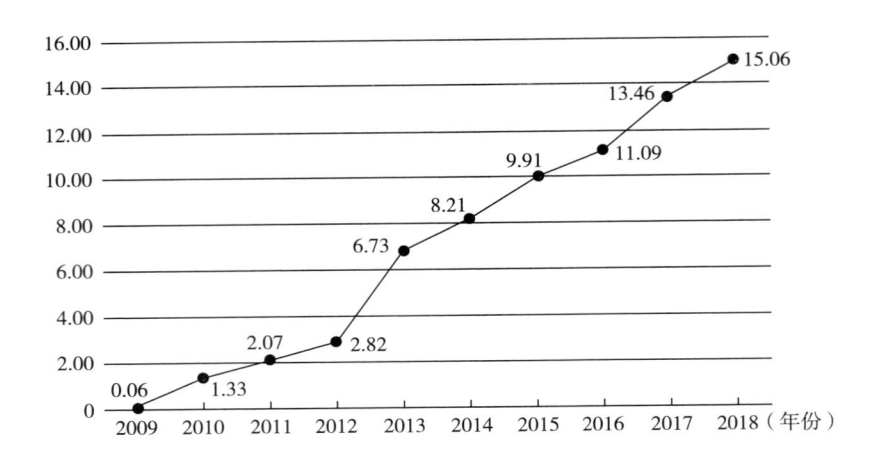

图 7-6　居民消费结构要素评价结果

表 7-9　　　　　　　　居民消费结构升级要素指标值

年份	城镇居民恩格尔系数（%）	农村居民恩格尔系数（%）	城镇居民人均可支配收入(元)	农村居民人均可支配收入(元)	城镇居民人均服务性消费支出(元)	农村居民人均服务性消费支出(元)
2009	33.59	35.69	12335.06	3559.00	2304.31	736.40
2010	32.32	35.15	14694.00	4119.00	2633.13	823.00
2011	33.80	33.53	16401.00	4854.00	2782.84	982.00
2012	33.60	33.87	18441.00	5564.00	2982.91	1153.88
2013	26.88	29.89	19641.25	6583.42	3616.57	1303.03
2014	26.17	29.36	21651.21	7461.79	4181.69	1575.18
2015	26.05	28.57	23841.26	8341.24	4781.93	2134.76
2016	26.13	28.02	26069.27	9241.22	5141.28	2397.61
2017	24.60	26.74	28512.45	10292.57	5770.90	3012.98
2018	25.11	26.38	31193.00	11531.00	6532.14	3474.60

资料来源：《河北经济年鉴》（2010—2019 年）、《张家口经济年鉴》（2010—2019 年）。

第七章　张家口文旅融合旅游产业集群绿色发展评价 / 197

（5）科技投入水平要素分析

科技投入要素评价分值虽然总体上呈增长态势，但是增长速度缓慢，2009—2018 年由 0.87 增长到 10.58（见图 7-7），尚未达到指标权重 14.10 的水准，在一定程度上因科技投入不足制约着张家口文旅融合产业集群绿色发展。从科技投入要素指标来看，2009—2018 年张家口互联网用户数量、专利申请授权量、高等学校在校生人数保持稳步增长态势，说明社会科技环境表现为不断优化的态势。但是，2009—2018 年规模以上工业企业 R&D 经费支出表现出先缓慢增长后快速下降的不稳定状态，企业科技创新和研发经费投入不足，影响着企业的科技创新和市场竞争力，制约着张家口文旅融合产业集群分工协作和绿色发展水平（见表 7-10）。

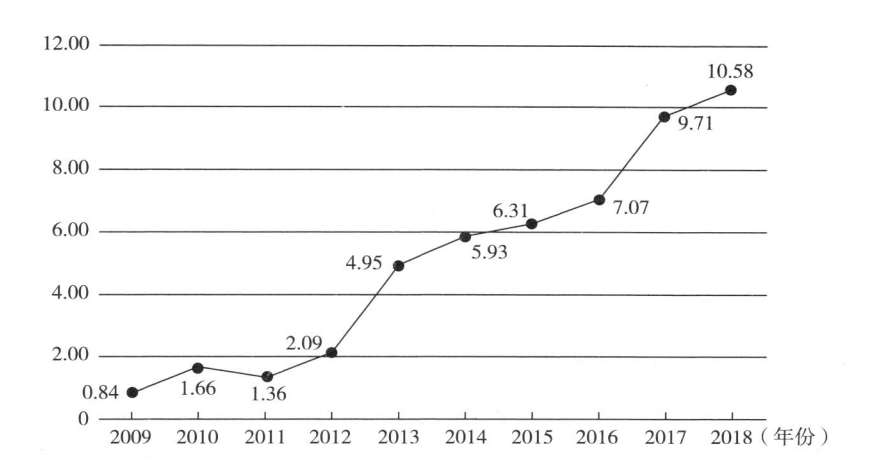

图 7-7　科技投入水平要素评价结果

表 7-10　　　　　　　　科技投入要素指标值

年份	互联网用户数量（万户）	普通高等学校在校生人数（人）	专利申请授权量（件）	规模以上工业企业 R&D 经费支出（亿元）
2009	34.90	44247	153	4.34
2010	55.57	43967	205	4.02

续表

年份	互联网用户数量（万户）	普通高等学校在校生人数（人）	专利申请授权量（件）	规模以上工业企业R&D经费支出（亿元）
2011	40.80	44110	161	4.70
2012	47.46	44526	259	4.74
2013	51.40	45213	420	7.74
2014	56.01	45277	525	8.40
2015	59.67	48397	787	6.34
2016	82.84	51227	837	4.59
2017	104.68	53950	985	5.33
2018	113.20	57254	1346	3.16

资料来源：《张家口经济年鉴》（2010—2019年）、《河北经济年鉴》（2010—2019年）、《张家口市国民经济和社会发展统计公报》（2009—2018年）。

(6) 环境治理水平要素分析

2009—2018年张家口环境治理水平总体上实现了一定程度的增长，要素评价分值由3.26分增长至12.43分，但在2013—2016年间也呈现出较大的波动，2013年、2015年、2016年分别出现负增长（见图7-8）。从环境治理水平要素指标来看，空气质量达标率是主要影响因素，2012年之前空气质量处于较好状态，2012年空气质量达标率达到94.81%，此后空气质量达标率出现大幅度下降。尽管到2018年仍未恢复到2012年的空气质量水平，但是随着冬奥会的临近、大气环境治理力度的加大，张家口的空气质量达标率会达到新的高水平状态的。另外，森林覆盖率指标、生活垃圾无害化处理率、城市污水处理率以及单位GDP能耗指标都呈现出向好趋势，为文旅融合产业集群绿色发展提供良好环境条件。

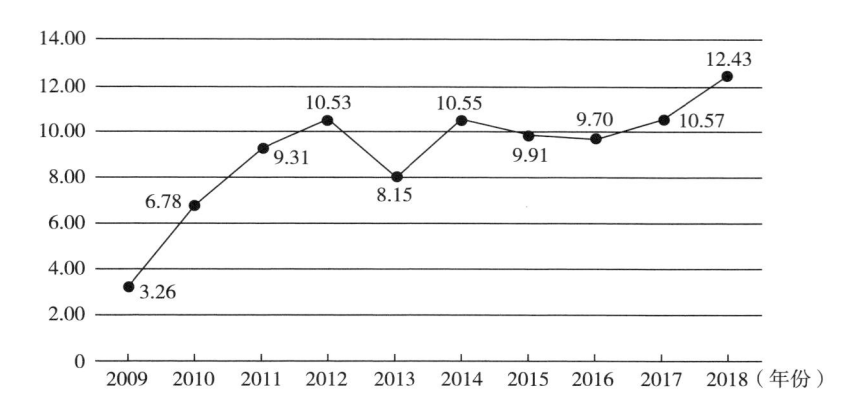

图 7-8　环境治理水平要素评价结果

表 7-11　　　　　　　　　环境治理水平要素指标值

年份	森林覆盖率（%）	空气质量达标率（%）	城市污水处理率（%）	单位 GDP 能耗（吨标准煤/万元）
2009	24.90	92.05	75.86	2.24
2010	31.60	92.60	87.00	2.21
2011	32.60	93.15	88.67	1.54
2012	33.75	94.81	90.34	1.43
2013	34.90	78.10	92.00	1.07
2014	36.60	86.30	93.00	1.06
2015	37.05	81.60	94.00	1.00
2016	39.00	78.70	94.20	0.96
2017	43.00	78.80	94.40	0.89
2018	50.00	81.20	95.00	0.86

资料来源：《张家口年鉴》（2010—2019 年）、河北省统计局官网。

3. 比较评价分析

为了提升评价结果的准确性和可靠性，本文选取河北省同期数据，运用指标体系对河北省旅游产业绿色发展水平进行测算，绿色发展评价分值由 2009 年的 5.94 分增长至 2018 年的 87.52 分，年增长速度保持在 20% 左右，发展态势良好（见表 7-12）。

表 7-12　　　2009—2018 年河北省旅游产业绿色发展水平综合评价结果

年份	旅游经济发展质量	旅游支撑产业水平	绿色旅游资源禀赋	居民消费结构升级	科技投入水平	环境治理水平	综合得分
2009	0.10	0.70	0.00	0.07	0.00	5.07	5.94
2010	0.74	2.39	3.43	1.35	1.66	6.38	15.44
2011	1.22	6.85	4.76	2.33	3.24	7.05	24.29
2012	2.53	7.83	9.76	3.20	4.48	7.66	33.53
2013	3.92	7.77	11.62	8.01	5.35	4.57	38.70
2014	5.53	7.72	13.64	9.53	5.96	5.26	44.63
2015	8.48	8.22	14.39	10.82	7.40	6.33	51.73
2016	12.05	8.33	15.77	11.94	9.07	7.48	60.63
2017	16.27	10.89	17.08	14.00	11.04	8.10	72.43
2018	20.47	11.69	20.11	15.04	14.10	12.30	87.52

比较分析发现，2009—2018 年张家口文旅融合产业集群绿色发展与河北省旅游产业绿色发展保持同步增长，评价分值在 2009—2016 年明显高于河北省水平，但是在 2017 年、2018 年发展速度落后于河北省水平（见表 7-13 和图 7-9）。

表 7-13　　　2009—2018 年张家口市和河北省绿色发展水平综合评价结果

年份	张家口市综合得分	河北省综合得分
2009	4.88	5.94
2010	19.38	15.44
2011	29.18	24.29
2012	35.55	33.53
2013	40.46	38.70
2014	47.23	44.63
2015	51.66	51.73
2016	62.75	60.63
2017	73.72	72.43
2018	87.15	87.52

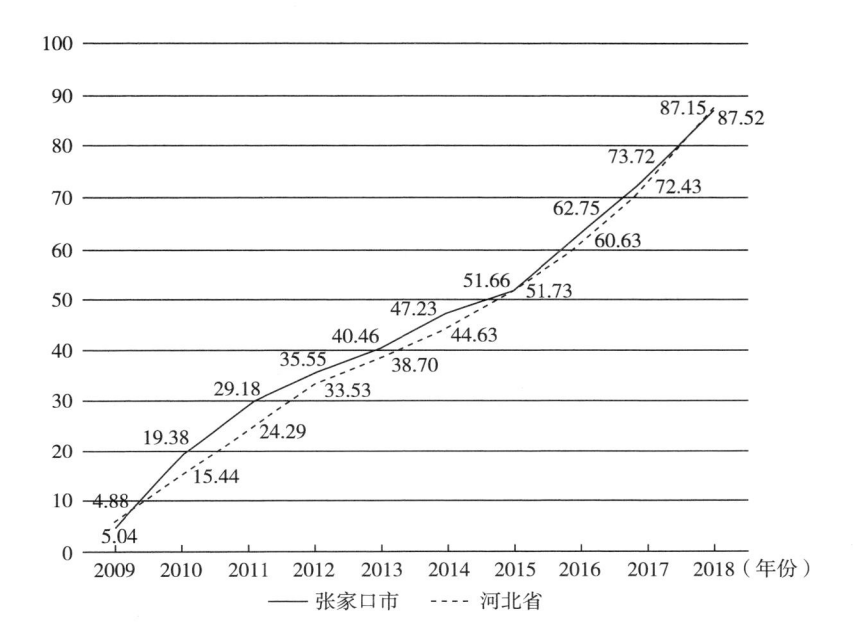

图 7-9　2009—2018 年张家口市和河北省绿色发展水平对比

从 2018 年各要素评价分值来看（见表 7-5 和表 7-12），旅游经济发展要素的评价分值，张家口和河北省都是 20.47 分，达到指标权重占比分值，对张家口及河北省旅游产业绿色发展贡献显著；绿色旅游资源禀赋要素评价分值，张家口为 20.31 分，达到指标权重占比分值，河北省为 20.11 分，低于张家口 0.2 个分值，说明张家口在文旅融合产业集群绿色发展上具有显著的绿色旅游资源优势；科技投入要素的评价分值，河北省为 14.10 分，达到指标权重占比分值，张家口仅为 10.58 分，落后河北省 3.52 个分值，说明科技投入和科技创新严重不足，从根本上制约张家口文旅融合产业集群绿色发展；旅游相关支撑产业要素的评价分值，张家口为 10.59 分，河北省为 11.69 分，均未达到指标权重占比分值，旅游相关支撑产业发展滞后严重制约着旅游业绿色发展水平；环境治理水平要素的评价分值，张家口为 12.43 分，河北省为 12.30 分，均未达到指标权重占比分值，反映出张家口和河北省环境治理任务重，环境治理水平尚未达到产业绿色发展的要求；居民消费结构要素的评价分值，张家口、河北省分值相当，且均接近指标权重占比分值，反映出居民消费结构升级对旅游产业绿色发展的积极作用。

三 评价结果

1. 张家口文旅融合产业集群绿色发展水平，自 2009 年以来呈现出快速增长的良好发展态势，且与河北省旅游产业绿色发展态势保持一致性。

2. 旅游经济发展、绿色旅游资源禀赋两大要素对张家口文旅融合产业集群绿色发展贡献显著，反映出旅游产业已成为张家口的主导产业，并且张家口具有丰富的历史文化资源和生态资源，为张家口文旅融合产业集群绿色发展提供了扎实的产业基础和优良的绿色旅游资源条件。

3. 旅游相关支撑产业、科技投入、环境治理水平三个要素发展滞后，成为影响和制约张家口文旅融合产业集群绿色发展的主要因素。从河北省来看，河北省的科技投入对旅游业绿色发展贡献显著，但是张家口的科技投入水平明显落后于河北省的科技投入水平，科技人才和研发经费投入严重不足；旅游相关支撑产业，河北省整体发展相对滞后，而张家口旅游相关支撑产业的发展水平又明显落后于河北省水平，旅游交通和旅游接待服务业发展不足；环境治理是河北省面临的一项重大任务，张家口承担着"首都两区建设"、2020 年北京冬奥会举办地的重任，大力提高环境治理水平，促进张家口文旅融合产业集群绿色发展，成为张家口加强生态建设和水资源保护、调整产业结构促进碳中和绿色发展的有效途径。

第八章　张家口文旅融合产业集群绿色发展政策建议

第一节　加强多业态特色旅游增长极培育，推进绿色低碳高质量发展

张家口位于冀北山地及坝上草原地区，地处内蒙古高原到华北平原的过渡地带，地貌特征为坝上草原和坝下山地及山间盆地，农牧交错，成为农耕、游牧多民族文化碰撞与交融地带。张家口是现行长城最多、时代跨度最大的地区，境内长城全长1467公里，烽火台1000多个，拥有全国重点文物保护单位50处、省级文物保护单位109处，国家级历史文化名城1座、国家级历史文化名镇2处、国家级历史文化名村11处，省级历史文化名城1处、省级历史文化名镇2处、省级历史文化名村7处，世界级非遗项目1项（蔚县剪纸），国家级非遗项目5项，省级非遗项目49项，历史文化遗产资源丰富。张家口地貌多元，森林、草原、湿地等生态资源高密集分布，国家森林公园、湿地公园、沙漠公园、自然保护区等国家级自然资源21处，省级自然资源34处，形成高品质的生态价值和生态景观，生态旅游资源丰富；张家口特色产业历史传统与现代新兴相互交融，草原牧业，马铃薯、葡萄、杂粮等特色种植业，新能源、大数据、滑雪装备等高端制造业，草原旅游、滑雪旅游、长城旅游等全域特色文旅产业，构建低碳绿色产业体系，推进张家口产业结

构调整和经济发展方式转变；2022年冬奥会的举办，不仅带动张家口产业发展的绿色转型，而且全面提高张家口公共交通基础设施和住宿接待业的升级发展，建成高速公路、高铁、航空现代化立体交通体系，形成星级酒店、快捷酒店、民俗、度假村等多业态旅游接待服务体系。

根据张家口"首都两区"建设定位以及我国碳达峰和碳中和的发展要求，结合张家口市提出"十四五"期间全力打造"一带一园五区"旅游产业发展格局的总体思路①，建议张家口市进一步推进文旅融合深化发展，以长城文化的挖掘、保护和创新性转化利用为核心内涵，以生态资源的保护和生态景观的游憩利用为支撑，推进"长城文化旅游+草原生态文化旅游+滑雪体育文化旅游+葡萄（酒）康养文化旅游"多业态并举特色发展，打造"宣府长城文化旅游增长极+坝上草原生态文化旅游增长极+崇礼滑雪体育文化旅游增长极+怀来葡萄（酒）康养文化旅游增长极"空间聚集格局，塑造张家口"长城文化+草原生态+康养度假"旅游品牌形象，全面提升张家口文旅产业的主导地位和市场影响力，推进张家口文旅融合产业集群绿色低碳高质量发展。

张家口作为首都生态环境支撑区、水源涵养功能区，发展文旅融合旅游产业集群是区域经济发展的必然选择，政府应当强化其作为张家口战略型主导产业的发展定位。旅游产业集群与一般产业集群不同，旅游产业集群不单单是产业链的汇集，而是资金要素、资源要素、人才要素、制度要素汇集的平台型集群。政府应当在张家口文旅融合旅游产业集群的发展战略定位中发挥主导推动作用。借鉴河北省旅游发展大会的经验，政府工作重点要围绕为涉旅企业的交流合作搭建平台，促进企业之间建立起联系网络，促进企业、产

---

① "一带"即京张体育文化旅游带，"一园"即长城国家文化公园（张家口段），"五区"即冰雪温泉度假区、草原生态旅游区、历史文化观光区、民俗古堡体验区和葡萄酒品康养区。来源：张家口市文化广电和旅游局网站http://whgdly.zjk.gov.cn/contents/11/29772.html，2021年8月6日。

业之间的合作与融合，形成良性竞合关系。

因此，在张家口文旅融合旅游产业高质量发展阶段，政府要从以下几点着手：鼓励教育培训机构开展文旅融合人才培养，进一步完善目的地基础设施和公共服务设施、特别是文化设施类场所，如博物馆等，引导现代科技运用于文旅融合项目、拓宽文旅融合项目的投融资渠道、多渠道大范围传播文化旅游产品和服务信息、出台导向性强的文旅产业融合政策，能够有效激励文旅融合产业链向高质量方向发展。

第二节　加强文化资源保护与文旅融合发展，提升文化旅游影响力

张家口丰富的文化资源是文旅融合产业集群绿色发展的重要资源基础，需要在加强保护与传承的同时合理开发利用。文化资源非常脆弱，需特别保护，但是也不能只保护而不开发，同时绿色发展评价结果显示，目前张家口文化资源存在未能得到很好地开发利用的问题。因此，应加强文化资源的保护与传承，推进文旅融合深化发展。可以从以下三个方面采取措施。

一　建立文化资源数字平台，提高长城文化的解释能力和解读能力

实施河北省长城文化资源普查工程。在长城国家文化公园建设背景下，从省级和市县两个层面开展长城文化历史文献、文学作品、物质文化遗产、非物质文化遗产等各类资源的系统调查、整理与研究，建立河北长城文化资源数据库，构建开放共享的河北长城文化公共数字平台，推进长城文化的宣传推广，提高对长城文化的解释能力和解读能力，强化长城文化认知形象。

二　加强博物馆建设，发展博物馆文化旅游新业态

文化遗产是不可再生的稀缺文化资源，承载着历史、艺术、科

学、文化、社会、经济等多方面的价值。目前，我国文物保护单位制度是针对具有重要价值的不可移动文物实施的一项管理制度，博物馆建设则主要是针对可移动文物实施的保护管理措施，二者一静一动，相互配合，共同构建起了我国文化遗产保护传承体系的基本框架①。根据国家文物局全国博物馆年度报告信息系统备案，张家口市2020年有11家博物馆，其中国家二级博物馆3家，三级博物馆1家，未定级7家，馆藏珍贵文物1420件（套），全部藏品22745件（套）（见表8-1）。

表8-1　　　　张家口市2020年博物馆业运行情况

序号	名称	设立时间	性质	题材类型	质量等级	珍贵文物（件、套）	全部藏品（件、套）	年参观量（万人次）	行政区划
1	张家口市博物馆	1978	文物系统国有博物馆	综合地志	二级	565	3632	2.60	桥东区
2	蔚县博物馆	1979	文物系统国有博物馆	综合地志	二级	267	11194	12.00	蔚县
3	怀来县博物馆	1989	文物系统国有博物馆	综合地志	未定级	120	588	0	怀来县
4	赤城县博物馆	1988	文物系统国有博物馆	综合地志	未定级	241	2509	3.3	赤城县
5	元中都博物馆	2010	文物系统国有博物馆	考古遗址	二级	147	2734	0.86	张北县
6	泥河湾博物馆	2012	文物系统国有博物馆	考古遗址	三级	-	675	4.32	阳原县
7	张家口市宣化博物馆	2006	文物系统国有博物馆	历史文化	未定级	66	241	0.24	宣化区
8	沽源县博物馆	2013	文物系统国有博物馆	历史文化	未定级	14	270	0.27	沽源县

① 曹兵武等：《中国观察——中国文物保护利用理论与实践》，文物出版社2019年版。

续表

序号	名称	设立时间	性质	题材类型	质量等级	珍贵文物（件、套）	全部藏品（件、套）	年参观量（万人次）	行政区划
9	张家口张库大道历史博物馆	2020	非国有博物馆	历史文化	未定级	-	138	3.00	桥西区
10	张家口市北源博物馆	2017	非国有博物馆	其他	未定级	-	458	1.08	桥东区
11	宣化上谷民俗博物馆	2020	非国有博物馆	其他	未定级	-	306	1.5	宣化区
	合 计					1420	22745	29.17	

资料来源：全国博物馆年度报告信息系统（2020年），http://nb.ncha.gov.cn/。

博物馆在文物保护管理、科学研究、阐释展示等多方面发挥着重要作用。博物馆是重要的公共文化设施，也是传承历史文化，为社区居民和游客提供休闲娱乐、文化体验、科普教育的重要方式。张家口博物馆数量较多，馆藏文物丰富，但是观众参观游览严重不足。2020年张家口11家博物馆，年参观量仅为29.17万人次，占张家口国内游客接待量2457.65万人次的1.19%（有疫情影响原因），也就是说每100游客仅有1人参观博物馆，反映出张家口博物馆旅游发展滞后，缺乏影响力和吸引力。建议张家口遵循基本的题材类别，按照由分类学展示向生态学展示发展的思路，高标准建设特色博物馆体系。具体做法以下。

第一，高起点高标准建设张家口长城博物馆，打造张家口标志性文化品牌。建设国家文化公园是推动新时代文化繁荣发展的重大工程，2019年国家发布《长城、大运河、长征国家文化公园建设方案》，2021年印发《长城国家文化公园建设保护规划》《大运河国家文化公园建设保护规划》《长征国家文化公园建设保护规划》。张家口是长城重点地段，应根据《长城国家文化公园建设保护规划》要求，挖掘以长城文化为核心的张家口地域文化特色，推进张家口市博物馆、张家口张库大道历史博物馆、张家口市北源博物馆的资源整合与转型升级，建设新型的张家口长城博物馆，以长城文化为核心，挖掘梳理长城修筑历史与长城军事防御、长城文化交流与民族融合、长城经济发展与草原丝路、长城文学与历史人物、长城抗日与红色文化等历史文化资源及各类遗产文物，把历史文化和综合地志有机结合起来，构建成以长城文化为核心的张家口区域特色文化体系和馆藏文物体系，形成张家口市长城博物馆丰富的内涵和鲜明的品牌特色，建设成为长城国家文化公园的重要展示基地。

第二，加强博物馆质量等级提升建设，构建以张家口长城博物馆为龙头的多元化多样化博物馆体系。在张家口国家文物局备案的11家博物馆中，文物系统国有博物馆8家，其中国家二级3家，三级1家，未定级3家；非国有博物馆3家，均未定级。从题材类型看，综合地志类4家，考古遗址类2家，历史文化类3家，其他2家。此外，张家口还有尚未备案或在建的博物馆有7家，包括万全长城卫所博物馆、崇礼冰雪文化博物馆、蔚县中国剪纸文化博物馆、怀来葡萄酒博物馆、中国怀来湿地博物馆、涿鹿博物馆、张家口地质博物馆。由此可以看出，张家口博物馆发展基础较好，博物馆数量较多，分布地域较广，题材类型多样，但是质量等级总体不高，与张家口拥有全国重点文物保护单位50处、国家级历史文化名城1座、国家级历史文化名镇2处、国家级历史文化名村11处的地位相比，博物馆建设的质量等级明显落后。加强博物馆质量等级提升建设成为张家口加强文物保护传承、发展文旅产业的重要内容和文化设施支撑。

第三，采用新科技展示手段创新文化展示与体验方式，把博物馆建设成为高端旅游景区新业态。更新博物馆管理理念，积极推进博物馆陈展由分类学陈展向生态学陈展转变，广泛采用人工智能、沉浸式空间、虚拟现实VR/AR、模拟仿真体验、大屏球幕环幕、特种影院、数字沙盘等新技术，通过复原生境和数字技术等方式，让文物"动"起来，"活"起来，进而让观众喜欢看，看得懂，提高博物馆的吸引力。结合文化特色和历史场景，设置数字化展示剧、微电影、科普动漫、科学绘画、互动体验，让观众参与进来，建设观众参与式博物馆。同时，建设博物馆线上展览、线上专题讲座、线上特色微课，线上文物鉴赏，拓展博物馆的展示空间和教育形式，提高博物馆的文化传承和教育功能。

三　举办形式多样的文化节事活动，打造有影响力的文创产品

节庆活动可以聚集大量人员，可以快速大范围传播文化，重要旅游目的地均有自己的代表性活动，比如海南国际旅游岛欢乐节、哈尔滨国际冰雪节等。张家口目前已有蔚县剪纸艺术节、怀来葡萄节、张北草原音乐节、崇礼国际滑雪节四个较有影响力的节庆活动，可以进一步加强宣传。以怀来葡萄节为例，可以与新疆、甘肃的葡萄文化活动联合，进一步提升其影响力。抓住北京2022年冬奥会的契机，推动崇礼滑雪走向世界，成为具有世界影响力的节日。进一步挖掘长城文化，以国家倡导长城文化公园建设为契机，率先打造长城文化节庆活动品牌，并联合长城遗址沿线的15个省份，扩大活动影响范围。此外，开发文创产品，打造特色IP。文创产品是文旅融合的典型代表，近年来产生了很多风靡全国的文创产品。比如故宫的口红、黄鹤楼的雪糕等。张家口可以充分借鉴这些成功经验，以冰雪文化、剪纸文化、葡萄（酒）文化、长城文化、草原文化为元素打造文创产品。以文化为内核，旅游为载体，推进文旅融合深化发展。

第三节　加强生态资源保护与生态景观旅游利用，形成绿色发展机制

生态资源既是张家口文旅融合产业集群绿色发展的环境条件，更是可以进一步开发利用的重要资源。进一步保护和利用生态资源，可以将生态资源、文化与旅游有机结合，发展文化生态旅游。

例如张家口目前发展较好的是草原文化旅游，形成草原天路、草原音乐节等全国知名旅游品牌，成为张家口旅游产业的重要组成部分。张家口可以进一步开发其国家森林公园、自然保护区、地质公园、特色农业等生态资源，并结合当地文化，打造文化生态旅游新业态。以怀来葡萄为例，怀来大面积的葡萄种植地是优质的生态资源，怀来的葡萄文化已有1200余年是具有怀来特色的地方文化。以葡萄种植景观为基础，加以艺术化设计形成具有观赏价值的生态旅游景观。以葡萄农耕文化、葡萄酒文化、葡萄康养文化等为文化内涵，增设葡萄农耕体验、葡萄酒品鉴、葡萄康养文化科普等文化性活动，并将观赏和文化活动置于葡萄庄园或文化综合体内，打造一体化的葡萄（酒）文化旅游。一方面保护了生态环境，另一方面提升了旅游产品的吸引力和竞争力。

一　加强智慧管理建设，科学发展生态环境

在生态资源开发和利用的过程中，必须将生态保护放在首位，正确处理发展生态旅游和保护生态环境的关系，张家口大部分生态旅游景区已建立了自己的网站，但智慧景区建设落后，需要进一步完善生态系统信息数据库的建设，满足游客、企业和政府管理等方面的需求。智慧旅游建设需要搜集大量的相关数据，动态监测景区内的状况，并且分析提出指导建议，有效降低开发和利用过程中信息的不确定性，逐步形成节约资源和保护环境的空间格局、生活生产方式，从根本上转变地区经济发展方式。根据地理跨度和气候环境的不同，每个地方的生物生长习性会不一样，建立数据中心是为了更加精准、精确地把握生态发展在每个地方应用的技术，让每个地方找到适合的发展路径。采用在线监测、遥感监测手段对生态资源、旅游安全等方面进行智能监测与预警，对风景名胜区、地质公园、森林公园、水利风景区、湿地公园、自然保护区等重点生态功能区、生态环境敏感区和脆弱区的生物多样性、生态环境、自然灾害、人为干扰进行监测，实时发布和预警景区客流量，按照生态旅游景区最大游客承载量，将游客数量控制在合理范围，确保生态系

统不受破坏。收集到信息之后通过大数据、云计算、地理信息系统、物联网等技术进行分析和处理，使游客、企业和管理部门可以获得实时有效的数据，并分析做出灵活的应对策略。通过设施建设，提高景区管理质量，实现智能化管理和规划，建立健全生态环境与监测、调查和风险评估制度。

二 完善制度保障，发展绿色生态

对京津冀地区发展所依托的山地、林地、湖泊、江河实施严格保护，政府管理部门要肩负起监管职责，加强生态环境监测，防止水土流失，作好旅游规划的落实和相关管理制度的执行，严格执行环境影响评价制度，构建长效的生态环境保护机制，有效防止旅游开发项目和旅游经营活动破坏生态环境。深化质量管理，分区施策改善大气环境质量，精准发力提升水环境质量，分类防治土壤环境污染，保证京津冀三地实施统一的生态制度标准，进行统一管理和开发。

减少地下水开采，保持河道生态用水量，为京津提供应急水源保障，积极配合河北省与北京市共同推进的"引黄入京济张"调水工程。强化源头综合整治，在主要河流源头区、饮用水水源保护区、水源涵养区，实施小流域综合治理提升水源涵养能力。加强骨干河道和中小河流治理，重点实施洋河、桑干河等重要江河支流治理工程，清淤疏浚河道主槽、加高培厚堤防、治理险工险段加固穿堤建筑物。张家口坝上地区生态环境脆弱，土地沙化严重，通过颁布有利于防沙治沙的法律法规、采取有效的水资源管理措施、实行草畜平衡严格保护地表植被、充分发挥社团与非政府组织的作用、依靠科技手段治沙加强监测等是土地沙化治理很好的手段。建立公共社会环境保护措施，构建社区参与下的环境保护机制，增加环境效益，激发社会自发性环境保护意识，完善社会诚信体系，优化旅游市场环境，促进经济、社会与生态环境协调发展。

以优先保护生态环境为原则，对沿线草原、森林、湿地等生态资源进行保护。划定草原分级保护区，稳步推进退牧还草，实施划区轮牧、阶段性禁牧和季节性休牧,加强草原防火、鼠虫害和毒草防治,促进草原生态系统功能恢复;实施退耕还林、天然林保护、防护林建设等林业工程,建立水源涵养林、河谷林、荒漠林、绿洲、防护林为重点的网、片、带结合的森林体系,促进生态恢复;建立以湿地保护为主的保护体系,加强湿地植被和动植物多样性的保护和恢复,有效保护湿地野生动植物栖息地及湿地独特的生态系统。

三 完善绿色考评制度,构建低碳发展体系

京津冀地区要构建统一部署、统一规划、统一管理、统一推进的生态制度建设,健全政府、企业、社会共同参与的生态环境发展体系。实现降污减排的同时促进经济社会发展,建立绿色低碳循环发展体系,促进区域经济社会发展全面绿色转型,推动形成绿色发展方式和生活方式。加强生态资源的空间规划和用途管控,严守生态保护红线,加快推进产业结构调整。要坚持绿水青山就是金山银山的理念,坚定不移走生态优先、绿色发展之路。要继续打好污染防治攻坚战,加强大气、水、土壤污染综合治理,持续改善城乡环境。要强化源头治理,推动资源高效利用,加大重点行业、重要领域绿色化改造力度,发展清洁生产,加快实现绿色低碳发展。要统筹山水林田湖草沙系统治理,实施好生态保护修复工程,加大生态系统保护力度,提升生态系统稳定性和可持续性。实现经济社会发展与人口、资源、环境相协调,不断提高资源利用率,构建绿色生产体系,增强全社会环保意识和生态意识。建立生态资源绿色发展核算与考评制度,首先,构建生态资源绿色发展利用评价指标,探索定性与定量相结合的核算标准。其次,要建立定期考评制度,依据核算标准,定期对张家口生态资源绿色发展情况进行考评。以考评制度激励政府、企业等相关责任主体积极投身生态资源及环境治理建设,推动绿色发展。对阻碍绿色发展的行为进行相应惩罚,对相关责任人员进行追责,及时纠正阻碍绿色发展的错误行为。最后,通过制定核算与考评制度,使绿色发展更加规范化、制度化,

从而成为一种可复制、可推广的模式，为其他地区提供参考借鉴。

第四节　大力发展特色产业，壮大绿色产业链体系

张家口文旅融合产业集群的绿色发展需要进一步壮大绿色产业链，特别是要注重培育龙头企业。目前张家口以其发展形成的长城文化旅游新业态、草原文化旅游新业态、葡萄（酒）文化旅游新业态、冰雪文化旅游新业态、剪纸文化旅游新业态为基础，初步形成了相应的产业链条。但是绿色化程度和产业链条的规模仍需进一步壮大。以冰雪文化旅游新业态为例，冰雪文化旅游的发展带动了以滑雪场为代表的冰雪运动基础设施产业、冰雪装备制造业、冰雪培训教育、冰雪文化创意业、冰雪体育竞赛、冰雪旅游地产等产业的发展，形成了一条以冰雪文化旅游为核心的产业链。首先，推进产业链绿色发展需要将绿色发展理念贯穿于全产业链，产业链条上的滑雪场和冰雪装备制造等企业要充分利用张家口丰富的可再生能源，以科技为支撑提升生产效率，减少资源使用。其次，开发绿色冰雪旅游产品。冰雪文化旅游发展可以主推可持续、影响力广的冰雪文创产品和冰雪体育赛事旅游产品。滑雪产品中雪的制造要以自然雪为主，辅之以人工，并采用净化后的污水造雪，减少水资源的浪费。冰雪旅游地产项目可以通过分权分时等多种方式，夏季推广避暑或联合举办活动等方法，提升旅游淡季房间的使用率。最后，壮大冰雪文化旅游产业链还需要政府相关政策的扶持，以优惠政策吸引相关企业的集聚，从而产生规模效应，进而使产业链不断壮大。

龙头企业的带动作用对于文旅融合产业集群的绿色发展非常重要。在张家口五种旅游新业态中均有规模较大的企业，以这些企业为基础，进一步培育壮大，形成龙头企业。以葡萄（酒）文化旅游

新业态为例，中国长城葡萄酒有限公司作为全国知名葡萄酒企业，在怀来县甚至全国葡萄（酒）旅游发展中处于引领地位，拥有先进的葡萄种植、酿酒科技，科学的管理模式和前卫的旅游发展理念，一直是怀来县其他葡萄相关企业发展的示范。政府要鼓励扶持中国长城葡萄酒有限公司等龙头企业的发展，给予资金、资源上的支持，使其先发展起来，成为区域的品牌，将怀来葡萄旅游品牌推向全国。然后通过龙头企业经验分享会和龙头企业+小企业的结对帮扶方式，使小企业快速成长，最终形成以龙头企业为引领的产业集群。旅游相关的旅行社、餐饮和住宿业、交通业作为旅游产业的支撑，随着产业集群的发展自然会得到相应发展，从而推动文旅融合产业集群的发展壮大。

在龙头企业的培育过程中，应选择有一定规模和一定发展潜力的企业进行重点培植，尤其是要重点支持集旅游产品研发与供应、旅游综合服务接待为一体的大型综合性文旅集团型企业，控制产业链销售终端的专业性文旅企业。通过扶植、培育龙头企业，促进文旅企业集团化、品牌化、网络化经营，培育企业品牌与自主产品品牌，提升核心竞争力。加大财政与政策支持力度，扶持符合条件的文旅企业上市融资；协调争取金融机构运用政策性贷款支持旅游产业集群建设和发展，引导金融机构对龙头企业及其重要配套企业予以融资支持。

第五节　加强科技创新和人才培养，推进数字化智慧化发展

科技是制约张家口文旅融合产业集群绿色发展的重要因素，目前张家口除崇礼区因建设智慧冬奥先进科技应用较好外，其他地区科技在旅游中的应用较少，因而提高科技应用水平，以创新科技驱动绿色发展是张家口文旅融合产业集群绿色发展的重中之重。通过

第八章　张家口文旅融合产业集群绿色发展政策建议 / 215

利用大数据、人工智能、各类互联网平台建设智慧旅游城市和智慧景区等方式，提升文旅融合产业集群科技绿色化水平。

打造张家口智慧旅游城市。依托智慧冬奥建设的互联网基础设施，推进张家口全域互联网基础设施建设，在此基础上建立智慧旅游平台，将张家口旅游产业发展相关数据输送至平台，开发公共服务系统、行业应用系统、政务管理系统三个应用系统，实现政府对旅游产业发展的时时高效监管。同时游客可以通过智慧旅游平台查询景区、交通、住宿餐饮等时时信息，为游客提供便利的旅游服务。打造智慧旅游景区。依托物联网技术，将景区景点门票售卖、停车、就餐、住宿、卫生间等信息时时传送至智慧景区APP或智慧旅游城市服务平台，游客通过智能手机终端查询旅游相关信息，以此合理规划行程，提升旅游体验。智慧旅游城市和景区的建设都离不开政府支持，一方面要加大科研投入，引进先进技术，制定鼓励科技创新的政策，引导社会主体参与科技研发，构建科研创新制度体系。另一方面要加强科技成果保护力度，保护科研人员的知识产权。

以高科技推动可再生能源的应用。张家口是全国唯一的国家级可再生能源示范区，独特的自然条件非常适合发展风电等可再生能源。通过与清华大学联合建立可再生能源研究院，政策倾斜吸引相关高科技企业落户等方式，张家口可再生能源产业得到快速发展。截至2020年底张家口可再生能源装机容量达到2000万千瓦，已投用和在建储能172.15万千瓦，拥有可再生能源装备制造企业23家，实现产值75亿元。以高科技为支撑，将可再生能源多元化应用到旅游产业及交通、住宿餐饮等相关产业的生产实际中，是提升张家口环境治理水平促进产业集群绿色发展的重要举措。政府应加快建立可再生能源输送网络，为旅游及其相关企业输送绿色能源，推动可再生能源的使用。企业自身也要积极进行能源结构升级改造，建设光伏发电设备，以科技提升生产工艺，提高能源利用效率，减少煤电使用量，提高可再生能源消费占能源消费总量的比例，减少能源使用造成的污染，使可再生能源成为张家口文旅融合产业集群绿色发展的能源基础。

培养创新人才，建设人才高地。人才是张家口文旅融合产业集群绿色发展的核心要素之一，人才也是最具活力的要素资源。随着张家口文旅融合产业集群的发展，对高科技和旅游人才的数量和质量都提出了更高的要求。然而张家口目前仅有高等院校6所，学校层次较低，高科技和旅游人才供应不足。以旅游人才为例，其中开设旅游类专业的本科院校有河北北方学院和张家口学院，专科高职院校有张家口职业技术学院和宣华科技职业技术学院，开设专业仅有酒店管理和旅游管理专业，培养的人才数量有限且质量相对不高。与张家口旅游产业快速发展对高质量旅游人才的大量需求形成对比，张家口面临着极大的人才缺口，所以亟须加快人才的培养与引进，为文旅融合产业集群的发展提供充足人力支撑。首先，政府要完成顶层设计，制定人才战略规划，明确人才发展的总体战略和实施方案，并按照战略规划要求逐步落实。其次，加大人才引进力度，京津高层次人才众多，缩小京津冀人才待遇差距，通过提高薪资、解决住房、完善人才子女教育等保障条件，解决人才的后顾之忧，吸引人才。通过京津冀人才一体化战略，促进京津冀高层次人才的交流，将更多京津高层次人才引进张家口。最后，加快高质量人才的培养，重视旅游高等教育发展。依托张家口自身的高等院校基础与京津高等院校合作培养，提升人才培养的质量。

第六节　完善社会服务功能，优化发展环境

政府作为社会服务功能的提供者，应当从激发市场活力、优化市场秩序、强化市场细分等方面开展工作。首先，出台系列配套政策措施，不断激发文化旅游机构的市场活力，提升民间社会力量参与文化旅游融合发展的积极性和主动性；其次，探索文旅市场治理

的新手段、新模式，重点解决文旅市场监督管理错位、责权不对等等问题；最后，充分利用政府平台信息资源的优势，借助大数据手段，对张家口文旅市场现状与市场需求进行精准刻画，加大专项市场以及细分市场的营销推广。同时，将张家口文旅在微信公众号、微博、短视频等融媒体矩阵中等宣传效能进一步提升。

参考文献

刘治国，刘玉华，于清军等.《河北省草地生态系统服务价值评估》，《河北师范大学学报（自然科学版）》2021年第3期。

格波特，麦金托什，蒲红.《旅游学：要素·实践·基本原理》，上海文化出版社1985年版。

戴斌：《文旅融合时代：大数据、商业化与美好生活》，《人民论坛·学术前沿》2019年第11期。

黄永林：《文旅融合发展的文化阐释与旅游实践》，《人民论坛·学术前沿》2019年第11期。

张朝枝、朱敏敏：《文化和旅游融合：多层次关系内涵、挑战与践行路径》，《旅游学刊》2020年第3期。

杨娇：《旅游产业与文化创意产业融合发展的研究》，硕士学位论文，浙江工商大学，2008年。

傅才武、申念衢：《新时代文化和旅游融合的内涵建构与模式创新——以甘肃河西走廊为中心的考察》，《福建论坛（人文社会科学版）》2019年第8期。

马勇、童昀：《从区域到场域：文化和旅游关系的再认识》，《旅游学刊》2019年第4期。

刘杨：《科尔沁草原文化旅游整合研究》，《农业经济》2015年第12期。

刘敏、陈田、钟林生：《草原旅游文化内涵的挖掘与提升——以内蒙古自治区为例》，《干旱区地理》2006年第1期。

张培荣：《马陆镇开发葡萄主题公园旅游产业》，《上海农村经济》2007 年第 6 期。

张铁梅：《基于产业集群的山西清徐葡萄文化旅游发展探究》，《太原大学学报》2013 年第 4 期。

朱凌：《新疆冰雪旅游与冰雪文化相融理论与对策的研究》，硕士学位论文，吉林体育学院，2015 年。

张丽梅：《旅游文化产业视域下冰雪旅游与文化融合研究》，《学术交流》2013 年第 10 期。

杨志亭、孙建华：《我国冰雪休闲度假旅游的文化特色及开发战略研究》，《沈阳体育学院学报》2013 年第 6 期。

王亚力：《南方长城与"长城文化之旅"的开发》，《旅游学刊》2003 年第 3 期。

白翠玲、李开霁、牟丽君等：《河北省长城文化旅游供求研究》，《河北地质大学学报》2020 年第 3 期。

张永庆、张旭、马源春：《旅游产业集群动力机制研究——基于产业价值链与空间价值链视角》，《技术经济与管理研究》2014 年第 4 期。

王利伟、徐红罡、张朝枝：《武陵源遗产地旅游产业集群的特征和演变》，《经济地理》2009 年第 6 期。

王军军：《山西省旅游产业集群化发展研究》，硕士学位论文，甘肃农业大学，2016 年。

付佳敏：《恩施州旅游产业集群化发展研究》，硕士学位论文，湖北民族学院，2018 年。

聂献忠、张捷、刘泽华等：《我国主题旅游集群的成长及其空间特征研究》，《人文地理》2005 年第 4 期。

唐承财、郑倩倩、王晓迪等：《基于两山理论的传统村落旅游业绿色发展模式探讨》，《干旱区资源与环境》2019 年第 2 期。

朱红兵、张静、赵蕾：《我国旅游业绿色发展的创新路径》，《北华大学学报（社会科学版）》2017 年第 5 期。

邓淇中、李婷婷：《供给侧结构性改革背景下环长株潭城市群旅游业绿色发展探究》,《湖北经济学院学报(人文社会科学版)》2018年第5期。

颜文华:《休闲农业旅游绿色发展路径——以河南省洛阳市为例》,《江苏农业科学》2017年第17期。

薛国屏:《中国地名沿革对照表》,上海辞书出版社2017年版。

姚伟钧:《文化资源学》,清华大学出版社2015年版。

牛淑萍:《文化资源学》,福建人民出版社2012年版。

喻学才、王健民:《世界文化遗产定义的新界定》,《华中建筑》2008年第1期。

张灿强、吴良:《中国重要农业文化遗产:内涵再识、保护进展与难点突破》,《华中农业大学学报(社会科学版)》2021年第1期。

张国斌:《河北省地热资源分布特征、开发利用现状、存在问题与建议》,《中国煤田地质》2006年第S1期。

韩祥瑞:《张家口悠久的历史》,党建读物出版社2006年版。

任昌华:《简谈"三祖文化"》,《民主》1997年第11期。

周瑞峰、徐秀娟、张亮亮:《弘扬"三祖文化",凝聚中国力量实现中华民族伟大复兴》,《河北省社会主义学院学报》2017年第1期。

郭大顺:《从"三岔口"到"Y"形文化带——重温苏秉琦先生关于中华文化与文明起源的一段论述》,《内蒙古文物考古》2006年第2期,第96—104页。

王雁:《论长城国家象征意义的形成》,《理论学刊》2020年第1期。

张依萌:《2022年北京冬奥场馆周边长城考古工作述评》,《中国文化遗产》2019年第6期。

裴蕾:《河北张家口市桥东区东榆林村威远台调查报告》,《文物春秋》2016年第Z1期。

王晓轩:《张家口现存的古长城》,党建读物出版社2006年版。

刘徙：《张家口厚重的古城堡》，党建读物出版社 2006 年版。

孙志虹、李爱军：《河北张家口鸡鸣驿村》，《文物》2015 年第 1 期。

王景峰、王刚：《坚定文化自信弘扬草原文化》，《实践（思想理论版）》2019 年第 1 期。

李波、张笑昆、王麟等：《现代冰雪运动文化的形成、发展与传播》，《冰雪运动》2019 年第 6 期。

张家口市地方志编纂委员会：《张家口市志》，中国对外翻译出版公司 1998 年版。

李建华：《怀来县志》，中国对外翻译出版公司 2001 年版。

曲松彬等：《葡萄酒》，黑龙江科学技术出版社 2003 年版。

王仕佐、黄平：《论中国的葡萄酒文化》，《酿酒科技》2009 年第 11 期。

杨晋：《诗意的栖居蔚县的古与今》，《文化月刊》2017 年第 Z4 期。

蔚县：《年节之都民俗名片》，《河北画报》2015 年第 Z1 期。

高磊：《中国地名的文化内涵》，《大众文艺》2010 年第 22 期。

政协沽源县委员会：《沽源地名文化》，河北大学出版社 2018 年版。

刘晓艺：《生态资源资产的价值评估研究》，硕士学位论文，昆明理工大学，2018 年。

欧阳志云、赵同谦、赵景柱等：《海南岛生态系统生态调节功能及其生态经济价值研究》，《应用生态学报》2004 年第 8 期。

李林：《生态资源可持续利用的制度分析》，博士学位论文，四川大学，2006 年。

王芳：《张家口坝上国家级重要湿地资源分布及保护管理情况》，《现代园艺》2018 年第 20 期。

张敏：《皖南地区发展特色产业问题研究》，硕士学位论文，安徽财经大学，2012 年。

杨惠芳：《基于钻石模型的地方特色产业发展研究——以浙江嘉兴蜗牛产业为例》，《农业经济问题》2017年第3期。

卿弯：《产业链视角下农村特色产业发展研究》，硕士学位论文，苏州科技大学，2016年。

彭四平：《特色产业发展理论研究》，《中国市场》2018年第1期。

郭京福等：《民族地区特色产业论》，民族出版社2006年版。

王静：《县域特色产业国内外研究综述》，《中国市场》2020年第22期。

李研：《张家口县域特色产业的经济效应》，《农村经济与科技》2020年第6期。

甄鸣涛、肖赫、崔佳硕：《河北省县域特色产业集群发展创新研究》，《合作经济与科技》2020年第17期。

连建新、杜云飞：《县域特色产业创新绩效影响因素分析》，《农业经济》2020年第5期。

徐永毅：《强化特色产业推进县域经济发展》，《现代经济信息》2020年第9期。

张友良、吕灵华：《推进湖南特色产业精准扶贫的对策》，《湖南社会科学》2020年第4期。

胡焕庸：《中国人口之分布——附统计表与密度图》，《地理学报》1935年第2期。

王开泳、邓羽：《新型城镇化能否突破"胡焕庸线"——兼论"胡焕庸线"的地理学内涵》，《地理研究》2016年第5期。

王会昌：《中国文化地理》，华中师范大学出版社1992年版。

吴必虎：《中国文化区的形成与划分》，《学术月刊》1996年第3期。

竺可桢：《中国近五千年来气候变迁的初步研究》，《考古学报》1972年第1期。

尹君、罗玉洪、方修琦等：《西汉至五代中国盛世及朝代更替的气候变化和农业丰歉背景》,《地球环境学报》2014 年第 6 期。

张亚玉:《浅论中国近五千年来北方气候变迁对王朝更替的影响》,《三门峡职业技术学院学报》2016 年第 3 期。

谢飞:《泥河湾旧石器时代考古的回顾与展望》,《河北师范大学学报(哲学社会科学版)》2018 年第 3 期。

张居中、陈昌富、杨玉璋:《中国农业起源与早期发展的思考》,《中国国家博物馆馆刊》2014 年第 1 期。

邹逸麟:《中国历史地理概述》,上海教育出版社 2005 年版。

张懿德:《清末民初张家口经济繁荣的原因探析》,《河北北方学院学报(社会科学版)》2016 年第 5 期。

朱文通:《1900—1930 年张家口区域经济的近代转型》,《经济论坛》2019 年第 10 期。

中共张家口市委党史研究室、中共张家口市委统战部:《张家口市资本主义工商业的社会主义改造》,河北人民出版社 1992 年版。

陈瑞卿:《张家口市经济发展战略初探》,《河北学刊》1987 年第 2 期。

邵明华、张兆友:《国外文旅融合发展模式与借鉴价值研究》,《福建论坛(人文社会科学版)》2020 年第 8 期。

罗秋菊:《事件旅游研究初探》,《江西社会科学》2002 年第 9 期。

马波、张越:《文旅融合四象限模型及其应用》,《旅游学刊》2020 年第 5 期。

河北省地方志编纂委员会:《河北省志》,文物出版社 2011 年版。

陶犁:《"文化廊道"及旅游开发:一种新的线性遗产区域旅游开发思路》,《思想战线》2012 年第 2 期。

金燕:《大型露天摇滚音乐节可以盈利吗——迷笛音乐节个案分析》,《艺术评论》2008 年第 4 期。

黄爱莲、朱俊蓉、彭聪:《中国边境省域旅游经济空间结构演变及特征研究》,《经济问题探索》2021 年第 1 期。

肖刚、李文明、章辰:《江西省旅游线路网络空间结构及影响因素研究》,《地域研究与开发》2020 年第 5 期。

林章林、程智:《黄山市旅游要素空间结构与旅游环境的耦合关系》,《地域研究与开发》2020 年第 2 期。

李强、谭红日、李伯华等:《资源非优区县域旅游资源空间结构优化研究——以湖南省祁东县为例》,《资源开发与市场》2021 年第 4 期。

陈晟、董桂才:《安徽省城市旅游经济带空间结构研究》,《合肥工业大学学报(社会科学版)》2020 年第 2 期。

王新越、赵文丽:《山东半岛城市群旅游空间结构分析》,《地域研究与开发》2018 年第 2 期。

王冠孝、李小丽、晋迪等:《供给侧改革视角下山西省旅游空间结构的合理性研究》,《地域研究与开发》2020 年第 1 期。

喻琦、马仁锋、叶持跃等:《长三角城市群旅游空间结构分析》,《统计与决策》2018 年第 13 期。

谷树忠、谢美娥、张新华等:《绿色发展:新理念与新措施》,《环境保护》2016 年第 12 期。

吴必虎等:《旅游规划原理》,中国旅游出版社 2010 年版。

曹兵武等:《中国观察——中国文物保护利用理论与实践》,文物出版社 2019 年版。

Silberberg T. Cultural tourism and business opportunities for museums and heritage sites, Tourism management, Vol. 16, No. 5, 1982, pp. 361–365.

Jureniene V., Interaction between cultural heritage and industries of cultural tourism in Lithuania, *transformation in business & economics*, 2011.

Apostolakis A., The convergence process in heritage tourism, *Annals of Tourism Research*, Vol. 30, No. 4, 2003, pp. 795–812.

Saarinen J. , Moswete N. & Monare M. J. , Cultural tourism: new opportunities for diversifying the tourism industry in Botswana, *Bulletin of geography*, Vol. 26, No. 26, 2014, pp. 7-18.

Addo E. , European heritage and cultural diversity: the bricks and mortar of Ghana's tourism industry, *Journal of contemporary African studies*, Vol. 29, No. 4, 2011, pp. 405-425.

Debe? T. , Cultural tourism: a neglected dimension of tourism industry, *Anatolia : an international journal of tourism and hospitality research*, Vol. 22, No. 2, 2011, pp. 234-251.

Nordin S. , Tourism clustering & innovation : Paths to economic growth & development, *ETOUR*, 2003.

JacksonJ. &MurphyP. , Clustersin regional tourism An Australiancase, *Annals of Tourism Research*, Vol. 33, No. 4, 2006, pp. 1018-1035.

Ekins P. , The Environmental Sustainability of Economic Processes: a Framework for Analysis, 1992.

附 录 1

附表1　张家口市全国重点文物保护单位名录表

序号	文物名称	类型	批次	地区
1	清远楼	古建筑及历史纪念建筑物	第三批	宣化区
2	许家窑-侯家窑遗址	古遗址	第四批	阳原县
3	下八里墓群	古墓葬	第四批	宣化区
4	蔚州玉皇阁	古建筑	第四批	蔚县
5	泥河湾遗址群	古遗址	第五批	阳原县
6	代王城遗址	古遗址	第五批	蔚县
7	元中都遗址	古遗址	第五批	张北县
8	梳妆楼元墓	古墓葬	第五批	沽源县
9	昭化寺	古建筑	第五批	怀安县
10	鸡鸣驿城	古建筑	第五批	怀来县
11	南安寺塔	古建筑	第五批	蔚县
12	释迦寺	古建筑	第五批	蔚县
13	土城子城址	古遗址	第六批	尚义县
14	九连城城址	古遗址	第六批	沽源县
15	小宏城遗址	古遗址	第六批	沽源县
16	时恩寺	古建筑	第六批	宣化区
17	西古堡	古建筑	第六批	蔚县
18	暖泉华严寺	古建筑	第六批	蔚县
19	真武庙	古建筑	第六批	蔚县
20	常平仓	古建筑	第六批	蔚县
21	蔚州灵岩寺	古建筑	第六批	蔚县

续表

序号	文物名称	类型	批次	地区
22	万全右卫城	古建筑	第六批	万全区
23	洗马林玉皇阁	古建筑	第六批	万全区
24	察哈尔都统署旧址	近现代重要史迹及代表性建筑	第六批	桥西区
25	筛子绫罗遗址	古遗址	第七批	蔚县
26	庄窠遗址	古遗址	第七批	蔚县
27	三关遗址	古遗址	第七批	蔚县
28	杨赟家族墓地	古墓葬	第七批	蔚县
29	张家口堡	古建筑	第七批	桥西区
30	佛真猞猁迤逻尼塔	古建筑	第七批	宣化区
31	澍鹫寺塔	古建筑	第七批	阳原县
32	金河寺悬空庵塔群	古建筑	第七批	蔚县
33	蔚县关帝庙	古建筑	第七批	蔚县
34	蔚州古城墙	古建筑	第七批	蔚县
35	天齐庙	古建筑	第七批	蔚县
36	故城寺	古建筑	第七批	蔚县
37	卜北堡玉泉寺	古建筑	第七批	蔚县
38	沙子坡老君观	古建筑	第七批	蔚县
39	蔚县重泰寺	古建筑	第七批	蔚县
40	重光塔	古建筑	第七批	赤城县
41	宣化区柏林寺	古建筑	第七批	宣化区
42	洗马林城墙	古建筑	第七批	万全区
43	大境门	古建筑	第七批	桥西区
44	察哈尔民主政府旧址	近现代重要史迹及代表性建筑	第七批	宣化区
45	晋察冀军区司令部旧址	近现代重要史迹及代表性建筑	第七批	桥东区
46	代王城墓群	古墓葬	第七批	蔚县
47	长城马水口段	古遗址	第八批	涿鹿县
48	长城样边段	古遗址	第八批	怀来县
49	太子城遗址	古遗址	第八批	崇礼区
50	西土城遗址	古遗址	第八批	康保县

注：根据国务院公布的八批全国重点文物保护单位通知内容整理而成。

附表2　　张家口市省级重点文物保护单位名录表

序号	名称	年代	类别	所属地区及地点
1	小长梁遗址	旧石器时代	古遗址	阳原县化稍营
2	虎头梁遗址	旧石器时代	古遗址	阳原县东六马坊
3	镇朔楼	明	古建筑	宣化区
4	宣化城	明	古建筑	宣化区
5	五龙壁	清	古建筑	宣化区
6	张世卿壁画墓	辽	古墓葬	宣化区下八里
7	杨碑	元	石刻	蔚县麦子町
8	镇边城	明	古建筑	怀来县镇边城村
9	马站遗址	新石器时代	古遗址	怀来县小古城
10	赵家窑墓群	汉	古墓葬	怀安县乔家坊村
11	耿家屯墓群	汉	古墓葬	怀安县耿家屯
12	梳妆楼	元	古建筑	沽源县
13	孟家坟民宅	清、民国	近现代文物	下花园区孟家坟
14	镇水塔	辽	古建筑	涿鹿县张家河村
15	涿鹿鼓楼	明	古建筑	涿鹿县城内
16	下沙河遗址	新石器时代、夏、战国	古遗址	涿鹿县下沙河村
17	蚩尤寨遗址	战国、汉	古遗址	涿鹿县三堡村
18	涿鹿故城（黄帝城）址	战国、汉	古遗址	涿鹿县三堡村
19	前阳坡遗址	新石器时代	古遗址	张北县西面井村
20	白城子遗址	元	古遗址	张北县白城子村
21	东谷坨遗址	旧石器时代	古遗址	阳原县东谷坨村
22	关子口遗址	新石器时代	古遗址	宣化区关子口村
23	小白阳墓群	西周、春秋、战国	古墓葬	宣化区小白阳村
24	北辛堡墓群	春秋、战国	古墓葬	宣化区北辛堡村
25	单侯村关帝庙石旗杆	清	古建筑	蔚县南留庄镇单侯村东
26	东坡遗址	新石器时代	古遗址	蔚县金河口村
27	太子梁墓群	汉	古墓葬	蔚县西七里河村
28	大苏计遗址	新石器时代	古遗址	尚义县大苏计村
29	贲贲淖遗址	新石器时代、辽	古遗址	尚义县贲贲淖村
30	云泉寺	明、清	古建筑	桥西区赐儿山

续表

序号	名称	年代	类别	所属地区及地点
31	察哈尔农民协会旧址	1924—1926年	近现代文物	桥东区东湾子村
32	小兰城城址	辽、金	古遗址	康保县小兰城村
33	水沟口遗址	新石器时代、战国	古遗址	怀安县水沟口村
34	西大崖遗址	新石器时代、战国	古遗址	怀安县良民沟村
35	张家屯辽墓	辽	古墓葬	怀安县张家屯村
36	单侯村关帝庙石旗杆	清	古建筑	蔚县南留庄镇单侯村东
37	石嘴子遗址	新石器时代	古遗址	崇礼县石嘴子村
38	滴水崖石窟	明	石窟寺	赤城县后城村
39	朝阳洞塔	明	古建筑	赤城县艾家沟
40	赤城鼓楼	明	古建筑	赤城县城内
41	长春沟塔群	明、清	古建筑	赤城县施家村南
42	龙门崖摩崖石刻	辽、明	石刻	赤城县云州村
43	灵真观遗址	元—清	古遗址	赤城县观门口村
44	东沟壁画墓	辽	古墓葬	赤城县东沟村
45	杨洪墓	明	古墓葬	赤城县杨家坟
46	燕峰山炬禅师灵塔	金	古建筑	涿鹿县矾山镇塔寺村
47	涿鹿观音寺	明	古建筑	涿鹿县城关北
48	佛真猞猁迤逻尼塔	辽	古建筑	宣化区塔儿村
49	苏蒙联军烈士纪念塔	1957年	近现代文物	张北县油篓沟乡小狼窝沟村
50	下八里二区辽墓	辽	古墓葬	宣化区下八里村北
51	吉星楼	清	古建筑	蔚县鼓楼后路
52	苑庄灯影台	清	古建筑	蔚县涌泉庄乡苑家庄村
53	"八〇二"军事演习观礼台	1981年	近现代文物	万全区万全镇盆天村
54	文昌阁	明	古建筑	桥西区堡子里
55	水闸屯侵华日军碉堡	1941年	近现代文物	怀安县西沙城乡水闸屯村
56	平北抗日根据地旧址	1937—1945年	近现代文物	赤城县大海陀乡大海陀村
57	竹林寺遗址	明	古遗址	阳原县东城镇水峪口村
58	大宏城城址	汉至北魏	古遗址	沽源县闪电河乡大宏城村

续表

序号	名称	年代	类别	所属地区及地点
59	石头城遗址	元、明	古遗址	沽源县小河子乡石头城村
60	独石口砖瓦窑遗址群	明、清	古遗址	赤城县独石口古城
61	西土城城址	辽、金、元	古遗址	康保县号卜乡西土城村
62	新庙村北遗址	新石器时代至汉	古遗址	尚义县
63	立化寺塔	明	古建筑	宣化区
64	宝峰寺	清	古建筑	涿鹿县谢家堡乡上疃村
65	涿鹿清真寺	清	古建筑	涿鹿县东关礼拜寺街
66	瑞云寺塔	明	古建筑	赤城县温泉度假村
67	独石口城	明	古建筑	赤城县独石口镇
68	开阳堡	明、清	古建筑	阳原县浮图讲乡开阳堡
69	西洋河城墙	明	古建筑	怀安县渡口堡乡西洋河
70	旧羊屯戏楼	清	古建筑	万全区郭磊庄镇旧羊屯
71	峰山寺	清	古建筑	蔚县宋家庄镇郑家庄
72	弥勒寺	清、民国	古建筑	蔚县涌泉庄乡弥勒院村
73	南留庄泰山庙	明、清	古建筑	蔚县南留庄镇南留庄村
74	代王城三面戏楼及财神庙、龙王庙	清	古建筑	蔚县代王镇内二村、三村
75	蔚县财神庙	明、清	古建筑	蔚县古城
76	蔚县城隍庙	明	古建筑	蔚县蔚州古城七街
77	北方城真武庙	明	古建筑	蔚县涌泉庄乡北方城村
78	宋家庄穿心戏楼	明	古建筑	蔚县宋家庄镇宋家庄村
79	南留庄关帝庙	明、清	古建筑	蔚县南留庄镇南留庄村
80	暖泉当铺	清	古建筑	蔚县暖泉镇煤市街
81	苏官堡华严寺	明	古建筑	蔚县下官村乡苏官堡村
82	西高庄玉皇庙	明	古建筑	蔚县西高庄村
83	西北江泰山庙	明	古建筑	蔚县南杨庄乡西北江村
84	护国寺石窟	明	石窟寺及石刻	赤城县云州乡云州村
85	温泉碑刻	明、清	石窟寺及石刻	赤城县温泉度假村

续表

序号	名称	年代	类别	所属地区及地点
86	正沟街摩崖石刻	清	石窟寺及石刻	桥西区正沟街
87	下花园石窟	北魏	石窟寺及石刻	下花园区
88	直隶省立第十六中学校	民国	近现代重要史迹及代表性建筑	宣化区天泰寺街
89	"爱吾庐"冯玉祥将军图书馆	1911年前后	近现代重要史迹及代表性建筑	桥东区德胜西街
90	新保安战役遗迹	1948年	近现代重要史迹及代表性建筑	怀来县新保安镇
91	太平庄遗址	新石器时代	古遗址	怀安县太平庄乡太平庄村西
92	宋家房遗址	新石器时代	古遗址	怀安县渡口堡乡景家湾村宋家房自然村西北
93	小古城遗址	春秋、战国、汉	古遗址	怀来县小南辛堡镇小古城村
94	大古城遗址	战国、汉	古遗址	怀来县小南辛堡镇大古城村北
95	潘城遗址	汉	古遗址	涿鹿县保岱镇保岱村南
96	黑城子遗址	辽、金、元	古遗址	张北县二泉井乡黑城子村北
97	涿鹿县东岳庙	明	古建筑	涿鹿县涿鹿镇东关村
98	涿鹿县南大寺	明	古建筑	涿鹿县城南关

续表

序号	名称	年代	类别	所属地区及地点
99	蔚县古堡建筑群	明、清	古建筑	蔚县千字村建筑群：张家口市蔚县暖泉镇千字村；蔚县南柏山建筑群：张家口市蔚县北水泉镇南柏山村；蔚县卜北堡建筑群：张家口市蔚县涌泉庄乡卜北堡村；蔚县水东堡建筑群：张家口市蔚县南留庄镇水东堡村；蔚县水西堡建筑群：张家口市蔚县南留庄镇水西堡村；蔚县小饮马泉建筑群：张家口市蔚县南留庄镇小饮马泉村
100	蔚县大蔡庄李家祠堂	清	古建筑	蔚县吉家庄镇大蔡庄村
101	蔚县夏源南堡关帝庙	清	古建筑	蔚县西合营镇夏源村
102	蔚县杨庄极乐寺	清	古建筑	蔚县北水泉镇杨庄村
103	蔚县小探口堡门及戏楼	清	古建筑	蔚县宋家庄镇小探口村
104	赤城县长伸的戏楼	清	古建筑	赤城县后城镇长伸地村
105	涿鹿县溪源龙王庙	清	古建筑	涿鹿县武家沟镇溪源村
106	万里茶道遗存点	清、民国	古建筑	古商道遗址：张家口市崇礼区石嘴子乡五十家子行政村黄土坝子自然村东北嗡南营戏楼：张家口市崇礼区高家营镇嗡南营村察汗陀罗大店遗址：张家口市崇礼区石嘴子乡上察汗陀罗台西南哈柳图台土城遗址：张家口市张北县海流图乡大土城村北枳儿岭城址：张家口市怀安县王虎屯乡枳儿岭村中部

续表

序号	名称	年代	类别	所属地区及地点
107	京张铁路——张家口段文物遗存	清	近现代重要史迹及代表性建筑	京张铁路——张家口火车站（北站）：张家口市桥东区东安大街62号；京张铁路——下花园车站：张家口市下花园区公路街9号；京张铁路——宣化府火车站：张家口市宣化区车站西街
108	十六中欧式小楼	民国	近现代重要史迹及代表性建筑	张家口市桥西区西豁子11号
109	蔚县西合营师范旧址	民国	近现代重要史迹及代表性建筑	蔚县西合营镇红旗街

注：根据河北博物院官网（https：//www.hebeimuseum.org.cn/channels/75.html）相关信息整理而成。

附表3　张家口国家级历史文化名城名镇名村名录表

序号	名称	类型	入选时间/批次
1	蔚县	国家历史文化名城	2018年
2	河北省蔚县暖泉镇	中国历史文化名镇	2006年/第二批
3	河北省蔚县代王城镇		2014年/第六批
4	河北省怀来县鸡鸣驿乡鸡鸣驿村		2006年/第二批
5	河北省蔚县涌泉庄乡北方城村		2008年/第四批
6	河北省蔚县宋家庄镇上苏庄村		2014年/第六批
7	河北省阳原县浮图讲乡开阳村		2014年/第六批
8	河北省蔚县南留庄镇南留庄村		2019年/第七批
9	河北省蔚县南留庄镇水西堡村	中国历史文化名村	2019年/第七批
10	河北省蔚县宋家庄镇大固城村		2019年/第七批
11	河北省蔚县宋家庄镇宋家庄村		2019年/第七批
12	河北省蔚县涌泉庄乡卜北堡村		2019年/第七批
13	河北省蔚县涌泉庄乡任家涧村		2019年/第七批
14	河北省怀来县瑞云观乡镇边城村		2019年/第七批

注：根据河北博物院官网（https：//www.hebeimuseum.org.cn/channels/75.html）相关信息整理而成。

附表4　　张家口省级历史文化名城名镇名村名录表

序号	名称	类型	入选时间/批次
1	宣化	省级历史文化名城	1992年
2	蔚县宋家庄镇	省级历史文化名镇	2012年/第三批
3	万全区万全镇		2012年/第三批
4	蔚县代王城镇石家庄村	省级历史文化名村	2012年/第三批
5	蔚县宋家庄镇邢家庄村		2017年/第四批
6	蔚县宋家庄镇吕家庄村		2017年/第四批
7	蔚县宋家庄镇郑家庄村		2017年/第四批
8	蔚县涌泉庄乡涌泉庄村		2017年/第四批
9	蔚县代王城镇张中堡村		2017年/第四批
10	蔚县南留庄镇水东堡村		2017年/第四批

注：根据河北博物院官网（https://www.hebeimuseum.org.cn/channels/75.html）相关信息整理而成。

附表5　　张家口分县区资源分布

区域	沙漠公园	水利风景区	自然保护区	湿地公园	国家草原自然公园	森林公园	地质公园	国家文保单位	世界级文化遗产	世界级非物质文化	国家级非物质文化遗产	历史文化名村名镇等	4A景区
桥东区	0	1	0	0	0	0	0	1	2	0	1	0	0
桥西区	0	1	0	0	0	0	0	3	2	0	1	0	2
宣化区	0	0	0	0	0	0	0	6	3	0	1	0	0
下花园区	0	0	0	0	0	0	0	0	2	0	1	0	1
万全区	0	0	0	0	0	0	0	3	2	0	1	0	0
崇礼区	0	0	0	0	0	0	0	0	2	0	1	0	1
张北县	0	0	0	1	0	0	0	1	2	0	1	0	1
康保县	0	0	0	1	0	0	0	0	2	0	2	0	0
沽源县	1	1	0	1	0	0	0	3	2	0	1	0	0
尚义县	0	0	0	1	1	1	0	0	2	0	1	0	0
蔚县	0	0	2	1	0	0	0	22	3	1	3	5	1
阳原县	0	0	1	1	0	0	1	3	2	0	1	0	0
怀安县	0	0	0	0	0	0	0	2	2	0	1	0	0
怀来县	0	0	0	0	0	1	0	1	2	0	1	1	1

续表

区域	沙漠公园	水利风景区	自然保护区	湿地公园	国家草原自然公园	森林公园	地质公园	国家文保单位	世界级文化遗产	世界级非物质文化	国家级非物质文化遗产	历史文化名村名镇等	4A景区
涿鹿县	0	0	1	1	0	1	0	0	2	0	1	0	1
赤城县	0	0	1	0	0	1	0	1	2	0	1	0	1
总数	1	2	3	7	1	4	1	46	4	1	4	7	9

附表6　张家口旅游经济及影响因素原始数据

区域	接待国内游客情况	相对丰度	绝对丰度	第三产业占GDP比重	人均生产总值	公路里程	服务业行政事业单位从业人员	城镇单位从业人员劳动报酬	社会消费品零售总额	规模以上工业企业综合能源消费量	中学专职教师
	万人次	分	分	%	元/人	公里	人	元	万元	吨标准煤	人
桥东区	195	1.27	12.93	49.80	76089	32	15659	73375	924129	491792	731
桥西区	504	1.54	21.12	90.72	34260	95	15675	55805	878838	26549	583
宣化区	158	1.13	2.98	52.37	28006	1318	18919	62536	928278	6815253	2469
下花园区	81.7	0.86	12.55	60.85	27886	217	3333	70391	115922	288707	223
万全区	120	0.82	4.67	53.62	29991	1086	8601	64147	313092	60185	656
崇礼区	416.1	0.86	3.64	54.38	30250	1070	7086	65561	130311	16842	355
张北县	695	1.03	2.23	37.87	36486	2713	12819	71416	340683	123353	1249
康保县	66.6	1.14	3.32	34.45	26030	1877	7809	65863	231881	2695	505
沽源县	175.9	2.46	4.27	28.05	36833	1608	7454	59735	207426	3593	584
尚义县	110	2.17	4.21	36.21	25025	1033	6711	67872	145397	1698	395
蔚县	699.6	4.61	11.52	62.54	17205	1932	17454	55104	527585	23876	1597
阳原县	80	2.43	5.24	51.46	18992	1341	11209	52159	296386	173747	817
怀安县	31.7	0.77	3.01	42.47	30108	1372	10629	61140	278327	851070	570
怀来县	500	1.28	3.23	69.67	32048	1330	14089	61281	602108	19759	1364
涿鹿县	50.3	1.59	2.76	59.05	25087	1330	12151	60545	443413	361910	1116
赤城县	117.9	1.47	2.33	45.48	22191	1631	10840	57411	266599	57877	856

附表7　张家口旅游经济及影响因素标准后得分

区域	接待国内游客情况	相对丰度	绝对丰度	第三产业占GDP比重	人均生产总值	公路里程	服务业行政事业单位从业人员	城镇单位从业人员劳动报酬	社会消费品零售总额	规模以上工业企业综合能源消费量	中学专职教师
桥东区	0.805	0.154	0.026	0.065	0.097	0.022	0.050	0.084	0.113	0.090	0.062
桥西区	0.950	0.184	0.046	0.075	0.090	0.029	0.050	0.082	0.113	0.070	0.060
宣化区	0.773	0.066	0.013	0.066	0.088	0.045	0.051	0.082	0.113	0.108	0.074
下花园区	0.672	0.152	-0.016	0.069	0.088	0.034	0.042	0.083	0.096	0.086	0.051
万全区	0.731	0.093	-0.022	0.067	0.089	0.044	0.047	0.083	0.104	0.076	0.061
崇礼区	0.921	0.078	-0.016	0.067	0.089	0.044	0.046	0.083	0.097	0.067	0.056
张北县	0.999	0.048	0.003	0.061	0.090	0.050	0.049	0.083	0.105	0.080	0.068
康保县	0.641	0.072	0.014	0.059	0.087	0.048	0.047	0.083	0.102	0.054	0.059
沽源县	0.789	0.087	0.097	0.056	0.090	0.047	0.046	0.082	0.101	0.056	0.060
尚义县	0.718	0.087	0.083	0.060	0.087	0.044	0.046	0.083	0.098	0.051	0.057
蔚县	1.000	0.147	0.164	0.069	0.084	0.048	0.051	0.082	0.109	0.069	0.070
阳原县	0.669	0.100	0.096	0.066	0.085	0.046	0.048	0.081	0.104	0.083	0.064
怀安县	0.528	0.066	-0.028	0.063	0.089	0.046	0.048	0.082	0.103	0.094	0.060
怀来县	0.949	0.070	0.026	0.071	0.089	0.046	0.050	0.082	0.110	0.068	0.068
涿鹿县	0.598	0.061	0.050	0.068	0.087	0.046	0.049	0.082	0.107	0.088	0.066
赤城县	0.728	0.051	0.041	0.064	0.086	0.047	0.048	0.082	0.103	0.075	0.064

附表8　　　　张家口旅游经济及影响因素计算权重后得分

区域	旅游经济	资源赋存	经济发展	基础设施	社会支持	生态环境	科技实力	发展环境
桥东区	0.805	0.180	0.162	0.022	0.247	0.090	0.062	0.763
桥西区	0.950	0.230	0.165	0.029	0.244	0.070	0.060	0.799
宣化区	0.773	0.079	0.154	0.045	0.247	0.108	0.074	0.707
下花园区	0.672	0.136	0.157	0.034	0.221	0.086	0.051	0.686
万全区	0.731	0.071	0.155	0.044	0.234	0.076	0.061	0.641
崇礼区	0.921	0.062	0.155	0.048	0.226	0.067	0.056	0.610
张北县	0.999	0.051	0.151	0.050	0.237	0.080	0.068	0.637
康保县	0.641	0.087	0.147	0.048	0.231	0.054	0.059	0.625
沽源县	0.789	0.184	0.146	0.047	0.229	0.056	0.060	0.723
尚义县	0.718	0.170	0.147	0.044	0.227	0.051	0.057	0.695
蔚县	1.000	0.312	0.153	0.048	0.241	0.069	0.070	0.892
阳原县	0.669	0.195	0.151	0.046	0.233	0.083	0.064	0.771
怀安县	0.528	0.038	0.151	0.046	0.234	0.094	0.060	0.623
怀来县	0.949	0.097	0.160	0.046	0.241	0.068	0.068	0.680
涿鹿县	0.598	0.111	0.155	0.046	0.238	0.088	0.066	0.704
赤城县	0.728	0.092	0.150	0.047	0.233	0.075	0.064	0.661

附表9　　　　河北省指标体系原始数据

指标	2009	2010	2011	2012	2013
旅游总收入（亿元）	709.73	914.50	1221.30	1588.33	2010.10
国内外游客接待量（万人次）	12284.22	14948.78	18714.14	23029.32	27133.80
旅游总收入占GDP比重（%）	4.12	4.48	4.98	5.98	7.07
旅游产业集群度	1.09	1.15	1.05	1.20	1.36
旅行社数（家）	1116	1116	1341	1284	1372
限额以上住宿业和餐饮业营业额(亿元)	86.57	101.28	127.42	138.46	120.15
公路客运量（万人）	70579	83289	91857	97218	52956
铁路客运量（万人）	7194	7558	7601	7846	8762
航空客运量（万人）	77	157	230	272	301
公路总里程（公里）	152135	154344	156965	163045	174492
4A级以上旅游景区数（家）	69	92	109	118	121

续表

指标	2009	2010	2011	2012	2013
国家级旅游示范点数（个）	0	3	5	9	12
省级以上森林公园数（处）	80	89	89	93	93
省级以上自然保护区数（个）	33	33	33	43	44
省级以上重点文物保护单位数（处）	930	930	930	930	930
省级以上非物质文化遗产项目数（项）	366	366	366	477	614
城镇居民恩格尔系数（%）	33.59	32.32	33.80	33.60	26.88
农村居民恩格尔系数（%）	35.69	35.15	33.53	33.87	29.89
城镇居民人均可支配收入（元）	14718.25	16263.43	18292.20	20543.44	22226.75
农村居民人均可支配收入（元）	5149.57	5957.98	7119.69	8081.39	9187.71
城镇居民人均服务性消费支出（元）	3104.65	3323.19	3686.54	3973.83	4621.13
农村居民人均服务性消费支出（元）	903.72	1105.16	1270.26	1506.57	2375.93
互联网用户数（万户）	522.70	667.00	846.30	963.90	1031.60
普通高等学校在校生人数（人）	1030262	1105000	1153941	1168800	1174400
专利申请授权量（件）	6839	10061	11119	15315	18186
规模以上工业企业R&D经费支出（%）	93.30	114.93	158.62	198.09	232.74
森林覆盖率（%）	22.29	22.29	22.29	22.29	23.41
空气质量达标率（%）	91.51	92.33	92.88	92.90	35.34
城市污水处理率（%）	75.00	80.00	82.50	85.00	88.00

表9 河北省指标体系原始数据（续）

指标	2014	2015	2016	2017	2018
旅游总收入（亿元）	2561.50	3433.97	4654.53	6140.90	7636.40
国内外游客接待量（万人次）	31532.86	37238.18	46647.59	57260.25	6775.77
旅游总收入占GDP比重（%）	8.71	11.52	14.51	18.05	21.21
旅游产业集群度	1.50	1.91	2.30	2.77	3.27
旅行社数（家）	1411	1450	1373	1491	1478
限额以上住宿业和餐饮业营业额（亿元）	104.95	101.48	103.04	112.73	120.30
公路客运量（万人）	51151	43563	39925	38494	35133
铁路客运量（万人）	9571	9706	10771	11527	12211
航空客运量（万人）	338	358	475	667	760

续表

指标	2014	2015	2016	2017	2018
公路总里程（公里）	179200	184553	188431	191693	193252
4A级以上旅游景区数（家）	124	127	120	123	124
国家级旅游示范点数（个）	16	21	38	38	38
省级以上森林公园数（处）	101	100	101	101	101
省级以上自然保护区数（个）	44	45	45	45	46
省级以上重点文物保护单位数（处）	930	930	930	930	984
省级以上非物质文化遗产项目数（项）	614	614	614	750	750
城镇居民恩格尔系数（%）	26.17	26.05	26.13	24.60	25.11
农村居民恩格尔系数（%）	29.36	28.57	28.02	26.74	26.38
城镇居民人均可支配收入（元）	24141.34	26152.16	28249.39	30547.76	32977.18
农村居民人均可支配收入（元）	10186.14	11050.51	11919.35	12880.94	14030.89
城镇居民人均服务性消费支出（元）	5344.76	5757.86	6205.19	6833.34	7170.69
农村居民人均服务性消费支出（元）	2693.97	3089.43	3392.13	3776.17	4109.02
互联网用户数（万户）	1127.50	1226.50	1612.00	1910.10	2159.80
普通高等学校在校生人数（人）	1164341	1179172	1216096	1262513	1342631
专利申请授权量（件）	20134	30130	31826	35348	51894
规模以上工业企业R&D经费支出（%）	260.67	285.81	308.66	350.97	381.99
森林覆盖率（%）	23.41	23.41	23.41	23.41	26.78
空气质量达标率（%）	41.64	52.10	56.60	55.30	58.40
城市污水处理率（%）	88.50	89.00	92.00	95.00	94.20

附录2 专家打分问卷

文旅融合产业集群绿色发展评价指标体系

——基于层次分析法的专家问卷调查

尊敬的专家:

您好!为开展课题研究,现需对文旅融合产业集群绿色发展评价指标的各要素进行重要性比对,需要耽误您宝贵的时间完成以下问卷。请您针对问卷中提到的旅游经济发展质量、旅游支撑产业水平、绿色旅游资源禀赋、居民消费结构升级、科技投入水平、环境治理水平六个要素及其具体指标的重要性进行两两比较,问卷采用1-9标度法,请在相应的数字下打"√"。

相对重要性程度	含义
9	前者比后者绝对重要
7	前者比后者非常重要
5	前者比后者比较重要
3	前者比后者略微重要
1	两者同等重要
1/3	前者比后者略微不重要
1/5	前者比后者比较不重要
1/7	前者比后者非常不重要
1/9	前者比后者绝对不重要

1. 您的年龄为:

A. 18-25 岁   B. 26-35 岁   C. 36-45 岁

D. 46-55 岁　　　　　E. 55 岁以上

2. 您的性别为：

A. 男　　　　　　　B. 女

3. 您的文化程度为：

A. 专科及以下　　　B. 本科　　　　　C. 硕士

D. 博士

4. 您的职业为：

A. 文旅管理部门工作人员

B. 文旅企业从业人员

C. 高校文旅专业教师及科研人员

D. 其他

5. 您认为在文旅融合产业集群绿色发展评价指标体系要素层中，以下两个指标的重要性。

	同等重要 1	略微重要 3	比较重要 5	非常重要 7	绝对重要 9	略微不重要 1/3	比较不重要 1/5	非常不重要 1/7	绝对不重要 1/9
"旅游经济发展质量"比"旅游支撑产业水平"									
"旅游经济发展质量"比"绿色旅游资源禀赋"									
"旅游经济发展质量"比"居民消费结构升级"									
"旅游经济发展质量"比"科技投入水平"									
"旅游经济发展质量"比"环境治理水平"									
"旅游支撑产业水平"比"绿色旅游资源禀赋"									

续表

	同等 重要1	略微 重要3	比较 重要5	非常 重要7	绝对 重要9	略微 不重要 1/3	比较 不重要 1/5	非常 不重要 1/7	绝对 不重要 1/9
"旅游支撑产业水平"比 "居民消费结构升级"									
"旅游支撑产业水平"比 "科技投入水平"									
"旅游支撑产业水平"比 "环境治理水平"									
"绿色旅游资源禀赋"比 "居民消费结构升级"									
"绿色旅游资源禀赋"比 "科技投入水平"									
"绿色旅游资源禀赋"比 "环境治理水平"									
"居民消费结构升级"比 "科技投入水平"									
"居民消费结构升级"比 "环境治理水平"									
"科技投入水平"比 "环境治理水平"									

6. 您认为在旅游经济发展质量要素中，以下两个指标的重要性

	同等 重要1	略微 重要3	比较 重要5	非常 重要7	绝对 重要9	略微 不重要 1/3	比较 不重要 1/5	非常 不重要 1/7	绝对 不重要 1/9
"旅游总收入"比 "国内外游客接待量"									
"旅游总收入"比 "旅游总收入占GDP比重"									

续表

	同等重要1	略微重要3	比较重要5	非常重要7	绝对重要9	略微不重要1/3	比较不重要1/5	非常不重要1/7	绝对不重要1/9
"旅游总收入"比"旅游产业集群度"									
"国内外游客接待量"比"旅游总收入占GDP比重"									
"国内外游客接待量"比"旅游产业集群度"									
"旅游总收入占GDP比重"比"旅游产业集群度"									

7. 您认为在旅游支撑产业水平要素中，以下两个指标的重要性

	同等重要1	略微重要3	比较重要5	非常重要7	绝对重要9	略微不重要1/3	比较不重要1/5	非常不重要1/7	绝对不重要1/9
"旅行社数"比"限额以上住宿餐饮业营业额"									
"旅行社数"比"客运量"									
"旅行社数"比"公路总里程"									
"限额以上住宿餐饮业营业额"比"客运量"									
"限额以上住宿餐饮业营业额"比"公路总里程"									
"客运量"比"公路总里程"									

8. 您认为在绿色旅游资源禀赋要素中，以下两个指标的重要性

	同等重要 1	略微重要 3	比较重要 5	非常重要 7	绝对重要 9	略微不重要 1/3	比较不重要 1/5	非常不重要 1/7	绝对不重要 1/9
"4A 级以上旅游景区数"比"国家级旅游示范点数"									
"4A 级以上旅游景区数"比"省级以上森林公园数"									
"4A 级以上旅游景区数"比"省级以上自然保护区数"									
"4A 级以上旅游景区数"比"省级以上重点文物保护单位数"									
"4A 级以上旅游景区数"比"省级以上非物质文化遗产项目数"									
"国家级旅游示范点数"比"省级以上森林公园数"									
"国家级旅游示范点数"比"省级以上自然保护区数"									
"国家级旅游示范点数"比"省级以上重点文物保护单位数"									
"国家级旅游示范点数"比"省级以上非物质文化遗产项目数"									
"省级以上森林公园数"比"省级以上自然保护区数"									

续表

	同等重要 1	略微重要 3	比较重要 5	非常重要 7	绝对重要 9	略微不重要 1/3	比较不重要 1/5	非常不重要 1/7	绝对不重要 1/9
"省级以上森林公园数"比"省级以上重点文物保护单位数"									
"省级以上森林公园数"比"省级以上非物质文化遗产项目数"									
"省级以上自然保护区数"比"省级以上重点文物保护单位数"									
"省级以上自然保护区数"比"省级以上非物质文化遗产项目数"									
"省级以上重点文物保护单位数"比"省级以上非物质文化遗产项目数"									

9. 您认为在居民消费结构升级要素中，以下两个指标的重要性

	同等重要 1	略微重要 3	比较重要 5	非常重要 7	绝对重要 9	略微不重要 1/3	比较不重要 1/5	非常不重要 1/7	绝对不重要 1/9
"居民恩格尔系数"比"居民人均可支配收入"									
"居民恩格尔系数"比"居民人均服务性消费支出"									

续表

	同等重要1	略微重要3	比较重要5	非常重要7	绝对重要9	略微不重要1/3	比较不重要1/5	非常不重要1/7	绝对不重要1/9
"居民人均可支配收入"比"居民人均服务性消费支出"									

10. 您认为在科技投入水平要素中，以下两个指标的重要性

	同等重要1	略微重要3	比较重要5	非常重要7	绝对重要9	略微不重要1/3	比较不重要1/5	非常不重要1/7	绝对不重要1/9
"互联网用户数"比"普通高等学校在校生人数"									
"互联网用户数"比"专利申请授权量"									
"互联网用户数"比"规模以上工业企业R&D经费支出"									
"普通高等学校在校生人数"比"专利申请授权量"									
"普通高等学校在校生人数"比"规模以上工业企业R&D经费支出"									
"专利申请授权量"比"规模以上工业企业R&D经费支出"									

11. 您认为在环境治理水平要素中，以下两个指标的重要性

	同等重要 1	略微重要 3	比较重要 5	非常重要 7	绝对重要 9	略微不重要 1/3	比较不重要 1/5	非常不重要 1/7	绝对不重要 1/9
"森林覆盖率"比"空气质量达标率"									
"森林覆盖率"比"城市污水处理率"									
"空气质量达标率"比"城市污水处理率"									